순종의 기쁨

찰스 G. 피니 지음 | 엄성옥 옮김

순종의 기쁨 True Submission

초판 발행 1989년 7월
3판 발행 2011년 1월 25일
저자 찰스 G. 피니
번역자 엄성옥
발행처 은성출판사
등록 1974년 12월 9일 제9-66호

ⓒ 1989년, 2011년 은성출판사

주소 서울시 강동구 성내동 538-9
전화 070) 8274-4404
팩스 02) 477-4405
홈페이지 http://www.eunsungpub.co.kr
전자우편 esp4404@hotmail.com

출판 및 판매에 관한 모든 권한은 본 출판사가 소유하고 있습니다. 출판사의 사전 서면 허락 없이 상업적인 목적으로 번역, 재제작, 인용, 촬영, 녹음 등을 할 수 없음을 알려드립니다.

Printed in Korea
ISBN: 978-89723-6391-X 33230

True Submission

Written by Charles G. Finny
Translated by Sung Ok Eum

차례

1부 참 성도

01 미혹된 사람들 |9

02 거짓 신자 |25

03 의심으로 행하는 것은 죄니라 |46

04 참 성도 |79

05 율법적 종교 |98

06 이 세상을 본받지 말라 |123

차례

2부 순종의 기쁨
07 참 신자의 성품 |161

08 이기심 |191

09 순종의 기쁨 |218

10 사랑 |245

11 여론 |271

12 자기부인 |294

13 그리스도를 따르라 |309

제1부 참 성 도

제1장

미혹된 사람들

"너희는 말씀을 행하는 자가 되고 듣기
만 하여 자신을 속이는 자가 되지 말라"
-약 1:22-

　　　　　　신앙 태도에 거짓되고 치명적인 영향을 주는 두 가지 극단적인 태도가 있습니다. 이처럼 극단적인 태도를 취하는 사람들은 위선자들인데 그들을 두 가지로 나눌 수 있습니다.

첫째는 종교가 추상적인 교리들이나 소위 신앙으로 구성되는 것으로 여겨 선행을 그다지 또는 전혀 강조하지 않는 사람들입니다.

둘째는 종교를 완전히 선행으로 이루어지는 것으로 여겨 예수 그리스도에 대한 신앙을 거의 중시하지 않으며, 자기의 행위로써 구원을 얻으려는 사람들입니다. 일반적으로 유대인들이 이 부류에 속합니다. 그들의 종교 지도자들은 형식적인 율법에 순종함으로써 구원을 얻는다고 가르쳤습니다. 따라서 사도 바울은 복음을 전파하기 시작하면서부터 특히 이 같은 유대인들의 행동을 공격했습니다. 그는 율법에 순종함으로써 구원을 얻는다는 바리새인과 서기관들의 교리와는 대조적으로 예수 그리스도를 믿음으로 말미암아 의롭다 함을 얻는다고 단호하게 전파했습니다. 그는 설교와 서신들을 통하여 이것을 부지런히 강조함으로써 믿음으로 말미암는 칭의라는 위대한 교리를 교회 안에 확립했습니다. 그런데 몇몇 사람들은 이 교리를 지나치게 극단적으로 해석해서 인간이 어떤 행위를 하거나 그 행위와는 상관없이 오직 믿음에 의해서만 구원을 얻는다고 주장했습니다. 이런 사람들은 참 신앙이 항상 선행들을 이루는 것이며, 또한 그 자체가 선한 행위라는 평범한 진리를 간과했던 것입니다.

종교가 오로지 표면적인 행위로 이루어진다는 주장이나 오로지 믿음만으로 이루어진다는 주장 모두 치우친 것으로서 그릇되고 치명적인 것들입니다. 종교가 완전히 선행으로 이루어진다고 하는 사람들은 이 선행들이 믿음에서 비롯되지 않는 한 하나님이 그것들을 받으시지 않는다는 사실을 간과하고 있습니다. 믿음이 없는 행위는 하나님을 기쁘시게 하지 못하기 때문입니다.

반면 종교가 오직 믿음으로만 이루어진다고 주장하는 사람들은 참된 믿음은 항상 사랑으로 말미암아 역사하며, 반드시 사랑의 행위를 산출해 낸다는 사실을 간과하고 있는 것입니다.

이러한 두 가지 극단적인 태도는 모두 치명적입니다. 사람들은 믿음 없이는 죄 사함을 받거나 의롭다 함을 얻지 못하며, 또한 성화(聖

化)되지 못한 사람은 결코 하늘나라에 들어가거나 그 즐거움에 참여할 수 없기 때문입니다. 비록 죄인이 자신의 죄악으로부터 완전히 돌아섰으며 자기의 행위들을 할 수 있는 한 완전하게 한다고 해도, 예수 그리스도의 대인 속죄에 대한 신앙이 없다면 용서를 받을 수 없는 것입니다. 또 악하게 행동하면서도 믿음으로 의롭다 함을 얻을 수 있다고 생각하는 사람들은 성화되지 않은 믿음은 죽은 믿음이며 칭의의 도구가 될 수 없음을 알아야 합니다.

야고보서에서 이 문제를 올바른 근거에서 다루고 있으며, 진리가 어디에 있는지를 정확하게 나타내 주며, 또한 믿음과 선행이 필요한 까닭과 필요성을 잘 설명하고 있습니다. 이는 대단히 실질적인 문제를 다루고 있는 서신으로서 현대의 모든 실질적인 문제들을 충분히 대처하여 해결해 줍니다.

종교의 교리는 두 가지로 나눌 수 있습니다. 첫째는 하나님에 관한 교리이고, 나머지 하나는 인간의 관습에 관한 것입니다. 그런데 많은 사람들이 종교적 교리에 대한 자신의 사상을 전자(前者)에 국한합니다. 그들은 하나님과 그분의 속성, 존재 양식, 그리고 섭리 등에 관한 것 외의 다른 것들은 교리와 상관없다고 생각합니다.

내가 "실질적인 강론"을 시작하겠다고 한 것에 대해 독자들은 그 강론이 전혀 교리적인 것이 아니며 또한 그 안에 교리를 포함하지도 않는다고 생각하면 안 됩니다. 내 의도는 만일 주님이 원하신다면, 실질적인 교리들에 대한 강론을 하겠다는 것입니다. 이제 내가 생각해 보려는 교리는 "참되다고 인정하면서도 스스로 실천하지 않는 신앙고백자는 스스로를 속이는 자"라는 것입니다.

 신앙을 고백하는 사람들 중에 남을 속이는 사람과 자신을 속이는 사람 두 종류의 위선자들이 있습니다. 남을 속이는 자는 도덕과 종교라는 허울 좋은 외양 아래 하나님께 대한 자신의 적의를 감추어서 사람들로 하여금 자신을 경건한 사람이라고 생각하게 하는 사람들입니다. 바리새인이 이와 같은 사람들입니다. 그들은 표면적인 종교적 겉치레, 구제 행위, 그리고 긴 기도 등을 통해 대단히 경건하다는 평을 받았습니다.

 이들은 자신의 입장에서 보면 남을 속이는 것이 아니라 스스로를 속이는 자들입니다. 이들은 정통적이고 올바른 견해를 가지고 있지만 실천을 하는 데 있어서 충실하지 못한 사람들입니다. 종교가 일련의 관념들로 구성된다고 여겨 실천에는 관심을 두지 않습니다. 그리하여 그들에게는 참된 성결이 부족한데도 스스로 훌륭한 기독교인이라고 생각함으로써 자신을 속이는 것입니다. 그들은 말씀을 듣기는 하지만 행하지 않는 사람들입니다. 자신에게 전파되는 정통 교리를 사랑하며, 겉으로 나타난 종교의 추상적인 교리를 듣는 데서 즐거움을 느끼며, 하나님의 성품과 다스림에 대해 상상을 하거나 강한 느낌을 가집니다. 그러나 하나님의 말씀의 교훈을 세심하게 살피고 실천하지 않으며, 인간의 관습에 관련된 교리를 전파하는 데 즐거움을 느끼지 못합니다.

신자들은 어디에도 이러한 두 종류의 위선자들이 있습니다. 오늘 종교의 겉치레와 행위를 엄격히 지킴으로써 다른 사람들을 속이는 사람들을 대상으로 하여 설교하려는 것이 아닙니다. 스스로 진리임을 알고 있으면서도 실천하지 않는 사람들, 말씀을 듣기만 하고 행치 않는 사람들에게 설교하고자 합니다. 우리 중에 이런 사람들이 많을 것입니다. 이들은 말씀을 듣고 이론적으로는 믿지만 실제로는 부인합니다. 그런 사람들에게 나는 "당신은 자신을 속이고 있습니다"라고 말할 수 있습니다.

이에 대해 성경 본문이 증명해 줍니다. 하나님은 이런 특성을 갖고 있는 사람들은 모두 자신을 속이는 자들이라고 말씀하십니다. 이러한 사실을 잘 나타내는 말씀은 많습니다. 그러나 나는 성경의 직접적인 증거 외에 몇 가지를 생각해 보겠습니다.

(1) 그들은 말씀을 진실로 믿지 않습니다.

말씀을 듣고 그것이 진실이라고 인정은 하지만 진심으로 믿지는 않습니다. 이 점에 있어서 사람들은 스스로 속기 쉽습니다. 그들의 의식(意識)이 그들을 속이는 것이 아니라 그들의 의식이 증명해 준 것을 이해하지 못하는 것입니다. 복음적 신앙, 혹은 구원의 신앙에는 두 가지가 필요합니다.

먼저 진리에 대한 지적인 확신이 필요합니다. 이것은 추상적인 진리가 아니라 우리와 관련된 진리입니다. 우리 자신이나 행동과 관련된 진리를 지적으로 받아들여야 합니다.

그러고 나서야 참 믿음은 그에 따르는 마음의 상태를 포함하게 됩니다. 이것이 항상 참 믿음의 본질의 일부가 됩니다. 사람은 자신이 이해한 것을 확신하고 자신과 관련하여 그 진리를 인정할 때에 그것을 마음으로 시인합니다.

(2) 참 믿음에는 이 두 가지 마음 상태가 필요합니다.

진리에 대한 지적인 확신은 구원의 믿음이 아닙니다. 이 지적인 확신에 사랑이 수반되어야 구원의 믿음이 됩니다. 따라서 참된 구원의 믿음이 있으면 그에 따른 행위도 있는 것입니다.

(3) 참 믿음에는 행위가 따릅니다.

우리의 의지가 행위를 조절하듯이, 사람들은 자신이 믿는 대로 행동할 것입니다. 만일 내가 어떤 사람에게 "이것을 믿습니까?"라고 물었는데 "예"라고 대답했다면 이 대답의 의미는 무엇입니까? 단지 지적인 확신입니까? 아마 그는 지적인 확신은 갖고 있지만 아직 믿음은 갖지 못했을 것입니다.

사람은 추상적인 진리를 인정할 수도 있습니다. 많은 사람들이 이것을 믿음이라고 생각합니다. 즉 추상적으로 본 하나님의 속성과 통치 및 구원 계획에 대한 인식을 믿음이라고 생각합니다. 많은 사람들은 하나님의 속성들이나 통치에 대한 훌륭한 설교를 들을 때 참 믿음은 전혀 없으면서도 제시된 하나님의 탁월하심에 열광합니다.

어느 불신자는 그런 주제들을 다루다가 황홀경까지 경험했다고 합니다. 이성적인 마음은 추상적으로 고찰된 진리를 자연스럽게, 그리고 반드시 인정합니다. 만일 지옥에 있는 악한 마귀가 자신과는 상관없이 그것을 볼 수 있다면 그것을 사랑할 것입니다. 만일 마귀가 자신의 이기심을 방해하지 않는 상황에서 복음을 접한다면 그것을 진리로 여길 뿐만 아니라 시인할 것입니다. 만일 자기들과는 관련 없는 상황에서 하나님의 절대적 존재를 고찰한다면 지옥에 있는 모든 영혼들도 하나님의 속성을 기꺼이 시인할 것입니다. 악인들과 마귀들이 하나님을 미워하는 것은 그들이 자신과의 관계 속에서 하나님을 보기 때문입니다. 그들은 하나님이 자기의 이기심을 반대하시는 것을 알기 때문에 하나님께 반역합니다.

여기에 사람들이 종교에 대해 갖게 되는 큰 미혹의 근원이 있습니다. 사람들은 종교를 진리로 여기고 그것을 명상하는 것을 즐거워합니다. 그러나 그것을 자신과 연관시키지 못한 채 그러한 설교를 듣기 좋아하며, 또 그 설교로 인해 양식을 얻는다고 말합니다.

그러나 그들은 설교를 듣지만 실천에 옮기지 않습니다. 저분을 보십시오! 그는 병들었지만 그의 감정은 부드럽습니다. 자비하시고 온유하신 구세주, 그리스도를 생각할 때 그의 마음은 녹아내리고 예수 그리스도를 인정하는 강한 느낌을 갖습니다. 그 이유는 무엇입니까? 그것은 소설에 등장하는 주인공에게 공감하는 것과 같은 이유입니다. 마음으로 한 가지도 실천하지 않은 채 추상적으로 그리스도를 생각하여 그의 영광스럽고 사랑스러운 성품에서 기쁨을 느끼는 것입니다.

그러나 이럴 때에 주님은 쓰라린 고통 가운데 계십니다. 그러므로 우리의 믿음은 우리의 관습을 규제하고 선한 행위를 산출해 내는 능력 있는 믿음이 되어야 합니다. 그렇지 못한 것은 복음의 믿음, 참 믿음이 되지 못합니다. 다시 말하지만 참 신앙은 말씀에 순종하는 데 있으므로, 말씀을 듣고 순종하지 않는 것은 스스로를 속이는 것입니다. 그러므로 입으로는 기독교를 시인하면서도 순종하지 않는 한 신자라고 할 수 없습니다.

참 믿음은 표면적인 순종이 아닙니다. 참 믿음은 사랑으로 역사하며, 그에 따른 행위를 수반합니다. 마음으로 순종하는 것만이 참된 순종입니다. 사랑은 율법의 완성입니다. 그리고 신앙이란 마음으로 순종하며 그에 따른 생활을 영위하는 것입니다. 그러므로 진리를 듣고 시인하면서도 실천하지 않는 사람은 스스로를 속이는 자입니다. 그는 마치 거울에 비친 자기의 얼굴을 보는 사람과 같아서 자기의 얼굴을 본 후에 그대로 지나쳐 자신이 어떤 사람인지 망각하고 맙니다.

우리가 신앙심이라고 오해하는 마음의 상태, 즉 진리를 지적으로 확신하고 추상적으로 인정하는 것은 결코 자신이 경건하다는 증거가 되지 못합니다. 악인들이나 선인들이나 진리를 추상적으로 볼 때에는 동일한 태도를 갖습니다. 이런 까닭에 때로 죄인은 자신이 하나님과 진리를 대적하고 있다는 확신을 갖기 어렵습니다. 인간은 자신과는 상관없이 추상적으로만 대할 때에는 덕을 인정하고 하나님의 속성과 통치에 경탄하며 성경에 기록된 모든 진리를 인정하고 찬양합니다. 또 이런 방식으로 진리를 제시하며 그들과의 실질적인 관계를 제시하지 않는 설교를 몇 년 동안 들으면서도 그들 스스로 하나님과 그분의 통치를 대적하고 있음을 깨닫지 못합니다.

오늘날 추상적인 복음의 교리를 설교하고 있는 교회 안에는 회심하지는 않은 채 하나님의 말씀과 설교 듣기를 좋아하는 사람들이 많습니다. 많은 사람들이 정통 교리에 대한 설교를 들으려고 교회에 드나들지만 말씀대로 행하지는 않습니다. 여기에 문제가 있습니다. 그런 사람들은 자신과 직접적으로 관련된 진리를 깨닫게 해주는 설교를 구하지 않습니다. 그래서 그들은 교회에서 자신과 실질적으로 관계가 있는 진리를 전하는 설교를 들을 때에 그 진리를 대적하여 일어남으로써 변화되지 않은 악한 마음을 드러냅니다.

그들은 자신이 당연히 기독교인이라고 여기며 교회에 다닙니다. 왜냐하면 그들은 건전한 교리적 설교를 듣고 인정하며, 성경을 읽고 시인할 수 있기 때문입니다. 그러나 그들의 믿음이 실질적으로 행위에 영향을 주지 못하고 진리를 직접적인 실천과 관계된 것으로 여기지 않는다면 그들의 믿음은 마귀의 신앙과 마찬가지여서 아무런 영향도 주지 못합니다.

결론

(1) 현실적인 신자들의 악함에 관한 그릇된 주장들은 대단히 큰 피해를 주고 있습니다.

어느 유명 설교자가 기독교인에 대해 "은혜는 적게 받고 악마에게서는 많은 것을 받는다"고 말했다고 합니다. 나는 이 정의를 철저히 부인합니다. 그것은 거짓되고 파괴적입니다. 사람들은 현실적인 기독교인들이 이 세상에서 가장 악한 존재라는 의견을 피력하는 말들을 많이 합니다. 물론 그들이 죄를 범하는 것은 큰 죄악을 초래합니다.

기독교인이 죄를 범하는 것은 악한 일입니다. 또 영적으로 눈을 뜬 신자들이 자신의 죄악 안에서 큰 사악함을 보게 되는 것도 사실입니다. 그들은 자신의 은혜와 생명을 비교할 때에 매우 겸손해지며 그 겸손함을 강력하게 표현합니다. 그들이 마귀만큼 악하다거나 그와 비슷하다고 하는 것은 옳지 않습니다. 그들이 죄를 범할 때에 그 죄들은 대단히 악화시키는 요소를 지니고 있으며, 하나님이 보시기에 악합니다. 그러나 마귀를 섬기고 살며 신앙심이라고는 전혀 보이지 않는 사람을 참 기독교인이라고 가정하는 것은 그릇되고 위험한 견해입니다. 그것은 도덕률 폐기론자라는 위선자들과 배교자들을 격려해 줄 뿐 아니라 조소자들의 비판에 의해 그리스도의 명분에 큰 해를 끼치게 됩니다.

하나님께 순종하지 않는 사람은 기독교인이 아닙니다. 이에 반대되는 교리는 교회에게 대단히 해로운 것입니다. 그것은 생활 속에서는 복음의 요구에 순종하려 하지 않으면서 특정의 관념들을 채택함으로써 자신이 경건하다고 주장하는 많은 사람들로 교회를 채웁니다.

(2) 진리의 실천보다는 교리에 열광하며, 자신의 행위와 관련된 교리보다는 하나님에 관한 교리를 훨씬 강조하는 사람들은 도덕률 폐기론자입니다.

성경에서 하나님에 관한 교리를 받아들여 인정하고 사랑하지만 신앙심이 조금도 없는 사람들이 많습니다. 어떤 설교를 듣든지 유익을 얻지 못하고 다만 추상적인 교리에서만 유익을 얻는 자들은 도덕률 폐기론자입니다. 야고보는 그의 서신에서 이런 사람들에 대해 기록했습니다. 그들은 거룩한 생활을 하지 않으며, 신앙이란 일련의 관념들로 이루어진다고 여깁니다.

(3) 하나님의 속성, 존재 양식, 삼위일체, 하나님의 섭리 등에 관해 듣기를 즐겨하지 않으며, 종교적 교리는 제외시키고 종교적 관습만을 강조하는 사람은 바리새인입니다.

그런 사람들은 하나님의 참 진리를 받아들이려 하지 않으며 복음의 근본 교리를 부인합니다. 그들은 겉으로 경건한 척하며, 내면적으로는 일종의 시적인 감정의 비약을 합니다.

⑷ 바른 교리는 바른 태도를 갖게 합니다.

이단적인 태도를 갖고 있는 사람의 신앙도 이단적입니다. 그의 생활과 마찬가지로 마음속에 품고 있는 믿음도 이단적이 됩니다. 관념이나 이론은 옳을 수도 있지만, 그 이론이나 관념을 실제로 믿는 것은 아닙니다.

예를 들어 이미 재산을 많이 갖고 있으면서도 더 많은 재산을 모으려고 허섭지겁 살아가는 죄인을 보십시오. 자신이 언젠가는 죽는다는 사실을 이 사람이 믿고 있다고 말할 수 있을까요? 그렇지 않습니다. 그 사람은 단지 사람이 언젠가는 죽는다는 사실을 알고 있을 뿐입니다. 이 사람의 태도로 볼 때 그는 자기가 죽을 것을 결코 믿지 않을 것입니다. 이 사람에게 죽음이란 사고(思考)의 범주에 있을 뿐입니다. 따라서 자신이 생각하지도 않는 것을 믿는다는 것은 있을 수 없는 일입니다. 누가 이 사람에게 언젠가는 죽을 것이냐고 물어보면, "물론 내가 죽으리라는 것을 알고 있습니다. 사람은 결국 죽는 것이니까요"라고 대답할 것입니다. 그는 죽음을 생각하는 순간에는 그 사실에 동의합니다. 그러나 누군가 그로 하여금 정말로 죽을 것을 확신하게 만든다면 그의 행동은 분명히 변할 것이며, 이 세상을 위해서 살지 않고 저 세상을 위해 살게 될 것입니다.

신앙심에 있어서도 마찬가지입니다. 사람이 진실로 무엇을 믿게 되면 그 믿음이 그의 태도를 결정합니다. 이는 우리의 의지가 행동을 조종하는 것과 같은 이치입니다.

(5) 교회는 오랫동안 지나치게 도덕률 폐기론적인 정책에 입각하여 행동해 왔습니다.

교회는 추상적인 교리에 집착하여 실천적인 교리를 등한히 했습니다. 실제적인 교리보다는 실제적이 아닌 교리 안에서의 정설(正說)을 강조해 왔습니다.

오늘 교회의 신조들을 살펴보십시오. 교회의 신조들은 대체로 우리의 관습과는 거의 관계가 없는 교리를 강조하고 있습니다. 비록 공공연하게 불경하고 악하지 않은 사람이라도 관습의 측면에서는 이단적일 수 있으며, 그러면서도 그의 생활이 복음에 일치하는지의 여부와는 상관없이 교회 안에서 훌륭한 지위를 누릴 수 있습니다. 그리고 교회에서 관습적인 오류들을 바로잡으려는 시도를 교회가 받아들이지 않고 있는 것을 보고 있습니다. 그런데 폭음, 안식일을 범하는 죄, 또는 노예제도 등의 죄에 교회가 참여하지 못하도록 하는 데에는 어찌 그처럼 광분하고 있습니까? 교회로 하여금 세상을 회심시키기 위해 효과적인 일을 하도록 권유하는 것은 왜 이다지도 어렵습니까?

언제쯤 교회가 정결케 되며 세상은 언제쯤이나 회심하겠습니까? 이단적인 관습을 행하는 것은 그 신앙이 이단적이라는 증거라는 사실이 고정관념이 될 때에야 비로소 교회가 정결하게 되고 세상이 회심할 것입니다. 사람들이 일상의 관습에 있어서 복음을 부인하면서도 교회 안에서는 선한 기독교인으로 행세하는 한 교회는 정결하게 되지 못하며 세상은 회심하지 못합니다.

(6) 목회자가 신자들의 신앙상태를 잘못 파악할 수도 있습니다.

목회자가 실질적인 관습과는 직접적 관계가 없는 추상적인 교리들에 관해 많은 설교를 하면, 신자들은 그 설교로 말미암아 영의 양식을 얻고 즐거움을 느낀다고 말합니다. 그때 그는 신자들이 은혜 안에서 성장하고 있다고 생각합니다. 그러나 실제로 그것이 그들의 마음속에 신앙심이 있다는 표시는 아닙니다. 분명히 그러한 증거가 아닙니다. 그가 실천적인 교리들을 설교할 때에 신자들이 스스로와 관련하여 그 진리를 사랑하고 실천함으로써 사랑을 나타내야만 그 진리를 진실로 사랑한다는 증거가 됩니다.

만일 목회자가 추상적이고 교리적인 설교를 하면 신자들이 좋아하고 실천적인 교리들을 강조하는 것을 싫어한다면, 혹시 그들에게 신앙심이 있다고 해도 그것은 저급한 신앙심입니다. 만일 공정하게 시험해 보아서 그들이 실천적 교리를 받을 수 있을 만큼 성장하지 못했음을 발견한다면, 그들에게는 신앙심이 없다고, 그리고 그들을 추상적인 정설(正說)을 믿는 죽은 신앙에 의해서도 천국에 갈 수 있다고 생각하는 도덕률 폐기론자들이라고 판단해도 좋습니다.

(7) 많은 사람들이 믿는다고 신앙을 고백하고 있지만 실제로는 스스로 속고 있습니다.

많은 사람들은 자신이 진리에 대해 느끼는 감정을 근거로 하여 자신을 신자라고 생각합니다. 그러나 실상 그들이 받아들인 것은 자기와는 직접 관계가 없는 방법으로 제시되는 진리입니다.

만일 그러한 신앙고백자들에게 그들의 자만심을 깨뜨리고 속된 마음을 끊어버리게 될 진리를 제시한다면, 그들은 그 진리를 거부할 것입니다. 교회를 살펴보십시오. 그들이 고백한 신앙은 그들의 행위에 거의 영향을 주지 못하고 있습니다. 그들은 과연 구원의 믿음을 지니고 있습니까? 결코 그렇지 않습니다. 내가 말하고자 하는 것은 교회의 신자들 모두가 경건하지 못하다는 것이 아닙니다. 이론적으로 받아들인 것을 실천으로 옮기지 않는 사람-말씀을 듣기만 하고 행하지 않는 사람-들은 스스로를 속이는 자라는 의미입니다.

우리 중에 설교를 통해 진리를 진실로 믿는 사람이 얼마나 됩니까? 나는 "실제적"인 설교를 하겠다고 했는데, 이는 교리를 전혀 포함하지 않는 강연을 하겠다는 뜻이 아닙니다. 그것은 설교가 되지 못합니다. 내가 바라는 것은 우리와 교회가 각기 자신이 진리라고 믿는 것들을 행하고 있는지 알고자 하는 것입니다. 만일 내가 주장하는 교리가 참된 것이라는 확신을 주지 못한다면, 그것은 또 다른 문제입니다. 그것도 그것을 행하지 않는 충분한 이유가 될 수 있습니다. 그러나 내가 그것이 진리라는 것을 성경을 통해 증명하며 확신을 갖게 하였는데도 실천하지 않는다면 이는 자신의 성품이 어떠한지를 나타내 주는 증거가 될 것이며, 나는 더 이상 그런 교회를 교회라고 생각하지 않습니다. 이것은 제 자신을 속이는 일이기 때문입니다.

복음에 관한 지식이 늘어갈수록 그만큼 복음이 당신에게 실질적인 영향을 준다는 것을 알고 있습니까? 그것은 우리를 세상으로부터 분리시키고 있습니까? 어떤 실질적인 진리를 받아들여 그것을 사랑하고 스스로에게 적용하며, 그것을 실천하는 데서 기쁨을 느끼는 일을 경험한 적이 있습니까? 은혜 안에서 자라지 않으며 더욱 거룩해지지도 않고 복음의 영향력에 순종하지 않는 사람은 스스로를 속이는 자입니다.

이 교회의 장로들은 어떤 분들입니까? 각 가정의 가장들은 어떻습니까? 설교를 들을 때 그것을 이해하고 집에 돌아가서 실천합니까? 그것을 마음으로는 받아들이고 시인하지만 결코 실천하지는 않습니까? 진리를 인정하면서도 그것으로부터 돌아서서 실천하지 않는 사람에게는 화가 있습니다. 그것은 거울에 비친 자기의 얼굴을 보고서 돌아서면 생김새를 잊어버리는 사람과 같습니다.

제2장

거짓 신자

> "그들이 여호와도 경외하고 또한 어디서부터 옮겨왔든지 그 민족의 풍속대로 자기의 신들도 섬겼더라"
> - 왕하 17:33 -

이스라엘 열 지파가 아시리아의 포로로 끌려간 후 이스라엘 땅에는 우상을 숭배하는 여러 나라에서 온 이방인들이 거하게 되었는데, 그들은 유대인의 종교에 대해서는 전혀 알지 못했습니다. 그런데 그 지방에 야생동물들이 증가하였고, 사자들이 사람들을 물어 죽이는 일이 발생했습니다. 그들은 자기들이 그 지방의 신을 알지 못함으로 무의식중에 그 종교를 범하여 신을 모독하였기 때문에 신이 벌을 주기 위해 사자를 보냈다고 생각했습니다.

그들은 아시리아 왕에게 탄원하였고, 탄원을 들은 왕은 이스라엘 제사장 한 명을 데려다가 그 땅의 신을 예배하는 법을 배우라고 명했습니다. 그들은 이 명령을 받아들여 제사장 한 사람을 벧엘로 데리고 가서 과거 그곳에서 행했던 종교의식들과 예배의 양식을 가르치게 했습니다. 그 제사장은 그들에게 여호와를 그 땅의 하나님으로 경외하라고 가르쳤습니다. 그들은 여호와를 유일하신 한 분 하나님으로 받아들이지 않은 채 경외했습니다.

다시 말해 그들은 여호와의 진노와 심판들을 두려워했기 때문에 그것을 피하기 위해 규정된 의식들을 행했고, 그러면서도 자신의 신들과 우상을 그대로 숭배했습니다. 그들은 여호와를 그 땅의 하나님으로 여겨 경외해야 할 필요성을 느꼈을 뿐 자기들의 우상을 더 사랑했습니다.

오늘날 많은 사람들도 하나님을 경외한다고 고백하며 하나님에 대해 일종의 경외심을 가지고 있으면서도 자신의 신들을 섬기고 있습니다. 그들은 하나님이 아닌 다른 것들에 마음을 쏟으며, 다른 대상물들을 신뢰합니다.

두려움(경외)에는 두 종류가 있습니다. 첫째, 하나님에 대한 "경외"가 있습니다. 이것은 지혜의 근본으로서 사랑에 토대를 두고 있습니다. 둘째, 노예들의 비굴한 두려움이 있습니다. 이것은 불행에 대한 공포에 불과한 것으로서 이기적인 두려움입니다.

본문에 언급된 사람들도 이런 두려움을 가지고 있었습니다. 그들은 여호와를 예배하지 않으면 여호와께서 심판을 내리실까 두려워하였으며, 이것이 여호와를 예배하는 동기였습니다. 이러한 두려움을 가지고 있는 사람들은 이기적입니다. 그들은 한편으로는 여호와를 공경한다고 고백하면서도 실제로 사랑하고 섬기는 다른 신들을 가지고 있습니다.

이런 사람들은 여러 부류로 나눌 수 있습니다. 그 중 몇 가지를 소개하겠습니다. 우리 중에 이런 특성을 지니고 있는 사람들이 자신을 깨닫게 되며, 이웃들로 하여금 우리를 알고 우리의 참된 특성을 알게 하고자 합니다.

어떤 사람을 섬기려면 그 사람의 뜻에 순종하며 그의 유익을 위해 헌신해야 합니다. 그 사람을 위해 봉사하지 않은 채 다만 몇 가지 일을 행하는 것을 가지고 섬긴다고 할 수 없습니다. "섬긴다"는 것은 그 사람의 이익을 증진시키고 그 사람의 뜻대로 행하는 것입니다. 하나님을 섬긴다는 것은 신앙생활을 생의 주요 사업으로 삼는 일입니다. 그것은 자신의 자아, 마음, 생명, 능력, 시간, 영향력 등 모든 것을 헌신하여 하나님의 나라를 건설하고 하나님의 이익을 증진시키며 하나님의 영광을 찬양하는 일입니다. 하나님을 경외한다고 고백하면서 자기의 신들을 섬기는 사람들은 어떤 사람들입니까?

(1) 재산의 소유권을 기꺼이 부인하고 하나님께 드리려 하지 않는 사람들입니다.

이와 같이 행하지 않는 것은 하나님을 섬기는 것이 아닙니다.

어느 사람이 상점에서 일할 점원을 고용했다고 가정해 보십시오. 그런데 그 점원이 자기 일에만 열중하면서 주인이 필요한 일을 하라고 말하면 "내 일이 너무 많아서 그 일을 할 시간이 없다"고 대답한다고 생각해 보십시오. 사람들은 이 종을 악하다고 말할 것입니다. 그의 시간은 그의 것이 아니라 월급을 지불하는 주인의 것인데도 주인을 위하여 일하지 않고 자신의 일을 하고 있다고 비난할 것입니다. 그러므로 생각으로만 아니라 실제로 자신의 소유권을 부인하지 않는 사람은 기독교의 기초적 진리조차 알지 못하는 사람입니다. 그는 하나님을 섬기는 것이 아니라 자기의 신들을 섬기는 사람입니다.

⑵ 경영하고 있는 사업을 신앙생활의 일부로 만들지 않는 사람은 하나님을 섬기는 사람이 아닙니다.

때때로 "나는 종일 세상과 세상일에 바쁘기 때문에 하나님을 섬길 시간이 없다"고 말하는 사람을 보게 됩니다. 그는 아침에 잠깐 하나님을 섬긴다고 생각하고는 세속적인 일에 열중합니다. 이런 사람은 신앙을 자기가 기도하는 처소에 버려두는 사람입니다. 그는 아침에 출근하기 전에 기꺼이 시간을 드릴 것입니다. 하지만 그 시간이 지나면 곧 자신의 일에 파묻히고 맙니다. 그는 하나님을 두려워하는 마음에 매일 아침저녁 기도하지만 실제로는 자신의 우상을 섬기고 있습니다. 이런 사람의 신앙은 지옥의 조롱거리에 불과합니다.

그는 열심히 기도합니다. 그러나 그러고 나서는 하나님을 위해 사업을 하는 것이 아니라 자신을 섬깁니다. 우상들은 이러한 태도에 만족하겠지만 하나님은 불쾌해 하십니다.

(3) 전혀 또는 거의 가치가 없는 것들을 여호와께 봉헌하는 사람들은 자기의 신을 섬기는 사람입니다.

많은 사람들은 자신의 이기심에 방해가 되지 않는 특정한 경건 행위에 의해서만 신앙생활을 유지하려고 합니다. 그들은 아침에 가족들과 함께 기도합니다. 왜냐하면 그때가 가장 기도하기 편하기 때문입니다.

그러나 자신의 우상을 섬기는 데 방해가 되거나 재산을 모으고 세상을 즐기는 데 장애가 된다면 여호와를 섬기지 않습니다. 그러나 여호와를 섬기기 위해 그들이 섬기는 우상을 등한히 소홀히 해도 우상들은 전혀 불평하지 않습니다.

(4) 일주일 중 엿새는 자신의 날이고 주일 하루만 하나님의 날이라고 생각하는 사람들은 우상을 섬기는 사람입니다.

많은 사람들이 평일은 자신의 날이고 안식일만 하나님의 날이라고 생각합니다. 그들은 안식일을 잘 지키고 안식일에 하나님을 섬기기만 한다면, 평일에는 자신의 일을 하고 이익을 증진시키며 자신을 섬길 권리가 있다고 생각합니다.

어느 유명한 목사가 안식일을 범하는 일이 악하다는 것을 설명하려고 다음과 같은 예를 들었습니다.

"어떤 사람이 주머니 속에 7달러를 가지고 있었습니다. 그는 길을 가다가 불쌍한 거지를 만나 1달러만 남기고 6달러를 거지에게 주었습니다. 그런데 그에게 1달러가 남아 있는 것을 안 거지가 그에게 다가와 그것을 훔쳤다고 가정해 보십시오. 사람들이 그 거지의 비열함을 비난하지 않겠습니까?"

여기에는 다음과 같은 사상이 함축되어 있습니다. 즉 하나님은 인간에게 자신을 섬기도록 엿새를 주시고 하나님을 위해서는 하루만 남겨두셨는데 그 일곱 번째 날마저 하나님으로부터 강탈하여 안식일을 범하는 것은 무례한 일이라는 것입니다.

그렇게 행하는 것은 하나님을 섬기는 것이 아닙니다. 엿새 동안 이기적으로 행한다면 당신은 완전히 이기적인 것입니다. 당신에게 참된 경건이 있다고 생각하는 가정에는 당신이 매주 일요일에 회심하고 월요일에는 이교도적으로 생활한다는 것이 함축되어 있습니다. 일주일 내내 자신을 섬기고 주일에는 참 신앙을 소유하는 사람은 그날을 위해 회심해야 할 것입니다. 주일의 개념이 일주일 중 다른 날에는 하나님을 섬기지 말고 주일에만 하나님을 섬기라는 것입니까? 하나님이 자신의 사역을 지속하기 위해 주일에 우리의 섬김을 필요로 하십니까? 하나님은 일요일뿐만 아니라 나머지 엿새 동안에도 우리의 섬김을 필요로 하십니다. 다만 주일에는 특별한 의무들을 정하시고, 육체적 수고와 세상의 염려로부터 쉬는 날로 지키게 하신 것입니다.

하나님은 자신의 목적을 이루시기 위해 여러 방법을 사용하시며, 인간은 영혼과 육체를 소유하고 있고 또 복음은 이 세상 사물들에 의해 널리 전파되고 지속되기 때문에 엿새 동안은 우리가 세속적인 일에 종사하도록 하시는 것입니다. 그러나 그 모두가 안식일을 예배하는 것은 물론 하나님을 섬기기 위한 것입니다. 월요일이 하나님을 섬기기 위해 주어진 것이 아닌 것과 같이 안식일도 하나님을 섬기기 위해 주어진 것이 아닙니다. 안식일에 우리 자신을 섬길 권리가 없듯이 월요일에도 자신을 섬길 권리가 없습니다. 일주일 중 엿새를 자신의 날이라고 생각하는 것은 그가 지극히 이기적인 사람임을 보여주는 증거입니다. 바라건대 만일 우리가 안식일을 제외한 남은 시간에는 자신을 섬기는 생활을 하고 있다고 해도 안식일을 지키거나 기도하는 것을 하나님을 섬기는 일이라고 생각하지 말아야 합니다. 우리는 하나님을 섬기는 근본 원리도 모르고 있습니다.

(5) 믿음을 위하여 개인적인 안일이나 위로를 희생하지 않으려는 사람은 자신을 섬기거나 자신의 우상을 섬기는 사람입니다.

예를 들면 교회가 교인들 개인의 만족을 희생해주기를 원할 때에 많은 교인들은 이에 반대합니다. 그래서 이런 말들을 합니다. "우리는 가족들과 함께 앉고 싶어요." "의자가 좀 더 푹신했으면 좋겠어요." "항상 같은 좌석에 앉았으면 좋겠어요." 그들은 이 도시에서 지옥으로 가고 있는 수많은 영혼들이 복음을 접할 수 있게 하기 위해서 교회가 필요하다는 것을 인정하지만, 회개하지 않은 죄인들에게 하나님의 집의 문들을 열어주기 위해 이처럼 작은 것을 희생하는 것조차 하지 않으려 합니다.

이같이 작은 일들이 사람들의 심령상태를 분명하게 나타내줍니다. 당신의 하인이 자신의 개인적인 안락함이나 평안함을 방해한다고 해서 "이것은 할 수 없다", "저것도 할 수 없다"고 한다고 가정해 보십시오. 그는 쿠션 위에 앉아서 일하기를 좋아하기 때문에 이 일을 할 수 없다고 하고, 가족과 1시간 반 동안이나 떨어져 있게 되기 때문에 저것도 할 수 없다고 합니다. 이것이 과연 하나님을 섬기는 태도입니까? 사람이 누군가를 섬길 때에는 그 주인의 이익과 의지에 따라 자신의 안락함과 평안함을 포기합니다. 어떤 사람이 그리스도의 나라보다 자신의 평안과 안락함을 더 귀하게 여기며, 딱딱한 의자에 앉거나 가족과 한두 시간 떨어져 있기가 싫어서 죄인들의 구원을 희생시킨다면 그가 과연 헌신적으로 하나님을 섬기는 사람입니까?

(6) 시간이나 돈을 봉헌할 때에 즐겁고 기쁜 마음으로 하지 않고 마지못해서 인색하게 하는 사람도 자신의 우상을 섬기는 사람입니다.

독촉하고 재촉해야만 일을 하는 종을 당신은 어떻게 생각합니까? 눈앞에서만 일하는 표리부동한 종이라고 생각할 것입니다. 많은 사람들이 신앙 때문에 일을 할 때에 인색하게 행합니다. 이런 사람들은 어떤 일을 해도 어렵게 실현됩니다. 이런 사람들에게 가서 종교적인 목적을 위해 시간이나 돈을 달라고 요구해도 그를 참여시키기 어렵습니다. 왜냐하면 그 일은 대단히 어려운 일처럼 보이며, 쉽지도 않고 당연히 해야 할 일도 아니기 때문입니다. 그는 그리스도의 나라의 유익을 자신의 유익과 동등하게 생각하지 않습니다. 그는 혹시 하나님을 경외하는 척할지는 모르나 실상 자신의 우상을 섬기고 있는 것입니다.

(7) 신앙을 위해 얼마나 많은 일을 할 것인지 묻지 않고 얼마나 적은 일을 할지 묻는 사람은 자신의 신을 섬기는 사람입니다.

이런 사람이 자신의 대차대조표를 작성하고 있는 소리를 들을 수 있습니다. "금년에는 많은 이익을 남겼어. 신앙생활 때문에 마지못해 낸 것이 너무 많아. 화재로 인한 손실이 많고, 악성 채무 때문에 지출이 많았어." 이 사람이 하나님을 섬기는 사람입니까? 이 사람은 이 세상에서 신앙심을 증진시키려는 목적에 마음을 두지 않은 사람입니다. 만일 신앙심을 증진시키려는 마음을 가지고 있다면 이렇게 물을 것입니다. "이 목적, 또는 저 목적을 위해 내가 얼마나 많은 일을 할 수 있을까요? 나는 많은 일 행하기를 원합니다."

(8) 가족들의 지위를 향상시키고 강화시키기 위해 부를 축적하는 사람은 여호와가 아닌 자신의 신을 섬기는 사람입니다.

부를 축적함으로써 여러 범주에서 가족들을 승진시키려는 사람은 이 세상을 예수 그리스도의 권위 아래 두는 것이 아닌 다른 삶의 목적을 지니고 있음을 보여줍니다. 그는 하나님을 경외하는 척하지만 실제로는 자신의 우상을 섬기는 사람입니다.

(9) 은퇴한 후의 삶을 위해 재산을 모으는 사람도 우상을 섬기는 사람입니다.

많은 사람들이 스스로 하나님의 종이라고 고백합니다. 그러면서도 그들은 장차 전원주택에서 편히 살기를 계획하며 재산을 모으는 데 열중하고 있습니다. 하나님이 많은 돈을 모은 뒤에 영원한 안식을 누릴 권리를 주셨고, 우리가 하나님을 섬기겠다고 고백했을 때 여러 해 동안 열심히 일을 하면 영속적인 휴가를 얻을 것이라고 말씀하셨습니까? 또 열심히 일한 뒤에 우리의 시간과 재능들을 이용하는 것을 면제해 주고 여생을 편안히 살게 해주겠다고 약속하셨습니까? 이러한 관념에 기초한 종교 사상의 소유자는 하나님을 섬기는 것이 아니라 자신의 이기심과 나태함을 섬깁니다.

(10) 선을 행하기 위해서 불필요하고 해로운 사물들을 부인하기보다 욕망을 충족시키려는 사람들은 자신의 신을 섬기는 사람입니다.

어떤 사람은 전혀 유익을 주지 못하는 사물들을 사랑하며, 또 어떤 사람은 가증한 사물에 대한 인위적인 욕망을 형성하여 추구합니다. 선을 행하기 위해 그것을 버리도록 설득하려는 논쟁도 그들에게는 전혀 소용없습니다. 이런 사람들은 하나님을 섬기는 사람이 아닙니다. 그들이 하나님의 나라를 위해 생명을 희생할 수 있을까요? 왜 그들로 하여금 담배를 끊게 만들지 못합니까! 담배는 건강에 해롭고 사회적으로 혐오스러운 것이 아닙니까? 금연하면 사망으로부터 구원받게 된다고 해도 그들은 금연하지 못합니다.

이런 사람들의 내면을 지배하는 것은 이기심입니다. 그것은 놀라운 이기심의 세력을 나타냅니다. 큰 일이 아닌 사소한 일들 속에서 이기심의 세력이 나타나는 것을 종종 볼 수 있습니다. 이런 사람에게는 자기만족이 삶의 법칙이므로 목숨을 버려서라도 추구해야 하는 큰 유익을 얻기 위해서 지극히 사소한 일도 양보하지 않습니다.

(11) 이기적인 유익을 위한 일이라면 쉽게 행동에 옮기는 사람들은 자신의 신들을 섬기는 사람입니다.

이런 사람들이 어떤 동기의 영향을 받는지 알 수 있습니다. 이런 사람에게 교회 건축을 위해 기부금을 요청한다고 가정해 보십시오. 무엇을 어떻게 권면해야 합니까? 기부금을 내면 그의 재산 가치가 증가한다거나, 그가 속해 있는 정당이 발전한다는 등 어떤 방법으로든 그의 이기심을 만족시켜 주리라는 것을 보여 주어야 할 것입니다. 만일 그가 그리스도의 나라를 발전시키고 죽어가는 영혼들을 구원하려는 갈망보다는 이러한 동기들로 인해 흥분한다면, 그는 결코 하나님을 섬기기 위해 자신을 포기하지 않을 것입니다. 그는 아직도 자신을 섬기고 있습니다. 그는 신앙생활이 의존하고 있는 사랑의 원리보다는 이기적인 이해관계의 영향을 받습니다. 참 하나님의 종은 이와 반대되는 특성을 지닙니다.

두 명의 종이 있는데, 한 종은 주인을 위해 헌신적으로 일하고 다른 종은 양심도 없이 월급을 받는 데만 혈안이 되어 있습니다. 전자는 개인적인 것을 제쳐놓고서 주인을 위해 일한다는 목적에 혼신을 기울입니다. 그러나 후자는 "이 일을 하면 내가 네 월급을 올려 주마"리고 밀하시나 그의 이기심을 충족시키는 동기를 제시하지 않는 한 행동하려 하지 않을 것입니다. 이 두 종 사이에는 근본적인 차이가 있습니다. 이것은 오늘날 교회 안에서 일어나고 있는 일들을 묘사해 줍니다. 한 푼도 들이지 않고 선을 행할 수 있는 일을 제안하면 모두가 행하지만, 개인적인 이해관계에 영향을 주게 될 계획—돈을 내야 하거나 한창 바쁠 때에 시간을 빼앗기게 될 계획—을 제안하면 교인들은 각기 다른 태도를 보입니다. 어떤 교인은 주저하고, 어떤 이는 의심하고, 어떤 이는 반대하고, 또 어떤 이는 확실히 거부합니다. 그러나 어떤 이는 그것이 대단히 유익을 주게 될 것이기 때문에 즉시 협력합니다. 그 밖의 교인들은 그것을 이행할 때에 그들이 누리게 될 일을 설명하여 이기심을 자극하지 않는 한 뒷전에 물러서 있습니다. 왜 그러한 태도들을 보입니까? 그들 중에 어떤 이들은 자신의 신들을 섬기기 때문입니다.

(12) 종교가 아닌 다른 주제에 더 흥미를 느끼는 사람은 자기의 신을 섬기는 사람입니다.

종교에 대한 주제가 아닌 다른 주제로 이야기하기를 좋아하며, 그런 주제에 쉽게 흥분하며, 시사 뉴스를 알려 하는 사람들은 자신의 신을 섬기는 사람입니다. 많은 사람들이 부흥회, 선교, 그밖에 종교의 유익에 관련된 문제보다는 은행, 전쟁, 화재, 또는 세속적인 문제에 더 많은 관심을 보입니다. 그들은 정치나 카드놀이에 열중합니다. 그들에게 종교적인 주제를 제시해도 전혀 열심을 보이지 않으며 동물적이고 감정적인 이야기를 합니다. 종교에 대한 주제는 그들의 염두에 없습니다. 그들은 마음에 가장 가까이 두고 있는 주제들을 대할 때 쉽게 흥분하며 흥미를 느낍니다. 만일 당신이 뉴스나 세속적인 화제에 대해서는 이야기할 수 있지만 종교적인 주제에는 흥미를 느끼지 못한다면, 당신의 마음은 종교에 있는 것이 아닙니다. 따라서 당신은 하나님의 종인 척하지만 실상은 위선자입니다.

(13) 하나님의 영광보다 자기의 명예를 더 중요시하는 사람은 자신을 위해 사는 사람이요 자신의 신을 섬기는 사람입니다.

만일 어떤 사람이 하나님을 비방하는 말을 들었을 때보다 자신을 비난하는 말을 들었을 때에 더 화를 내고 슬퍼한다면, 그는 누구를 섬기는 사람입니까? 누가 그의 하나님입니까? 그 자신입니까, 여호와입니까? 어느 목사는 하나님께 대한 모욕의 말을 들을 때에는 냉정한 태도를 보였지만 자신의 학위, 권위, 확실성 등을 모욕하는 말을 들었을 때에는 불같이 화를 냈습니다. 이 목사를 그리스도 때문이라면 어리석은 자로 여김을 받겠다고 한 사도 바울의 추종자라고 할 수 있을까요? 그를 기독교의 기본 진리를 아는 사람이라고 할 수 있습니까? 만일 기독교에 대한 기본 지식을 가지고 있었다면 그는 기독교를 위해서 자기의 이름을 악한 것으로 여길 수 있었을 것입니다. 따라서 그는 하나님을 섬긴 것이 아니라 자신의 신들을 섬긴 사람입니다.

(14) 영혼 구원하는 일을 인생의 크고 주도적인 목표로 삼지 않는 사람은 자신의 신을 섬기는 사람입니다.

종교 제도의 목표는 죄인의 구원입니다. 종교 제도의 가치가 거기에 있습니다. 예수 그리스도는 이 목표를 위해 살아 계시며, 이 목표 때문에 세상에 교회를 남겨 두셨습니다. 하나님을 삶의 주요 목적으로 삼고 행하지 않는 사람은 여호와를 섬기는 사람이 아니라 자기의 신을 섬기는 사람입니다.

(15) 하나님을 위한 일을 거의 하지 않거나 하나님을 위해서 아무것도 바치려 하지 않는 사람은 하나님을 섬기는 사람이라고 할 수 없습니다.

하나님의 종이라고 고백하는 사람에게 다음과 같이 묻는다고 생

각해보십시오: "당신은 하나님을 위해서 무엇을 하였습니까?", "당신은 하나님께 무엇을 드리고 있습니까?", "당신은 죄인들의 회심에 이바지하고 있습니까?", "당신은 예수 그리스도의 목적이 이루어지도록 돕고 있습니까?" 이런 질문을 받은 사람이 "잘 모르겠습니다. 그러나 나에게 소망이 있습니다. 나는 때때로 내가 하나님을 사랑한다고 생각합니다. 그러나 지금은 특별히 무슨 일을 하고 있다고 생각하지 않습니다"라고 대답했다면, 이 사람은 하나님을 섬기는 사람입니까, 자신의 신들을 섬기는 사람입니까? 그가 "나는 때때로 죄인들에게 전도하지만 그들은 그리 감동을 받는 것 같지 않습니다"라고 말한다면, 그것은 그 자신도 감동을 받지 못하고 있기 때문입니다. 우리의 마음이 그 안에 있지 않는 한 우리는 죄인들에게 감명을 줄 수 없습니다. 반면에 우리가 정성을 다해 임무를 행한다면 죄인들이 감동을 받지 않을 수 없을 것입니다.

(16) 신앙생활 속에서 유익함보다 행복을 추구하는 사람은 자신의 신들을 섬기는 사람입니다.

그의 신앙은 이기적인 신앙입니다. 그는 종교를 즐기려 하며 항상 어떻게 하면 행복한 마음을 얻을 수 있을까, 경건한 일을 실천하는 데 있어서 어떻게 하면 즐겁게 지낼 수 있을지를 묻습니다. 그는 자신을 행복하게 해줄 모임만 찾아다니고 그런 설교만 들으려 합니다. 그것이 가장 선한 방법인지 아닌지는 염두에 두지 않습니다.

우리가 부리는 하인이 이런 식으로 행동한다고 가정해 보십시오. 항상 어떻게 하면 즐거운 생활을 할 수 있을까만 생각하며, 소파에 누워 다른 하인에게 부채질을 시킨다고 생각해 보십시오. 당신이 시킨 일이나 당신의 이해관계상 꼭 필요한 일을 행하지 않고 당신을 위해 일하지 않으며, 힘껏 당신을 섬기지 않고 자신의 행복만 원한다고 가정해 보십시오.

스스로 여호와의 종이라고 고백하면서도 아무 일도 하지 않은 채 편안한 의자에 앉아 목회자들이 먹여 주는 것만 먹으려는 사람들도 이와 같습니다. 그들은 어떻게 하면 선을 행할 수 있을지 생각하지 않은 채 행복만 구합니다. 그들은 사울이 회심하여 "주여, 내가 무엇을 행하기를 원하십니까?"라고 한 것처럼 기도하지 않고 "주여, 어떻게 하면 행복해질 수 있는지 말씀하여 주십시오"라고 기도합니다. 그것이 예수 그리스도의 정신입니까? 아닙니다. 그는 "하나님! 당신의 뜻대로 행하기를 원합니다"라고 말해야 합니다. 행복을 구하는 것이 사도 바울의 정신입니까? 그렇지 않습니다. 바울은 웃옷을 벗고 팔을 걷어붙이고 노동의 현장에 나섰습니다.

(17) 신앙생활에 있어서 자신의 구원을 최고의 목표로 삼는 사람은 자신의 신을 섬기는 사람입니다.

교회 안에 있는 많은 신자들은 행위에 의해서나 맹세로써 구원을 확보하는 것이 주요 목표이며, 또 장차 자기 영혼이 거룩한 예루살렘의 튼튼한 성 안에 살며 가나안의 황금빛 들판을 걷게 하겠다고 결심합니다. 만일 성경이 잘못된 것이 아니라면, 이런 사람들은 모두 지옥에 떨어질 것입니다. 그들의 신앙심은 이기적인 것입니다.

"자기 목숨을 얻는 자는 잃을 것이요 나를 위하여 자기 목숨을 잃는 자는 얻으리라"(마 10:39).

결론

(1) 이 세상에 예수 그리스도를 위해 이루어진 일이 왜 그리 적습니까?

예수 그리스도를 위해 일하는 사람이 적기 때문입니다. 이 세상에 예수 그리스도의 참 종들이 적기 때문입니다. 오늘날 교회 안이나 우리가 알고 있는 신앙고백자들 중에 하나님을 위하여 일하고 신앙생활을 업으로 삼으며 그리스도의 나라의 확장을 위해 힘쓰는 사람이 과연 얼마나 됩니까? 기독교가 신속하게 발전하지 못하는 것은 기독교를 발전시키고자 하는 사람은 적고 방해하는 사람들은 많기 때문입니다.

화재가 난 상점에서 사람들이 물건을 꺼내려고 애쓰고 있는 모습을 볼 수 있습니다. 몇 사람은 필사적으로 물건을 꺼내려고 애쓰지만 나머지 사람들은 물건을 꺼내는 데 동참하지 않고 다른 일에 대해 이야기하거나 사람들이 물건을 꺼내는 방법에 대해 트집을 잡고 만류하고 방해합니다. 교회에서도 같은 일이 일어나고 있습니다. 하나님의 일을 하려는 사람들은 다른 사람들의 망설임, 트집, 또는 적극적인 반대 때문에 크게 방해를 받습니다.

⑵ 왜 기도의 영을 소유한 신자들이 그리 적습니까?

어떻게 하면 신자들이 기도의 영을 소유할 수 있습니까? 어떻게 하면 하나님이 그들에게 기도의 영을 주시겠습니까? 세속적인 일에 몰두해 있는 사람에게 하나님이 기도의 영을 주신다고 가정해 보십시오. 물론 그 사람은 마음에 두고 있는 것을 구하는 기도를 할 것입니다. 즉 자신의 신들을 섬기기 위해 세속적인 일에서의 성공을 달라고 기도할 것입니다. 하나님은 그런 목적으로 사용하라고 기도의 영을 주시는 것이 아닙니다. 자신의 신들을 섬기는 사람은 여호와 하나님이 기도의 영을 주시기를 기대하지 말고 자기의 신들에게 기도의 영을 구해야 할 것입니다.

⑶ 많은 사람들은 신앙을 고백하지만 경건한 생활을 시작조차 하지 않고 있습니다.

이런 사람들에게 "당신은 재산과 사업이 모두 하나님의 것이라고 여겨 하나님을 위해 경영하고 사용하려 합니까?"라고 물으면 그는 "아니요. 나의 신앙은 아직 그만큼 성장하지 못했습니다"라고 대답할 것입니다. 그는 여러 해 동안 신자로서 생활했으면서도 자신의 재산과 사업을 하나님의 것이라고 생각하지 않습니다! 그는 자신의 신들을 섬기는 사람입니다. 그러나 그것은 신앙심의 첫 시작입니다. 회심이란 무엇입니까? 세상을 섬기던 데서 돌아서서 하나님을 섬기게 되는 것이 아닙니까? 그러나 이 사람은 자기가 하나님의 종임을 발견하지 못하고 있습니다. 그런데도 그는 신앙생활이 꽤 성장했다고 생각하며, 자신이 가지고 있는 것 모두가 하나님의 것이라고 느끼는 듯합니다.

(4) 입으로는 하나님을 섬긴다고 고백하지만 실제로는 자신을 섬기는 사람은 정직하지 못한 사람입니다.

이기적인 동기에서 종교적인 의무를 행하는 사람은 하나님을 자기의 종으로 삼으려는 사람입니다. 만일 우리 자신의 이익이 최고의 목표가 된다면 우리가 행하는 모든 종교적 의식들은 하나님으로 하여금 우리의 이익을 증진시키도록 유도하려는 욕망에 불과합니다. 우리가 기도하는 목적은 무엇입니까? 왜 안식일을 지키며, 종교적 목적을 위해 재산을 바칩니까? "우리 자신의 구원을 촉진시키기 위해서입니다." 하나님께 영광을 돌리려는 것이 아니라 천국에 가려는 목적으로 행하는 것입니다. 만일 마귀가 이렇게 함으로써 자기의 목표를 성취할 수 있다고 생각한다면 이 모든 일을 행했을 것입니다. 이기심의 극치는 자아를 섬기면서 하나님께 이르려는 것입니다.

우리는 어떤 상태에 있습니까? 여호와를 섬기고 있습니까, 자신의 신들을 섬기고 있습니까? 하나님을 위해 어떤 일을 한 적이 있습니까? 당신이 행한 일에 의해 사탄의 나라가 쇠퇴했습니까? "당신에게 보여 드릴 것이 있습니다. 나는 이 죄인과 저 죄인을 회심시켰으며, 어떤 배교자를 다시 찾았으며, 또 어떤 연약한 성도를 도와 강건하게 해주었습니다"라고 말할 수 있습니까?

하나님을 섬겼다는 증거를 제시할 수 있습니까? "나는 안식일에 예배에 참석하여 설교를 들었고, 기도회에 참석했습니다. 또 몇 가지 귀한 모임을 가졌고, 하루에 한두 번은 골방에 들어가서 기도하고 성경을 읽었습니다"라고 대답할 수 있습니까? 하나님을 위해 이러한 일을 하는 데 있어서 소극적인 태도로 임했다면 당신은 하나님을 경외하면서 자신의 신을 섬긴 것입니다.

"나는 물건을 팔아 돈을 많이 벌어서 선교 사업을 위해 십일조를 바쳤습니다"라고 대답하려는 사람이 있습니까? 누가 영혼의 구원이 아닌 십일조를 요구했습니까? 이교도들에게 복음을 전파하러 선교사를 보내면서도 눈앞에서 지옥에 떨어지는 죄인들을 내버려두고 있지 않습니까? 이러한 것들에 속지 말아야 합니다. 영혼을 사랑하며 하나님을 섬기려면, 지금 여기에 있는 영혼들을 생각하고, 지금 이 자리에서 하나님의 일을 해야 합니다. 자기 주위에 있는 죄인들에게는 한 마디의 복음도 전파하지 못하는 사람이 어찌 이교도들에게 선교 사역을 할 수 있겠습니까? 그가 영혼을 사랑하는 사람입니까? 그런 사람을 이교도들에게 복음을 전하러 보낸다는 것은 우스운 일입니다. 가정에서 아무 일도 못하는 사람은 이교도에게 선교할 자격이 없습니다. 지금 여기 있는 죄인들을 구원하려고 노력하지 않으면서도 선교 사업을 위해 돈을 번다고 하는 사람들은 위선자입니다.

제3장
의심으로 행하는 것은 죄니라

"의심하고 먹는 자는 정죄되었나니 이는 믿음을 따라 하지 아니하였기 때문이라 믿음을 따라 하지 아니하는 것은 다 죄니라"
- 롬 14:23 -

우상을 섬기는 이교도에게는 희생 제사로 드린 짐승의 고기를 먹는 관습이 있었습니다. 제물로 드려진 짐승의 일부분은 제사장의 몫이었습니다. 제사장들은 자기 몫의 고기를 시장으로 보냈는데, 그것은 다른 것들과 함께 도살장에서 팔렸습니다. 기독교로 개종하여 여러 지역에 흩어져 살고 있었던 유대인들은 모세의 율법을 범하지 않기 위해서 자신이 먹는 고기에 특별히 신경을 썼습니다. 그들은 교회 내에서 의심을 제기하며 많은 논쟁과 문제를 일으켰습니다. 이런 문제 때문에 고린도 교회가 분열되고 동요했으며, 결국 그들은 사도 바울에게 가르침을 청하는 편지를 썼습니다. 고린도전서의 일부분은 이러한 문의에 대한 답변으로 기록된 것입니다.

당시 고린도교회에는 이 문제로 거리낌을 느껴 결코 고기를 먹어서는 안 된다고 생각하는 사람들이 있었던 것 같습니다. 자칫하면 우상의 제물로 바쳤던 고기를 시장에서 사게 될 위험이 있었기 때문입니다. 그러나 나머지 사람들은 그것에 구애되지 않았습니다. 그들에게는 고기를 먹을 권리가 있었으므로 시장에 가서 고기를 샀으며, 그 문제로 고민하지 않았습니다.

이러한 분쟁을 불식시키기 위해 그들은 사도 바울에게 편지를 보냈고, 바울은 고린도전서 8장에서 그 주제를 논했습니다.

"우상의 제물에 대하여는 우리가 다 지식이 있는 줄을 아나 지식은 교만하게 하며 사랑은 덕을 세우나니 만일 누구든지 무엇을 아는 줄로 생각하면 아직도 마땅히 알 것을 알지 못하는 것이요 또 누구든지 하나님을 사랑하면 그 사람은 하나님도 알아주시느니라 그러므로 우상의 제물을 먹는 일에 대하여는 우리가 우상은 세상에 아무것도 아니며 또한 하나님은 한 분밖에 없는 줄 아노라 비록 하늘에나 땅에나 신이라 불리는 자가 있어 많은 신과 많은 주가 있으나 그러나 우리에게는 한 하나님 곧 아버지가 계시니 만물이 그에게서 났고 우리도 그를 위하여 있고 또한 한 주 예수 그리스도께서 계시니 만물이 그로 말미암고 우리도 그로 말미암아 있느니라 그러나 이 지식은 모든 사람에게 있는 것은 아니므로 어떤 이들은 지금까지 우상에 대한 습관이 있어 우상의 제물로 알고 먹는 고로 그들의 양심이 약하여지고 더러워지느니라"(고전 8:1-7).

"그의 양심이 더러워지느니라"는 그가 고기를 우상에게 드렸던 제물로 여기며 실제로 우상숭배를 행한다는 뜻입니다. 그러나 고기를 먹는 일은 본질적으로 상관없는 일입니다.

"음식은 우리를 하나님 앞에 내세우지 못하나니 우리가 먹지 않는다고 해서 더 못사는 것도 아니고 먹는다고 해서 더 잘사는 것도 아니니라 그런즉 너희의 자유가 믿음이 약한 자들에게 걸려 넘어지게 하는 것이 되지 않도록 조심하라 지식 있는 네가 우상의 집에 앉아 먹는 것을 누구든지 보면 그 믿음이 약한 자들의 양심이 담력을 얻어 우상의 제물을 먹게 되지 않겠느냐 그러면 네 지식으로 그 믿음이 약한 자가 멸망하나니 그는 그리스도께서 위하여 죽으신 형제라 이같이 너희가 형제에게 죄를 지어 그 약한 양심을 상하게 하는 것이 곧 그리스도에게 죄를 짓는 것이니라 그러므로 만일 음식이 내 형제를 실족하게 한다면 나는 영원히 고기를 먹지 아니하여 내 형제를 실족하지 않게 하리라"(고전 8:8-13).

바울은 자신이 고기를 먹는 것 때문에 믿음이 약한 형제들이 실족하여 우상숭배에 빠지게 된다면, 차라리 고기를 먹지 않겠다는 결론을 내렸습니다. 연약한 형제를 실족하게 하는 것은 죄를 짓는 것이기 때문입니다. 그는 로마서에서도 동일한 주제를 다루었습니다. 그곳에도 역시 동일한 논쟁이 있었기 때문입니다. 그래서 그는 몇 가지 일반적인 교훈과 원칙을 기록한 뒤에 다음과 같이 기록했습니다.

> "믿음이 연약한 자를 너희가 받되 그의 의견을 비판하지 말라 어떤 사람은 모든 것을 먹을 만한 믿음이 있고 믿음이 연약한 자는 채소만 먹느니라"(롬 14:1-2).

그들 중에는 도살장에서 우상에게 제물로 바쳤던 고기를 사게 되지 않을까 염려하여 채소만 먹고 사는 사람들이 있었습니다. 반면에 양심의 거리낌 없이 시장에서 파는 고기를 사서 먹는 사람들도 있었습니다. 채소만 먹는 사람들은 고기를 먹는 사람들을 우상숭배자라고 비난했고, 고기를 먹는 사람들은 채소만 먹는 사람들을 미신적이며 믿음이 연약한 사람이라고 비난했습니다. 이것은 모두 옳지 못한 일이었습니다.

> "먹는 자는 먹지 않는 자를 업신여기지 말고 먹지 않는 자는 먹는 자를 비판하지 말라 이는 하나님이 그를 받으셨음이라 남의 하인

을 비판하는 너는 누구냐 그가 서 있는 것이나 넘어지는 것이 자기 주인에게 있으매 그가 세움을 받으리니 이는 그를 세우시는 권능이 주께 있음이라"(롬 14:3-4).

그들은 유대인의 절기와 명절들을 지키는 문제에 대해서도 논쟁하고 있었습니다. 어떤 이는 하나님이 요구하신다고 해서 유대인의 절기와 명절들을 지켰습니다. 그러나 또 어떤 이들은 하나님이 이런 의식들을 요구하시지 않는다고 가정하여 무시했습니다.

"어떤 사람은 이 날을 저 날보다 낫게 여기고 어떤 사람은 모든 날을 같게 여기나니 각각 자기 마음으로 확정할지니라 날을 중히 여기는 자도 주를 위하여 중히 여기고 먹는 자도 주를 위하여 먹으니 이는 하나님께 감사함이요 먹지 않는 자도 주를 위하여 먹지 아니하며 하나님께 감사하느니라 우리 중에 누구든지 자기를 위하여 사는 자가 없고 자기를 위하여 죽는 자도 없도다 우리가 살아도 주를 위하여 살고 죽어도 주를 위하여 죽나니 그러므로 사나 죽으나 우리가 주의 것이로다 이를 위하여 그리스도께서 죽었다가 다시 살아나셨으니 곧 죽은 자와 산 자의 주가 되려 하심이라 네가 어찌하여 네 형제를 비판하느냐 어찌하여 네 형제를 업신여기느냐 우리가 다 하나님의 심판대 앞에 서리라 기록되었으되 주께서 이르시되 내가 살았노니 모든 무릎이 내게 꿇을 것이요 모든 혀가 하나님께 자백하리라 하였느니라 이러므로 우리 각 사람이 자기 일을 하나님께 직고하리라 그런즉 우리가 다시는 서로 비판하지 말고 도리어 부딪칠 것이나 거칠 것을 형제 앞에 두지 아니하도록 주의하라"(롬 14:5-13).

그 다음 말에 주의하십시오.

"내가 주 예수 안에서 알고 확신하노니 무엇이든지 스스로 속된 것이 없으되 다만 속되게 여기는 그 사람에게는 속되니라"(롬 14:14).

이것은 다음과 같은 뜻입니다. 즉 고기가 정결하거나 부정한 것은 그리스도에게 달린 문제가 아닙니다. 그러나 그것에 차이가 있다고 믿는 사람들이 분별없이 고기를 먹는 것은 죄가 됩니다. 왜냐하면 그는 하나님의 명령에 반대된다고 믿고 있는 것을 행하는 것이기 때문입니다.

"만물이 다 깨끗하되 거리낌으로 먹는 사람에게는 악한 것이니라" (롬 14:20).

모든 사람들은 자신이 하고 있는 것이 옳다는 것을 마음으로 믿어야 합니다. 옳다는 확신을 갖지 못한 채 부정한 고기를 먹는 것은 하나님께 범죄하는 것입니다.

"고기도 먹지 아니하고 포도주도 마시지 아니하고 무엇이든지 네 형제로 거리끼게 하는 일을 아니함이 아름다우니라"(롬 14:21).

이것은 술고래들이나 애주가들에게 유익한 충고입니다. 이런 사람들은 포도주와 맥주를 끊으면 금주운동이 망할 것이라고 생각합니다. 금주운동을 지키지 않는 사람들은 포도주와 맥주가 이 운동을 적극적으로 퍼뜨리는 데 있어서 가장 큰 장애물이라고 생각합니다.

"네게 있는 믿음을 하나님 앞에서 스스로 가지고 있으라 자기가 옳다 하는 바로 자기를 정죄하지 아니하는 자는 복이 있도다 의심하고 먹는 자는 정죄되었나니 이는 믿음을 따라 하지 아니하였기 때문이라 믿음을 따라 하지 아니하는 것은 다 죄니라"(롬 14:22-23).

"정죄되었다"는 것은 하나님의 법을 범하여 유죄 판결을 받았다는 의미입니다. 만일 이 일이 합법적인지 아닌지 의심하면서 행한다면 그것은 하나님을 기쁘시게 하지 못하고 율법을 범하는 것이 되며, 일 자체의 옳고 그름과는 상관없이 정죄를 받는다는 의미입니다.

지금까지 본문에 제시된 원리를 이해하기 쉽게 하기 위해 이 말씀을 본문 전체의 맥락에 비추어 설명했습니다. 합법성을 의심하면서 어떤 일을 행하는 사람은 범죄하는 것이고, 그로 인해 하나님 앞에서 정죄됩니다.

한 가지 예외가 있습니다. 그것은 일을 합법적으로 행하면서, 그 일을 하지 않는 것의 합법성을 정직하고 충실하게 의심해 보는 것입니다. 에드워즈 학장은 자신의 결심 39조에서 이것을 정확히 충족시켰습니다.

"일을 행한 뒤에 다시 생각해 보아 그 합법성이 의심스러울 일은 결코 하지 말라. 다만 그 일을 하지 않는 것이 과연 합법적인지 생각해보라."

사람은 어떤 일을 대할 때 그 일을 해야 하는지, 하지 않아야 할지 두 가지로 의심할 수 있습니다. 그런 경우에 그에게 해줄 수 있는 말은 그가 얻을 수 있는 가장 선한 견해에 따라 행동해야 한다는 것입니다. 그러나 합법성을 의심하여 행하지 않거나 합법성을 의심하지 않고 행하는 것은 하나님 앞에서 범죄하는 것이므로 정죄됩니다. 그러므로 회개하지 않으면 저주를 받습니다.

이 주제를 다음과 같은 세 가지 측면에서 생각해 보겠습니다.

1. 합법성이 의심스러운 일을 행하는 사람은 죄인이라는 것을 몇 가지 이유를 들어 말하겠습니다.

2. 그것이 적용되는 특수한 경우를 제시하겠습니다.

3. 몇 가지 결론과 평가를 제시하겠습니다.

1. 본문에 제시된 원리-합법성이 의심스러운 일을 행하는 자는 정죄된다는 원리-가 옳다는 몇 가지 근거를 제시하겠습니다.

(1) **의심하는 바를 행하는 것이 죄라는 첫째 근거는 다음과 같습니다. 하나님이 그의 마음을 조명하셔서 그로 하여금 어떤 행위의 합법성을 의심하게 만드셨다면, 그는 그 자리에 멈추어서 문제를 자세히 생각하여 흡족한 해결책을 찾아야 합니다.**

당신의 자녀가 무엇을 갖고 싶거나 친구와 함께 어디로 가고 싶은데 그 일을 당신이 어떻게 생각할지 궁금하게 여긴다면 당신에게 질문해야 하지 않겠습니까? 만일 그가 친구의 초대를 받았는데 당신이 그것을 어떻게 생각할지 궁금해 하면서도 물어보지 않고 그대로 초대에 응한다면 잘못된 행동이 아니겠습니까?

어떤 사람이 탄 배가 난파되어 무인도에 닿았다고 가정해 보십시오. 그는 그곳에서 아무도 발견하지 못했기 때문에 외딴 동굴에서 친구도 없고 소망도 없이 살기로 했습니다. 그런데 매일 아침 그가 사는 동굴 입구에 하루 먹을 만큼의 음식이 놓여 있었습니다. 이때 그는 어떻게 해야 합니까? 그는 그 섬에 사람이 살고 있다는 것을 알지 못했으니 아무에게도 감사할 필요가 없습니까? 이 보이지 않는 친구를 찾아 그의 친절에 감사해야 하지 않겠습니까? 그는 "이곳에 인간이 살고 있는지 아닌지 의심스럽구나. 그러나 염려 말고 내게 주어진 것을 먹고 편안히 생활하자"라고 말해서는 안 됩니다. 그가 은인을 찾지 않는다면 그가 악한 마음을 가지고 있다는 선고가 될 것입니다. 그것은 그가 은인이 누구인지를 알면서도 자신이 받은 은혜에 보답하지 않는 것과 같습니다.

무신론자가 있다고 가정해 보십시오. 그는 복된 하늘의 빛을 바라보며 자신의 몸에 건강과 활력을 부어주는 공기를 호흡합니다. 그로 하여금 이 모든 생명과 행복의 수단들을 공급해 주시는 위대하신 분에 대해 질문하게 만드는 하나님의 존재에 대한 증거가 충분히 있습니다. 그런데 만일 그가 보다 멀리 있는 빛에 대해 묻거나 관심을 갖지 않으며 마음으로 하나님을 대적한다면 무신론자의 마음과 지성을 소유한 사람입니다.

최소한 그가 하나님이 계실지도 모른다는 증거를 가지고 있다면 어떻게 해야 합니까? 정직한 마음을 가져야 하며, 어린아이처럼 순진한 마음과 경외하는 마음으로 하나님에 대해 묻고 그분에게 경의를 표해야 합니다. 그런데 만일 하나님이 계시지 않을 것이라고 생각하고 하나님이 없다는 듯이 각처로 돌아다니며 진리를 탐구하지도 않고 그것에 순종하지 않는다면, 그의 마음은 잘못된 것이며, 하나님이 없다 말하는 것과 같습니다.

자연신론자에 대해 생각해 보겠습니다. 우리에게는 하나님이 주신 계시라고 믿는 책, 즉 성경이 있습니다. 선한 사람들은 그것을 그대로 믿습니다. 그 진리의 정신을 충족시키는 증거들이 있습니다. 이 외적, 내적 증거들은 대단히 중요한 것들입니다. 그러므로 증거가 없다고 말하는 것은 그 사람의 정신의 온전함이나 정직성을 의심하게 만듭니다.

그것이 우화나 거짓이 아니라고 생각해 볼 충분한 증거가 있습니다. 지극히 작은 것에 불과하지만 우리는 그것을 참작하려 합니다. 그런데 그것을 거부하는 것이 그가 해야 할 일입니까?

자연신론사들이라도 마음에 전혀 의심이 없다고 확신하는 척할 수는 없습니다. 그는 단지 자신의 주장과 반대되는 견해에 의심을 제기하고 흠을 잡으려는 것입니다. 그러므로 성경이 하나님으로부터 비롯된 책이 아님을 증명할 수 없는 한 성경을 대적하지 말아야 합니다.

삼위일체를 배격하며 그리스도를 신으로 인정하지 않는 유니테리언교도들의 경우도 마찬가지입니다. 예수 그리스도가 하나님이라는 데 대한 모든 의심을 제거하기에 성경에 있는 증거로는 불충분하다고 인정하더라도(이것은 결코 사실이 아닙니다), 성경은 그와 반대되는 의심을 제기할 증거를 제시하고 있으므로 그 교리를 진리가 아니라고 배격할 권리는 없으며, 겸손하게 성경을 조사하여 확인해 보아야 합니다. 성경이 예수 그리스도의 신성(神性)의 증거를 주지 못한다고 말하는 사람은 정직하거나 총명한 사람이 아닙니다. 성경은 많은 지성인들과 그 교리를 반대해 오던 사람들을 확신시키고 만족시켜준 증거를 가지고 있습니다. 그 교리를 배격해서는 안 됩니다. 왜냐하면 그것이 진리일 수도 있다는 증거가 있기 때문입니다. 만일 그것이 진리일 수도 있지만 의심할 근거가 있거나 진리가 아니라면 위험을 무릅쓰고서라도 배격해야 합니다.

보편구원론자에 대해 생각해 보겠습니다. 죄인들이 죽은 후에 끝없는 고통을 겪는 장소인 지옥이 없다고 확신한다고 말할 수 있는 사람이 있습니까? 이런 사람은 자만심을 버리고 의심을 품고 성경을 조사해 보아야 합니다.

지옥의 존재를 믿지 않는다고 말하는 것으로는 충분치 못합니다. 지옥이 있을 수도 있는데 그것을 부인하며 지옥의 존재 여부에 대한 진리에 개의치 않는다면 그것 자체가 하나님에 대한 반역이 됩니다. 지옥이 없다는 사실에 대해 의심하면서도 전혀 의심을 하지 않는 것처럼 행동하는 사람은 정죄받습니다.

내가 아는 보편구원론자 의사는 자신이 갖고 있는 이론들의 진실성을 시험해 보기 위해 영원한 세계로 가고 말았습니다.

언젠가 그는 나에게 다음과 같이 말했습니다. 그는 보편구원론이라는 진리에 대해 의심을 품고 있으며, 그 사실을 어느 목사에게 고백했다고 합니다. 그런데 그 목사가 말하기를 자기도 역시 그것의 진실성에 대해 의심을 품고 있으며, 이 세상에 의심을 품지 않는 보편구원론자가 한 사람이라도 있다고 믿지는 않는다고 말했다는 것입니다.

(2) **합법성을 의심하면서도 어떤 일을 한다는 것은 그가 대단히 이기적인 사람이며, 하나님의 뜻을 행하는 것 이외에 다른 목적들을 가지고 있다는 것을 나타내 줍니다.**

그것은 그가 자신을 만족시키기 위해 그 일을 하려 한다는 것을 보여줍니다. 그는 그 일이 하나님이 인정하시는 것인지 의심하면서도 행합니다. 그것은 하나님에 대한 반역입니다. 만일 그가 정직하게 하나님을 섬기려 한다면, 의심이 생길 때에 그 자리에 멈춰 서서 만족한 해답을 얻을 때까지 묻고 조사할 것입니다. 의심을 품은 채 일을 진행하는 것은 그가 악하고 이기적이며, 하나님이 기뻐하시든지 기뻐하시지 않든지 혹은 그 일이 옳은 일이거나 그른 일이거나 상관없이 그 일을 하려 한다는 것을 나타내 줍니다. 그가 그 일을 하는 것은 옳은 일이기 때문이 아니라 자신이 원하기 때문입니다.

(3) **이런 식으로 행하는 것은 하나님의 선하심을 헐뜯는 행위입니다.**

그는 하나님이 뜻을 충분히 계시하셨는지 분명하지 않으므로 자신이 의무를 행하려 해도 무엇이 의무인지 알지 못한다고 주장합니다. 이것은 자신의 의무가 무엇인지 모르는 의심스러운 상태에 버려져 있으므로 되는 대로 결정해야 한다고 말하는 것과 같습니다.

(4) 그것은 심령의 나태함과 우둔함을 나타내 줍니다.

그것은 그가 자신의 의무를 배워 알려고 노력하지 않고 오히려 그릇되게 행한다는 것을 나타냅니다. 그는 탐구하는 일을 소홀히 하거나 정직하지 못한 사람입니다.

(5) 그것은 무모한 정신을 드러냅니다.

그것은 양심의 부재, 옳은 일에 대한 무관심, 하나님의 권위를 무시함, 하나님의 뜻대로 행하지 않으며 하나님의 기뻐하심이나 기뻐하시지 않음에 상관치 않으려는 성향, 그리고 가장 악한 것으로서 지극히 무모하고 무분별한 성품을 나타냅니다.

본문과 고린도전서 8장에 제시된 원리를 조사해 보면 충분히 증명됩니다. 즉 의심하면서 행하는 것은 죄이며, 그런 사람은 하나님 앞에서 정죄를 받게 되고, 따라서 회개하지 않으면 저주를 받습니다.

2. 이 원리가 인간생활에 적용되는 특별한 경우들을 설명하겠습니다. 먼저 그 일을 해야 하는지 하지 말아야 되는지 양쪽 모두 의심할 수도 있는 몇 가지 경우를 언급하겠습니다.

1. 성찬식에서 사용되는 포도주에 대해 생각해 보십시오.

금주운동으로 인해 포도주 사용에 대한 문제가 제기되어 여러 종류의 포도주를 분석하여 알코올 함량이 밝혀졌으며, 우리 지방에서 알코올 함량이 높지 않은 포도주를 얻기가 어렵다는 것이 드러났습니다. 그리하여 어떤 사람들은 주님의 만찬을 기념하기 위해 이 지방에서 생산한 포도주를 사용하는 것이 옳은 일인지 의심을 품게 되었습니다.

어떤 이들은 성찬식에서 포도주는 필수적인 요소이므로 우리가 구할 수 있는 한 가장 좋은 포도주를 사용해야 한다고 믿습니다. 한편 어떤 이들은 알코올 농도가 강하여 취하게 하는 포도주를 사용해서는 안 되며, 또 포도주가 성찬식의 필수 요소는 아니므로 다른 음료수를 사용하는 것이 좋다고 주장합니다. 이들 쌍방은 모두 양심적이며, 하나님의 뜻에 합당하다고 믿을 만한 일을 행하고자 합니다. 그러나 이들 외에 또 어떤 이들은 그 문제에 대해 의심을 품고 있습니다. 물론 어떻게 행해야 하는지 심각하게 의심해 보는 양심적인 사람들이 있으리라고 생각할 수 있습니다. 그런 사람들은 성찬식에 알코올 성분이 있는 포도주를 사용하는 것이 옳은 일인지 또는 다른 음료수를 사용하는 것이 옳은 일인지에 대해 의심을 품습니다.

이 경우에 에드워즈 학장의 다음과 같은 결의를 적용할 수 있습니다.

"행하는 것이 옳은지 행하지 않는 것이 옳은지 판단할 수 없으며 인간이 할 수 있는 최선의 방법에 따라 결정해야 할 경우에는 그 일이 하나님을 기쁘시게 할 것인지를 알고 행하려 해야 합니다."

여기에서 성찬식에서의 포도주 사용에 대한 문제를 논의하려는 것은 아니며 지금은 그 문제를 자세히 살펴볼 때가 아닙니다. 다만 설명을 위해 그것을 언급했을 뿐입니다. 그러나 기왕에 그 문제가 언급되었으니 두세 가지를 말하겠습니다.

(1) 나는 성찬식에서 일반 포도주를 사용하는 것이 어떤 이들의 생각처럼 악하다고 생각하지 않습니다.

한 달에 한 번, 혹은 두세 달 만에 한 번 포도주 한 모금을 마시는 것이 악하다거나 위험하다고 생각하지는 않습니다. 나는 폭음이라는 질병-폭음은 실제로 육체적인 병의 일종입니다-이 그처럼 사소한 원인 때문에 발생하거나 지속된다고 보지 않습니다. 또 어떤 이들이 생각하듯이 그것이 금주운동에 해를 끼친다고도 생각하지 않습니다. 그러므로 지금까지 행해온 대로 포도주를 사용하되 마음으로 확신을 가진다면 그것은 결코 죄가 아닙니다.

(2) 반면에 성찬식에서 반드시 포도주를 사용해야 한다고도 생각하지 않습니다.

이 문제에 대해 많은 논의와 저술이 있었으나 그것들은 지식이 없는 말에 불과한 것이어서 문제를 더욱 흐리게 했습니다. 내가 보기에 포도주가 성찬식에 꼭 필요한 것은 아니라고 가정할 강력한 근거들이 있습니다. 주님이 성찬을 제정하실 때에는 발효되지 않아

알코올 성분이 없는 포도주를 사용하셨다는 것을 증명하기 위해 사람들은 많은 노력을 기울이고 있습니다. 실제로 이것이 지금까지 논쟁점이 되어오고 있습니다. 그러나 이것은 마치 주님이 사용하신 떡이 밀로 만든 떡인지 귀리로 만든 떡인지, 혹은 누룩을 넣은 것인지 넣지 않은 것인지를 논의하는 것처럼 불필요한 논쟁입니다. 왜 사람들이 이 문제에 대해 격렬한 논의를 하지 않을까요? 그것이 불필요하다고 여기기 때문입니다.

이 포도주 사용에 대한 문제를 해결하기 위해서 성찬 의식의 의미가 무엇인지 생각해 보아야 합니다. 우리 주님이 의도하셨던 것은 무엇입니까? 주님은 생명을 유지하기 위해 필요한 두 가지 요소, 즉 양식과 음료수를 택하셔서 구속의 필요성과 효험을 상징하셨습니다.

주님은 그러한 견해를 갖고 계셨습니다. 왜냐하면 그것은 "내 살은 참된 양식이요 내 피는 참된 음료로다"라는 주님의 말씀과 일치하기 때문입니다. 그러므로 주님은 성전에서 물을 부으며 말씀하시기를 "누구든지 목마르거든 내게로 와서 마시라"고 하셨습니다.

주님은 "생명의 떡"이라고 불립니다. 이런 식으로 그리스도가 당하신 고난의 가치를 양식과 음료수에 의해 나타내셨습니다.

왜 주님은 다른 음식물이 아닌 떡을 택하셨을까요? 이스라엘의 역사와 관습을 아는 사람들은 주님이 그 당시 백성들이 가장 보편적으로 사용하던 음식물을 선택하셨음을 알 수 있을 것입니다.

언젠가 말타 섬에 가 본 적이 있는데, 그곳 사람들은 대체로 빵만 먹고 살아가는 것 같았습니다. 사람들은 여럿이 시장에 가서 각각 딱딱한 빵을 하나씩 사서 선 채로 먹곤 했습니다. 주님도 가장 일반적이고 유익한 음식물을 택하여 주님의 살을 상징하게 하신 것입니다. 그러면 음료수로 포도주를 택하신 이유는 무엇입니까? 같은 이유에서였습니다. 그 지방의 모든 국가에서는 식사 때에 일반적으로 포도주를 마셨기 때문입니다. 그곳에서는 포도주 한 병 값이 약 1센트입니다. 우리나라의 맥주보다 더 값이 쌉니다. 시실리에서는 포도주 1갤론에 5센트라고 합니다. 이것은 물 값과 같다고 생각됩니다. 또 성만찬은 유월절의 끝날에 최초로 시행되었는데, 그날 유대인들은 항상 포도주를 사용했다는 사실을 알 수 있습니다.

그러므로 주님이 이 의식을 통해서 의미하신 것은 다음과 같습니다.

양식과 음료수가 육체의 생명에 필수적인 것과 같이 주님의 몸과 피, 구속은 영혼의 생명에 필수적입니다. 나는 포도주가 성만찬에 꼭 필요한 것은 아니라고 확신합니다. 따라서 누구든 양심에 거리낌 없이 포도주가 아닌 물을 원하는 사람이 있다면 그에게 주저하지 않고 물을 주겠습니다. 그 지방에서 육체의 생명을 유지하기 위해 흔히 사용되는 음식과 음료수를 사용한다면 성찬 제정의 목적을 충족시킬 수 있는 것입니다. 만일 내가 말린 물개의 살과 눈 녹인 물을 먹고 사는 에스키모인의 사회에서 활동하는 선교사라면 그것들로 성찬을 집례할 것입니다. 그렇게 해야 그들에게 그리스도가 없이 살 수 없다는 사상을 전해 줄 수 있기 때문입니다.

그러므로 확고한 신념만 가지고 있다면 포도주를 사용하지 않는 것이 죄가 되지 않습니다. 만일 우리 교회의 교우들이 포도주 대신 일반적으로 사용되는 다른 건전한 음료수를 사용하겠다는 확신을 갖고 있다면 나는 거리낌 없이 그것을 사용하겠습니다. 동시에 옛 방식으로 진행하는 데에 전혀 이의가 없습니다.

지금 논의되고 있는 이 원리를 잊어서는 안 됩니다. 즉 어떤 일을 하는 것이 과연 옳은 일인지 의심하면서 동시에 그 일을 하지 않아야 옳은 것인지도 의심한다면 마땅히 그 문제에 대해 기도하고 성경을 찾아보고 가능한 한 가장 선한 견해를 얻은 뒤에 행동에 옮겨야 합니다. 이렇게 행하는 사람은 사람들로부터 비판이나 비난을 받지 않을 것입니다.

"남의 하인을 비판하는 너는 누구냐?"(롬 14:4).

누구도 자기의 양심을 기준으로 이웃의 행동을 판단할 수 있는 권리를 가지고 있지 않습니다.

비슷한 경우를 예로 들겠습니다. 어느 목사가 주일에 멀리 떨어져 있는 두 곳의 교회에서 설교해야 하는 상황에 처했다고 해보십시오. 이런 경우에 그는 두 가지를 생각해 볼 수 있습니다. 만일 그가 설교하러 그곳에 간다면 이방인들은 그가 안식일을 범했다고 생각할 것이며, 가지 않으면 그곳의 신자들이 설교를 듣지 못하게 될 것입니다. 여기에서 그가 해야 할 일은 성경을 찾아보아 되도록 선한 견해를 택하며, 그것을 주제로 기도하고, 철저하게 비중을 살펴본 뒤 가장 선한 판단에 따라 행하는 것입니다.

주일학교 교사의 경우도 마찬가지입니다. 그가 먼 곳에 살고 있기 때문에 어쩔 수 없이 주일에 여행을 해야 하는데, 그렇게 하지 않을 경우에는 주일학교에 참석하지 못하게 된다고 가정해 보십시오. 이 경우 그는 어떻게 하는 것이 자기의 의무인지 생각해 보아야 합니다. 주일에 여행을 하지 않고 자기 교회에 남아 있는 것이 옳은지, 아니면 주일학교가 없는 이웃 마을까지 5~10마일을 여행하여 주일학교를 지키는 것이 옳은지 생각해 보고 최선의 견해에 따라 스스로 결정해야 합니다. 아무도 겸손하고 양심적인 주 예수 그리스도의 제자를 비판해서는 안 됩니다.

모든 경우에 우리의 목적은 하나님께 영광을 돌리는 것이며, 우리가 품는 의심의 유일한 근거는 어떻게 해야 하나님을 영화롭게 하느냐에 있음을 분명히 알 수 있습니다. 사도 바울은 이런 종류의 온갖 율법들에 관해 말하기를 "날을 중히 여기는 자도 주를 위하여 중히 여기고 중히 여기지 않는 자도 주를 위하여 중히 여기지 말라"고 했습니다. 모든 행위의 목적은 옳은 일을 하는 데 있으며, 우리의 의심은 그 일을 가장 선한 방법으로 행하기 위한 수단이 되어야 합니다.

2. 의도 자체가 그릇되어 있는 경우, 자신을 만족시키려는 목적을 가지고 있는 경우, 자신이 합법적으로 그 일을 할 수 있는지에 대해 의심을 품는 경우 등 몇 가지를 생각해 보겠습니다.

견해의 차이가 있는 경우, 즉 그 행동들이 합법적인지 의심해 봐야 하는 행동들에 대해 언급하겠습니다.

(1) 예를 들어 양조업에 대해 이야기해 보겠습니다.

이 주제에 대해서 이야기한 바 있으며 그 문제에 대한 모든 견해를 제시했는데도 이 사업의 합법성을 의심해야 할 필요성을 느끼지 않는다고 말할 수 있는 사람이 있습니까? 이에 대해 할 수 있는 말은 다만 정직한 심령을 가진 사람이라면 마땅히 그것을 의심해야 한다는 것입니다. 정직한 영혼이라면 그것이 비합법적이고 지각 없다는 것을 알 것이라고 생각합니다.

그러나 양조업자들에 대해 가장 너그러운 가정을 취하여 그가 그 일의 비합법성을 충분히 깨닫지 못하고 있다고 가정해 보십시오. 그는 최소한 그 일의 합법성을 의심해 보아야 합니다. 그러고 나서 어떻게 해야 합니까? 할 수 있는 한 진리에는 상관하지 않고 진리의 빛에 대해 눈을 감습니까? 그렇지 않습니다. 그는 자기가 사업의 합법성에 대해 의심을 품고 있다는 사실을 알고 있으며, 의심을 하면서도 무엇이 옳은지 알아보려 하지 않고 계속 그 일을 행한다면 알고도 그대로 계속 행했기 때문에 저주를 받을 것입니다. 이런 사람들은 이런 식으로 말합니다: "나는 성경에서 독한 술을 만들지 말라고 했다고 믿지는 않습니다." 아직 그들이 확실히 깨닫지 못하고 있으며, 온갖 가능한 반대와 트집을 버리지 못하고 있다고 가정해 보십시오. 그러면 어떻게 해야 합니까? 당신은 이 사업의 합법성에 대해 의심을 품고 있습니다. 그렇다고 해서 당신이 옳지 못한 일을 한다고 정죄할 수는 없습니다. 합법성을 의심하면서도 계속 그 일을 행한다면 당신은 지옥으로 가고 있는 것입니다.

(2) 안식일을 범할 수밖에 없는 직업에 종사하는 사람에 대해 생각해 보십시오.

주일에 일하는 직장에 다닌다거나 고속도로 매표소, 증기선, 혹은 그 밖에 꼭 필요한 일이 아닌 직장에 종사하는 경우를 생각해 보십시오. 안식일에 행해야 할 일은 자비 행위와 절대적으로 필요한 것들입니다.

그러나 우편물을 배달한다든지 그밖에 그와 유사한 일로서 안식일에 하지 않아도 되는 일에 대해 생각해 보십시오. 아무리 좋게 말한다 해도 이런 직업은 그 합법성이 의심스럽다고 말할 수 있습니다. 그러므로 그들이 계속 그 일을 한다면 죄를 짓는 것이며 지옥으로 향하고 있는 것입니다. 하나님은 그들에게 율법의 형벌을 주시며, 만일 뉘우치고 회개하지 않으면 분명히 저주를 받습니다.

(3) 주일을 범하는 회사의 주식을 소유하는 일에 대해 생각해 보십시오.

이런 회사의 주식을 소유하고 있는 사람이 그 회사에 자본을 투자하는 일의 합법성에 대해 의심을 품지 않는다고 말할 수 있습니까? 그 일이 반드시 해야 하는 일이거나 자비의 행위인지 의심해 보아야 하지 않겠습니까? 이 경우에는 그것이 비합법적이라는 것을 설명할 필요도 없습니다. 물론 충분히 설명할 수는 있지만 그 일의 합법성에 대한 의심을 제기하게 해주는 것으로 충분합니다. 그러나 의심을 해결하지 않고서 계속 그 일을 한다면 그는 정죄받고 버림을 받습니다.

(4) 복권 구입이나 도박에 대해서도 같은 말을 할 수 있습니다.

(5) 논쟁의 대상이 되고 있으며 아무리 좋게 보아도 의심스러운 권리라고 여겨지는 식도락에 대해 생각해 보십시오.

① 포도주와 맥주 등을 마시는 문제를 생각해 보십시오. 현재 금주운동이 전개되고 있는 상황에서 이러한 술을 마시는 것은 사도 바울이 말한바 "고기도 먹지 아니하고 포도주도 마시지 아니하고 무엇이든지 네 형제로 거리끼게 하거나 범죄하게 하거나 연약하게 하는 일을 아니함이 아름다우니라"는 원리를 범하는 것은 아닌지 의심스럽지 않습니까? 음주의 합법성을 전혀 의심하지 않는다고 말할 수 있는 사람은 한 사람도 없습니다.

그것이 합법적이라는 증거는 없지만, 합법적이지 않다는 강력한 증거가 있습니다. 합법적인지 의심하면서 음주하는 사람은 정죄받으며, 그러고도 계속 음주를 한다면 저주받습니다.

지금까지 말한 것은 성경 본문의 견해에서 비롯된 단순하고 직접적이고 필요한 결론입니다.

② 흡연에 대해 생각해 보십시오. 담배를 피우는 것이 하나님의 뜻에 일치한다고 믿는 사람이 있습니까? 흡연을 하지 않는 것이 합법적임을 의심하는 사람은 없을 것입니다. 사람 중에 자신이 포도주나 독주를 마시거나 담배를 피거나 사치를 해야 하는 의무를 갖고 있다고 생각하는 사람이 있습니까? 전혀 없습니다. 이 문제에 대한 의심은 일방적으로 한편, 즉 흡연의 합법성에 대해서만 성립됩니다. 그렇다면 흡연의 합법성을 의심하면서도 입에 그 독초를 물고 있는 사람들은 어떻게 됩니까? 그는 정죄받습니다.

③ 차와 커피에 대해 말하겠습니다. 알려진 바에 의하면 이러한 기호품에는 전혀 영양분이 없으며, 우리나라에서 연간 약 800만 달러가 이것들을 구입하는 데 소비된다고 합니다. 전혀 유익이 없으며 위장이 약한 사람에게는 해롭다고 알려진 것들을 마시기 위해 이처럼 많은 돈을 쓰는 것이 합법적이라고 믿는 사람이 있습니까? 오늘날 많은 자선단체들이 해외에 복음을 전파하여 세상을 지옥으로부터 구원하기 위해 큰 소리로 도움

을 구하고 있는데 우리가 그런 일을 할 수 있습니까? 교회가 차를 마시는 데 많은 비용을 사용한다는 사실을 생각해 보십시오. 이것이 과연 의심스럽지 않은 행위입니까?

⑹ 이 원리를 여러 가지 오락에 적용해 보겠습니다.

① 극장에 가는 일에 대해 생각해 보십시오. 믿는다고 고백한 많은 신자들이 극장에 가고 있습니다. 그들은 성경에서 그것을 금지하지 않았다고 주장합니다. 기독교 신자라고 고백하고서도 극장에 다니며 자신이 합법적인 행동을 하고 있다고 믿는 사람이 있습니까? 내 생각에 그것은 의심스러운 데 그치는 문제가 아닙니다. 그것이 비합법적인 행동임을 분명히 밝힐 수 있습니다. 그런데도 신자들 중에는 극장에 다니며, 성경에 그 일을 분명히 금지하지 않았다는 것을 핑계로 자신을 변론하려 하고 있습니다.

② 과식하고 과음하게 되는 파티에 대해 생각해 보십시오. 그것이 과연 시간과 돈을 하나님이 원하시는 대로 사용하는 것인지 의심해 보아야 할 이유는 없습니까? 굶주림에 허덕이는 가난한 사람들을 보십시오. 그리고 이런 환락과 낭비의 결과를 생각해 보십시오. 합법성을 의심하지 않고서 그런 파티에 참석하거나 파티를 벌일 수 있는 사람을 어디에서 발견할 수 있을까요? 정직한 사람이라면 결코 그렇게 말하지 않을 것입니다. 만일 의

심하면서도 여전히 그대로 행한다면 당신은 정죄됩니다.

이 원리는 현재 논쟁점이 되고 있는 모든 일들, 그리고 사람들이 그것은 무엇을 하는 것보다는 낫다고 말하며 하나님의 율법의 정죄를 피하려 하는 일들에 적용됩니다. 그러나 만일 의심을 품게 된다면 그것을 절제해야 합니다.

③ 무도회, 소설책 읽기 등 시간을 낭비하는 일들에 대해 생각해 보십시오. 시간을 그런 식으로 보내는 것이 과연 하나님께 이르는 길입니까? 그 일에 대해 전혀 의심이 없다고 말할 수 있습니까?

(7) 주일에 남의 집을 방문하는 일에 대해 생각해보십시오.

사람들은 남의 집을 방문하고는 "이 일이 전혀 옳지 않다는 것을 알고 있지만 어쩔 수 없이 방문했습니다"라고 변명합니다. 어쨌든 그는 의심을 품고서 행동하였으므로 마음으로 안식일을 범한 것입니다.

(8) 새해 첫날 세상의 관습을 따르는 일은 어떻습니까?

새해 첫날이 되면 여자들은 집에 있고 남자들은 여자들을 방문하러 온 마을을 이리저리 다닙니다. 여자들은 음식을 넉넉히 준비하여 대접하는데 남자들은 실컷 먹고 사교계의 여왕에게 절을 합니다. 이런 일들이 합법적이라고 생각합니까? 나는 그것이 악한 일이라고 증명할 수 있습니다. 그러한 무절제한 관습의 합법성에 대해 의심을 품지 않는 사람들의 정신이 과연 온전한지 의심스럽습니다. 우리 중에 그런 관습을 따라 행하려는 사람이 있습니까? 영혼을 걸고서라도 하고 싶다면 하십시오! 당신이 의심스러운 일을 행한다면 하나님은 당신을 정죄하실 것입니다. 그러므로 그분의 음성에 주의해야 합니다.

사람들은 여인들이 집에 머물러 있고 남자들은 일을 하지 않고 쉬는 날 하루쯤 그렇게 지내도 괜찮지 않느냐는 등의 핑계를 댑니다. 그것 자체는 좋습니다. 그러나 그런 관습이 남용되어 악한 결과를 만들어 내고 있는데도 그 합법성을 의심하지 않습니까?

만일 그것이 의심스러운 관습이라면 "만일 음식이 내 형제를 실족하게 한다면"이라는 법칙 아래 속하는 것입니다. 설날의 관습을 지킴으로써 과식, 과음 등의 악한 결과에 이르게 된다면 그 관습의 합법성을 의심해 보아야 합니다. 의심을 품고서도 행하는 것은 하나님께 범죄하는 것입니다.

(9) 지나친 시대의 유행을 좇는 것은 어떻습니까?

당신은 외국이나 또는 이 자리에서 거론하기조차 부끄러운 곳에서 흘러들어온 유행을 따르는 것이 정당한 일인지 의심하지 않습니까? 만일 의심하면서도 그런 유행을 좇는다면 당신은 정죄됩니다. 죄를 회개하지 않으면 영원히 버림받을 것입니다.

(10) 불신자와의 결혼 문제에 대해 생각해 보십시오.

이 문제에 대해서는 항상 다음과 같이 대답합니다. "이 결혼이 정당하지 못한 것인지 확실하지 않습니다." 그렇다고 하더라도 성경이나 이 일의 성질에 비추어 볼 때 그런 결혼이 과연 옳은 것인지 의심해 보아야 하지 않습니까? 그것이 합법적인 일이 아님을 증명할 수 있습니다. 혹시 증명할 수 없다고 하더라도 기독교인으로서 불신자와 결혼을 하면서 어찌 그 정당성에 대해 의심을 품지 않을 수 있겠습니까? 의심하면서 그런 결혼을 하는 사람은 정죄됩니다. 옳은 일인지 의심을 품고서도 그런 결합을 하고자 하는 신자들은 조심해야 합니다. 당신은 빛을 찾아 기도한다는 구실 하에 양심을 무마하려 하고 있습니다. 자신의 의무가 무엇인지 알기 위해 기도하면서도 그 일을 그대로 진행하고 있습니다. 조심하십시오! 당신은 그 계획하고 있는 일의 정당성을 의심하고 있다는 것을 알고 있습니다. "의심으로 행하는 자는 정죄되었다"는 말씀을 기억해야 합니다.

우리가 죄를 징계하고자 할 때에 만일 사회의 권력으로 우리를 억누르거나 또는 옛 관습의 죄악성에 대한 절대적인 증거를 요구하고 우리를 수세로 몰아넣을 때에 우리를 옹호해 줄 원리가 여기 있습니다. 그 일이 비합법적이라는 것을 나타내야 하는 증명의 책임이 당신에게 있는 것이 아님을 기억해야 합니다. 만일 그 일의 정당성에 대해 의심을 품으며 그것이 하나님의 뜻을 따르는 일인지에 대한 정당한 의심을 해야 한다는 충분한 근거를 밝힐 수 있다면 당신은 증명의 책임을 상대방에게 옮길 수 있습니다. 그리고 만일 그들이 의심을 제거할 수 없으며, 의심의 여지가 없다는 것을 나타내지 못한다면 의심스러운 관습을 계속 따라서는 안 됩니다. 만일 그런데도 그대로 행한다면 하나님께 범죄하는 것입니다.

결론

(1) 도덕적인 의무를 행할 때에 의무에 대한 지식이 필수적인 것은 아닙니다. 그러나 지식의 수단을 소유한 사람은 그에 대한 책임을 져야 합니다.

옳고 그름을 알 수 있는 수단을 소유하고 있는 사람은 위험을 무릅쓰더라도 그 수단을 사용하여 옳고 그름을 물어 확인해야 합니다.

(2) 정당성이 의심스러운 일을 행한 사람들이 정죄를 받고 저주받아 마땅하다면, 옳지 못하다는 것을 알고 고백하면서도 끊임없이 그 일을 행한 많은 사람들은 어떻게 될까요?

자신이 정죄한 일을 행하는 사람에게는 화가 있습니다.

"자기가 옳다 하는 바로 자기를 정죄하지 아니하는 자는 복이 있도다"(롬 14:22).

(3) 위선자는 의무를 회피하기 위해 의심의 그늘 아래 숨으려 합니다.

위선자는 진리를 알려고 하지 않으며 진리에 대한 지식을 얻으려 하지 않습니다. 왜냐하면 하나님에게 순종하기를 원하지 않기 때문입니다. 따라서 그는 의심의 그늘 뒤에 숨으며, 빛에서 눈을 돌리며, 자기의 의무가 무엇인지 알아보려 하지 않으면서 책임을 회피합니다. 그러나 본문에 제시된 것처럼 하나님은 의심 자체가 정죄된다는 원칙에 의해 그를 거짓말이라는 피난처에서 끌어내실 것입니다.

많은 사람들이 금주라는 주제에 대해서 알려 하지 않고 계속 술을 마시거나 판매합니다. 왜냐하면 그들은 그것이 나쁘다는 것을 충분히 확신하지 않기 때문입니다. 또 그들은 그것이 나쁘다는 것을 확신하게 되는 것이 두려워서 금주협회에 참가하지 않으며 안내문이나 신문도 읽지 않으려 합니다. 많은 사람들이 포도주와 독주를 마음껏 마시고 있으며, 그것이 나쁘다는 확신을 주는 말에는 귀를 기울이지 않으려 하고 있습니다. 이것은 그들이 죄에 빠지려고 결심하고 의심의 그늘 뒤에 숨기를 바라고 있다는 표시이며, 그들이 위선자라는 것을 나타내 주는 가장 좋은 증거가 아닐까요?

미국 국민들 중에서 노예제도의 정당성을 의심하지 않는 사람은 없습니다. 그런데도 많은 사람들이 그 문제에 대해서는 한 마디도 듣지 않으려 하며, 우리가 그것을 거론하면 성을 냅니다. 심지어 그 문제에 대한 논의와 질문을 금지하는 법을 제정하려는 움직임이 남부뿐만 아니라 북부에도 일어나고 있습니다. 만일 이러한 법안들이 통과된다면, 그것이 문제 해결에 도움이 될까요? 그렇지 않습니다. 만일 사람들이 정당성을 의심하면서도 인간을 노예로 삼고 재산으로 여긴다면 하나님 앞에서 정죄됩니다. 그들의 죄는 분명히 드러날 것이며, 하나님은 그것을 어떻게 여기시는지 그들에게 알려주실 것입니다.

이 문제에 있어서 사람들은 매우 어리석습니다. 그들은 마치 의심을 피하기를 거부함으로써 자신의 죄를 피할 수 있다고 생각하는 듯합니다. 남부 지방 사람들을 생각해 보십시오. 기독교 신자들, 심지어는 목사들까지도 노예제도에 대한 기사는 읽지 않으려 하며, 악담이나 위협하는 말을 써서 신문을 반송하기도 합니다. 왜 위협적인 말을 써야 합니까? 그들의 의무가 무엇인지를 설득시키기 위해서입니까? 노예제도는 비합법적인 제도로서 다른 죄와 마찬가지로 폐지되어야 하며 회개해야 한다는 것은 확실히 증명할 수 있습니다. 그런데도 노예제도의 정당성에 대해서 의심만 하며 알려고 하지 않는 사람들은 하나님의 정죄를 받습니다. 그들은 이것을 억압할 수 없고 피할 수 없다는 것을 알아야 합니다. 정당성을 의심하면서도 인간을 노예로 삼는 것은 죄입니다. 그들이 실제로 의심을 하고 있다는 사실은 이처럼 논의하는 것조차 반대한다는 사실에서 증명됩니다.

다음과 같은 경우를 가정해 볼 수 있습니다. 즉 남부의 어떤 사람이 노예를 소유하는 일의 합법성에 대해 의심을 품으면서, 동시에 노예들을 무지하고 의존적인 현재의 상태로 해방시키는 일이 합법적인 것인지 의심한다고 해보십시오. 이런 경우 그는 에드워즈 학장의 규칙을 따르면 됩니다. 그는 노예제도 문제에 주의를 기울이게 하려는 사람들에게 화를 내지 말고, 또 신문을 반송하거나 구독하기를 거부하지 말아야 합니다. 오히려 의심이 걷힐 때까지 사방에서 빛을 구하여 하나님의 말씀에 비추어 그 문제를 정직하게 조사해 보아야 합니다. 그가 할 수 있는 최소한도의 일은 능력껏 자기의 노예들을 교육시키고 되도록 빨리 자립할 수 있도록 훈련시켜 자유를 주는 것입니다.

(4) 교회 안에도 양심이 거의 없습니다.
그 증거로 많은 사람들이 정당성이 크게 의심되는 일을 고집스럽게 계속 행하는 것을 보십시오.

(5) 교회 안에 하나님에 대한 사랑은 더욱 없습니다.
하나님을 사랑하기 때문에 이처럼 유행을 따르는 온갖 오락에 탐닉하며 정당성이 의심되는 일들을 행한다고 주장할 수 없습니다. 하나님을 사랑한다면 이런 일들은 계속할 수 없습니다. 그들이 이런 일들을 계속하는 것은 그렇게 행하기를 원하고 스스로를 만족시키려 하기 때문이며, 의심을 회피하기보다는 위협을 무릅쓰고라도 옳지 않은 일을 하고자 하기 때문입니다. 그들에게 하나님을 향한 사랑 및 하나님께 영광을 돌리려는 배려가 거의 없기 때문입니다.

(6) 기도할 때에 "하나님, 만일 내가 이 일을 하는 데 있어서 범죄한 것이 있다면 용서해 주십시오"라고 기도해서는 안 됩니다.

정당성을 의심하면서 어떤 일을 행했다면, 그 일 자체의 옳고 그름과는 상관없이 범죄한 것입니다. 따라서 회개하고 용서를 구해야 합니다.

이제 묻겠습니다. 합법성을 의심하면서 하는 행위가 죄라고 확신합니까? 한 가지 더 묻겠습니다. 이제 후로는 정당성이 의심스러운 일을 행하지 않겠습니까? 정당한 것인지 의심스러운 온갖 오락, 도락, 관습, 직업을 버리겠습니까? 아니면 예수 그리스도의 심판대 앞에서 정죄받겠습니까? 이런 일들을 버리지 않는다면 당신은 회개치 않은 죄인이요 하나님께 순종하려 하지 않는 사람입니다. 또 만일 회개하지 않는다면 당신은 영원히 하나님의 진노와 정죄를 받을 것입니다.

제4장

참 성도

> "누구든지 여호와의 편에 있는 자는 내게로 나아오라"
>
> - 출 32:26 -

본문의 말씀은 모세가 시내산에 올라가 있는 동안에 이스라엘 백성들이 아론에게 청하여 금송아지를 만들어 예배함으로써 하나님을 배반한 일이 있은 직후 모세가 하나님의 백성이라고 공언한 백성들에게 한 말입니다. 그는 범죄한 백성들에게 훈계한 뒤에 "여호와의 편에 있는 자는 내게로 나아오라"고 말했습니다. 여호와의 편에 있는 자, 즉 신앙을 고백하는 신자들에는 세 가지 부류가 있습니다.

1. 하나님과 인간의 참 친구들
2. 희망과 두려움, 즉 이기심이나 자기애(自己愛)라는 동기에 의해

믿는 사람들
3. 일반적인 대중의 견해에 자극을 받아 믿는 사람들

    신앙의 주요 목적을 나타내 주는 특징적 현상들을 살펴본다면 이 세 종류의 신자들을 구별할 수 있습니다. 사람들이 각기 다른 동기에서 신앙생활을 시작합니다. 어떤 사람은 종교에 대한 사랑에서 믿기 시작하며, 또 어떤 이들은 그와는 다른 동기에서 시작합니다. 이런 차이점들에 따라 신자들을 세 부류로 나눌 수 있습니다. 그리고 그들이 신앙심을 갖게 된 참 목석의 발달에 주목하면 그들의 특성을 알 수 있습니다. 신자들은 모두 자신이 하나님의 종이라고 고백합니다. 그러나 많은 신자들의 생활을 살펴보면 하나님의 종이 되려 하지 않고 오히려 하나님을 자기의 종으로 삼으려 한다는 사실이 드러납니다. 그들의 주된 목표와 목적은 하나님의 은혜로 말미암아 자신의 구원을 확보하거나 그 밖의 다른 유익을 얻는 것입니다. 이런 사람들은 하나님을 친구로 삼음으로써 자신을 위해 하나님을 이용하려 합니다.

    하나님과 인간의 참 친구가 되는 신자들이 있습니다. 만일 우리가 그들의 신앙의 참된 목표와 목적을 발전시키는 것이 무엇인지에 주의를 기울인다면 그것이 사실임을 깨닫게 될 것입니다. 그들은 참되고 진정으로 자비로운 사람들입니다.

(1) 그들은 죄를 피하려고 조심함으로써 이것이 그들의 특성이라는 것을 나타냅니다.

그들은 자기 안에 있는 죄를 미워하며 타인에게 있는 죄도 미워한다는 것을 나타냅니다. 자기의 죄는 물론 다른 사람의 죄도 정당화되지 않습니다. 그들은 자기들의 죄를 감싸거나 핑계를 대지 않으며, 또한 다른 사람의 죄도 감싸거나 핑계를 대지 않습니다. 간단히 말해서 그들은 성결을 목적으로 합니다. 이러한 일련의 행동들은 그들이 참된 하나님의 친구라는 것을 증언해 줍니다. 이것은 하나님의 참된 친구들이 모두 완전하다는 의미가 아닙니다. 이는 순종하는 사랑스러운 자녀들이라고 해서 모두 완전할 수는 없으며 부모에 대한 의무를 빠짐없이 행하지는 않는 것과도 같습니다. 그러나 순종하는 자녀의 목표는 항상 부모에게 순종하는 데 있으므로, 어떤 면에 있어서 부모에게 순종하지 못한 일이 있을 때 그것을 정당화하거나 옹호하거나 감싸려 하지 않습니다. 그는 그 문제를 생각하는 순간 자신을 불만스럽게 여기며 자신의 행동을 정죄합니다.

이처럼 하나님과 인간의 참된 친구인 사람들은 기꺼이 자신에 대해 불평을 하고 자신의 잘못된 일을 비난하고 정죄합니다. 그들은 결코 하나님의 흠을 잡으려 하지 않습니다. 이런 사람들은 자기에게는 하나님께 순종할 능력이 없다고 말하거나 하나님이 피조물에게 불가능한 것을 요구하셨다고 말하여 창조주를 비난하고 스스로를 변명하려 하지 않습니다. 그들은 항상 하나님이 요구하시는 것은 옳고 합리적인 것이며 불순종의 책임은 자신에게 있다고 여깁니다.

(2) 참 신자들은 사람들의 죄에 대해 깊은 혐오감을 나타냅니다.
 그들은 다른 사람의 죄를 은폐하거나 변론하거나 정당화해 주거나 "이번만" "이것만" 하는 식으로 덮어 주지 않습니다. 그들은 결코 죄를 옹호하지 않습니다. 그들은 자신의 죄에 대해서 분개하며, 다른 사람에게서 죄를 발견할 때에 분개합니다. 그들은 죄의 무서운 본성을 알고 있으며 그것을 혐오합니다.

(3) 참 신자들의 또 한 가지의 특성은 하나님께 영광을 돌리려는 열망입니다.
 참된 애국자가 조국의 영광과 이익을 증진시키려는 열심을 품듯이, 참 신자들은 하나님의 영광과 이익을 증진시키려는 갈망을 나타냅니다. 조국과 정부의 이익을 사랑하는 사람은 그것을 발전시키고 증진시키기 위해 전력을 다할 것입니다. 그는 조국의 영광과 발전을 위해 일할 때에 큰 행복을 느낄 것입니다. 마찬가지로 아버지를 사랑하는 자녀는 아버지의 명예와 이익을 증진시킬 때에 가장 행복할 것입니다. 순종과 사랑과 존경을 받아야 할 아버지가 불순종과 모욕을 받는 모습을 보는 자녀의 마음은 분노와 슬픔으로 터질 것 같을 것입니다.
 많은 신자들, 심지어는 목사들이 자신의 명성과 명예를 지키려고 혈안이 되어 있습니다. 그러나 하나님의 참 친구인 신자들은 하나님의 영광을 옹호하고 증진시키는 데 더욱 전념하며, 그렇게 할 때에 가슴이 더욱 크게 고동칩니다. 이런 사람들은 하나님과 인간의 참된 친구들입니다.

(4) 참 신자들은 인간을 향한 하나님의 느낌에 공감한다는 것을 나타냅니다.

그들은 하나님이 영혼에 대해 느끼시는 것과 동일한 종류의 우정을 소유합니다. 물론 그들은 하나님과 동일한 분량의 우정을 소유하지는 않지만, 동일한 종류의 감정을 소유합니다. 예를 들면 그들은 인간의 영혼을 사랑하지만 그의 행위는 미워합니다. 또 곤경에 빠진 사람들을 볼 때에 본성적인 연민을 느낍니다. 악의를 품을 특별한 이기적인 이유가 없는 한 우리는 곤경에 처한 사람들에 대해 이렇게 느낍니다. 만일 살인자가 교수형에 처해지는 광경을 본다면 우리는 동정심을 느낄 것입니다.

악인이라도 고난당하는 사람들을 볼 때에 본성적인 동정심을 갖게 됩니다. 그러나 하나님의 자녀들만이 죄인들을 볼 때에 느끼고 나타내는 연민은 이것과는 다른 특별한 것입니다. 즉 혐오심과 연민이 뒤섞인 것입니다. 그들은 죄인에 대해서는 동정심을 느끼지만 그의 행위는 미워합니다. 영원한 행복을 누릴 수 있는 영혼이 영원한 불행에 묶여 있는 데 대한 깊은 연민과 아울러 죄에 대한 깊은 혐오심을 느끼는 것은 가능한 일입니다.

사랑에는 두 종류가 있습니다. 하나는 자애로운 사랑입니다. 이것은 사랑받는 사람의 인품에 상관없이 다만 고통과 불행을 당하고 있는 개인을 볼 뿐입니다. 하나님이 인류를 향해 품으신 사랑이 이것입니다. 또 한 가지의 사랑은 인물에 대한 존경과 인정을 포함합니다. 하나님은 의인에 대해서만 이런 사랑을 느끼십니다. 죄인들에 대해서는 결코 이런 사랑을 느끼시지 않습니다. 하나님은 죄인들을 무한히 혐오하십니다. 하나님은 무한히 강한 연민과 혐오심을 동시에 발휘하십니다. 신자들도 동일한 느낌을 갖습니다. 하나님과 동일한 분량으로 느끼는 것은 아니지만 이 두 가지 감정을 동시에 소유합니다.

만일 이 두 가지 감정을 동시에 발휘하지 못한다면 그들은 아마도 결코 옳다고 느끼지 못할 것입니다. 신자들의 마음에 이 두 가지 감정이 동시에 존재하지 않는다면 신자들은 하나님이 각 사람에 대해 느끼시는 것처럼 느끼지 못하며, 각 사람의 참 인품에 따라 느끼지도 못할 것입니다. 여기서 한 가지 놀라운 특색을 볼 수 있습니다. 신자들은 자신이 가장 크게 연민을 느끼는 대상을 가장 날카롭고 빈번하게 꾸짖는다는 사실입니다. 부모가 자녀를 측은히 여기며 눈물로 훈계할 때에 매우 신랄하게 꾸짖어 그 어린 범죄자가 꾸짖음을 듣고 움츠리는 것을 본 적이 있습니까? 예수 그리스도는 종종 이 두 가지 감정을 강하게 나타내셨습니다. 주님은 예루살렘을 인하여 눈물을 흘리셨으며, 동시에 예루살렘 사람들의 행위에 대한 분노를 나타내시고 그 이유를 말씀하셨습니다. "예루살렘아 예루살렘아 선지자들을 죽이고 네게 파송된 자들을 돌로 치는 자여!" 주님은 예루살렘에 드리운 운명에 대한 연민으로 우셨으며, 동시에 그들의 사악함을 충분히 고려하셨습니다.

이것은 하나님과 인간의 참된 친구인 신자들의 경우에도 동일합니다. 이런 신자들은 결코 어떤 죄인에게 하소연하여 그로 하여금 자신을 위해 누군가가 울어준다는 사실 때문에 울도록 하지는 않습니다. 그의 부드러운 호소에는 죄에 대한 강한 질책이 수반됩니다. 하나님과 인간의 참 친구는 결코 죄인들의 편을 들지 않습니다. 왜냐하면 그는 동정심만으로 행동하는 것이 아니기 때문입니다. 그는 죄인들을 비난하는 동시에 그 영혼에 대한 동정심과 그를 죽음에서 구하려는 강한 소망을 나타냅니다.

⑸ 참 신자들이 사람들과 교제하는 목표는 그들을 하나님의 친구로 만들려는 것입니다.

대화를 하거나 기도를 하거나 또는 삶의 의무를 지키거나, 그들의 목표는 사람들에게 신앙심을 갖도록 권고하며 하나님을 영화롭게 하도록 인도하는 것입니다. 그들은 하나님의 참된 친구들이므로 이렇게 행하는 것이 당연합니다. 한 정부의 참된 친구는 모든 사람이 그 정부의 친구가 되기를 원합니다. 참되고 사랑하는 자녀들은 모든 사람이 자기 부모를 사랑하고 존경해 주기를 원합니다. 만일 누군가 적대감을 가지고 있다면 그로 하여금 화해하게 만드는 것이 그의 목표이며, 그렇게 노력할 것입니다. 하나님의 참된 친구들에게서도 동일한 것을 기대할 수 있습니다. 즉 그는 죄인들을 하나님과 화목케 하는 것을 생의 목표로 삼을 것입니다.

만일 이것이 당신의 주요 성품이 되지 못한다면, 즉 하나님과 인간을 화목하게 하는 것이 당신의 생각과 노력의 주제가 되지 못한다면 당신은 가장 본질적인 것을 소유하지 못하고 있는 것입니다. 표면적으로 아무리 신앙심이 있는 것처럼 보인다 해도 당신에게 참된 경건이라는 기본적이고 주요한 성품이 결여되어 있는 것입니다. 당신에게는 예수 그리스도와 그의 사도들, 그리고 선지자들의 목표와 특징이었던 것이 결여되어 있습니다. 그들 생활의 주요 특성이며 목표와 목적으로서 이 특성이 얼마나 강력하고 현저하게 나타났는지 살펴보십시오. 당신의 일상생활에 나타나는 삶의 주요 목표는 무엇입니까? 하나님의 원수들을 하나님께 굴복시키는 것입니까? 만일 그렇지 않다면 당신의 종교적인 허울들을 버리십시오. 그 외에 당신이 무엇을 가지고 있다고 해도 당신은 하나님을 향한 참사랑을 소유하지 못하고 있습니다.

⑹ **하나님의 참된 친구들은 자신의 큰 목표를 좌절시키리라고 생각되는 것들을 피합니다.**

그들은 영혼의 구원을 방해한다고 생각되는 모든 것, 영혼들의 회심을 방해하거나 주의를 산만하게 하는 모든 것들을 피하려고 합니다. 그들은 의심스러운 일이 제기될 때에 "이것은 하나님이 특별히 금지하신 일입니까?"라고 묻지 않습니다. 그들의 마음에 떠오르는 첫째 질문은 "이것은 우리 신앙과 어떤 관계를 갖는가? 이것이 죄인들의 회심을 방해하거나 부흥운동을 저해하거나 구원의 수레를 뒤로 굴러가게 하지는 않을까?"입니다. 이런 질문을 하는 사람들에게는 그 일을 금지하기 위해 시내 산에서 이스라엘 백성들에게 울렸던 것과 같은 천둥소리가 필요치 않습니다. 그것이 성결의 정신에 어긋나는 것이며, 그들이 염두에 두고 있는 주요 목표에 반대된다는 것을 깨닫는 것으로 족합니다.

그 예로 금주운동을 생각해 보겠습니다. 음주의 악영향으로 죄인들의 구원과 회심이 방해를 받고 있으므로 사랑의 사람들은 금주운동을 시작했습니다. 지금도 이러한 사람들은 그 운동을 추진해 나아가고 있습니다. 이런 사람들은 "술을 마시는 것은 성경 어느 곳에서도 금지되어 있지 않다. 나는 술을 끊어야 한다고 생각하지 않는다"는 식으로 헐뜯지 않습니다. 그들은 음주가 자신의 삶의 큰 목표에 방해가 된다는 것을 알면 즉시 술을 끊습니다. 상인들은 자기의 신용을 해치거나 사업을 통하여 돈을 버는 목표에 위배되는 일을 피하려 합니다. 마찬가지로 이런 신자들도 신앙부흥에 장애가 된다고 여겨지는 것들을 피하려 합니다. 만일 어떤 상인이 신용을 해치게 될 일을 행하려는 것을 보고서 당신이 그 일을 하지 말라고 권한다면, 그가 당신에게 "하나님이 이 일을 하지 말라고 금지하신 곳이 성경에 어디 있는지 보여 주시오"라고 말하겠습니까? 그렇지 않습니다. 그는 단지 그것이 자신의 주요 목표와 상반된다는 증거를 보이라고 요청할 것입니다.

죄인의 회심을 갈망하는 사람에게는 자신이 보기에 회심에 방해가 된다고 생각되는 일을 하지 못하도록 하기 위한 분명한 금령이 필요 없습니다. 그가 자신의 삶의 주요 목표를 파괴할 일을 행할 위험성은 없습니다.

(7) 하나님과 인간의 참 친구인 신자들은 죄인들을 회심시키는 일이 진행되는 것을 보지 못할 때 괴로워합니다.

그들은 교회 안에서 죄인들이 회심하지 않는 것이 슬픈 일이라고 말합니다. 비록 다른 것들이 참되며 신자들의 수가 불어나고 목회자가 유명해져서 많은 사람들이 설교를 들으러 온다 해도 실제로 회심의 역사가 진행되는 것을 보지 못한다면 그들은 안타까운 마음으로 염려하지 않을 수 없습니다. 죄인들의 회심이 빠진다면 이 모든 것들이 무가치하다는 것을 그들은 알고 있습니다. 죄인들이 회심하지 않는 한 은혜의 수단으로 유익을 주기보다는 해를 끼치게 됩니다.

이들과는 다른 동기에서 신앙생활을 하는 신자들, 즉 모두가 잠잠

하고 모든 일들이 "선한 과거의 방법"대로 진행되기를 원하는 신자들에게 있어서 이런 신자들은 골칫거리가 됩니다. 그들은 종종 "교회 내의 거북스러운 심령들"이라고 불리기도 합니다. 교회에 이러한 심령을 가진 사람들이 몇 사람만 있어도, 그 교회의 목회자는 자신의 설교가 죄인들을 회심시키지 못할 때 불안을 느끼게 됩니다. 때로 이런 신자들은 교회를 꾸짖기도 하며, 세속적으로 냉담하게 생활하는 데 대해 훈계를 하기도 합니다. 그러면 교회는 대답하기를 "우리는 지금 아주 잘 해나가고 있어요. 우리 교회가 얼마나 성장하고 있는지를 보시오. 당신은 항상 모든 것을 불만스럽게 보고 있어요"라고 합니다. 그러나 실상 죄인들이 회심하지 않고 영혼들이 지옥으로 밀려가고 있기 때문에 그들의 마음은 비탄에 잠기고 영혼은 번민합니다.

(8) 참 신자들은 자신을 위해서 기도하지 않고 죄인들을 위해 기도합니다.

사람들의 습관적인 기도의 취지를 알면 그들의 감정의 기복이 어떤지 알 수 있습니다. 자신을 구원하려는 갈망에 의해 신앙심이 자극을 받는 사람은 주로 자신을 위해서 기도합니다. 즉 자기의 죄가 사함을 받고 하나님의 성령 등을 누리게 되기를 기도합니다. 그러나 하나님과 인간의 참 친구는 죄인들의 구원을 통해 하나님이 영광 받으시기를 기도해야 한다는 것을 발견합니다. 그는 자기가 사랑하는 기도의 제목, 즉 죄인들의 회심에 대해 기도할 때에 능력 있고 풍부한 기도를 드릴 수 있습니다. 이런 신자들이 모여 기도하는 곳에 가보십시오. 그들은 자신의 이익이라는 딱딱한 껍질 속에 숨어 자신을 위해서만 기도하다가 주님의 나라가 이루어지기를 기도하는 것으로 끝내지 않습니다. 그들은 죄인들의 구원을 위한 기도에 몰입합니다. 내가 아는 어떤 신자들은 죄인들의 구원을 어찌나 갈망했던지 몇 주간 동안 함께 모여 기도하면서도 자신의 구원을 위한 기도는 하지 않았습니다. 혹시 그들이 자신을 위해서 기도했다면 그것은 자신이 하나님의 영을 받아 강건해져서 영혼들을 불구덩이에서 끌어내게 해달라는 기도였을 것입니다.

우리는 자신의 기도가 자신을 위한 기도인지 죄인들을 위한 기도인지 분별할 수 있습니다. 만일 당신이 죄인들을 위한 기도의 정신에 대해 전혀 알지 못한다면 당신은 하나님과 인간의 참된 친구가 아닙니다. 지금 곁에서 죄인들이 지옥으로 가고 있는데 당신은 아무런 아픔도 느끼지 못합니까! 죄인들을 구원하기 위해 생명까지 주신 하나님의 아들과 공감하지 못합니까? 그런 신앙고백은 집어치우십시오. "누구든지 그리스도의 영이 없으면 그리스도의 사람이 아니라"(롬 8:9). 천주교 사제들이 염주를 세듯이 형식적으로 기도하는 사람들을 경건하다고 하지 마십시오. 만일 그런 사람이 스스로를 하나님과 인간의 진실한 친구라고 한다면 그것은 자기를 속이는 일입니다.

(9) 참 신자들은 죄인들의 회심을 위해 자신에게 요구된 행동이 무엇인지 묻지 않습니다.

죄인을 회심시킬 수 있다고 약속하는 일이 제시될 때에 그들은 그 일을 하지 않으면 고통이나 형벌을 받게 되므로 그 일을 행하라는 명령을 받을 때까지 기다리지 않습니다. 그들은 그 일이 자기 마음에 설정한 목표를 진작시킬 것이라는 증거만 있으면 전심전력으로 그 일에 종사합니다. 그들은 "나에게 특별히 행하라고 명하신 일이 무엇인가?"라고 묻는 것이 아니라 "내가 영혼들을 구원하고 세상을 회심시켜 하나님께로 돌아가게 만들기 위해 어떻게 하는 것이 가장 좋은 방법인가?"를 묻습니다. 그들은 성경에 기록되어 있는 명령에 따라서 선교 사업이나 주일학교 등 영혼들의 구원을 약속하는 사역에 종사하는 것이 아니라 모든 선한 말과 사역에 기꺼이 종사합니다.

(10) 참 신자들의 또 하나의 특성은 이웃의 유익을 위해 자신을 부인하는 것입니다.

하나님은 우주 만물을 통해 베풀어주라는 원칙을 제정해 주셨습니다. 자연계의 강, 태양, 구름 등 모두가 우리에게 혜택을 베풀고 있습니다. 이것은 모든 자연의 왕국과 은혜의 왕국에 적용됩니다. 이 보편적인 원리는 어느 곳에서나 찾아볼 수 있습니다. 이것이 바로 예수 그리스도의 정신입니다. 주님은 자신을 즐겁게 할 것을 구하지 않고 다른 사람에게 유익을 주려 하셨습니다. 참 신자들도 마찬가지입니다. 그들은 이웃에게 유익을 줄 수만 있다면 자신의 즐거움, 안락함, 심지어는 생활필수품까지도 기꺼이 포기합니다.

(11) 참 신자는 선을 행하기 위한 새로운 수단들과 방법들을 끊임없이 간구합니다.

이것은 선을 행하려는 지속적인 갈망에서 비롯되는 것입니다. 그들은 성공하지 못할 때에 그 자리에 머물러 있는 것이 아니라 자신의 목표를 성취할 수 있는 새로운 방법과 수단들을 끊임없이 고안해 냅니다. 그들은 소위 자신의 의무를 행하는 것으로 만족하는 사람들과는 다릅니다. 자신의 구원만을 목표로 하는 사람은 의무를 행하면 책임을 면하게 된다고 생각하며, 따라서 하나님이 명하신 것을 행함으로써 하나님의 진노를 피하고 하늘나라를 얻는다고 생각합니다. 그러므로 그는 죄인들이 구원을 받든지 버림을 받든지 상관없이 자기의 의무만 행합니다. 그러나 하나님의 참된 친구들은 하늘나라를 얻고 하나님의 진노를 피하는 것을 목표로 하지 않습니다. 그들의 주된 목표는 영혼을 구원하고 하나님께 영광을 돌리는 것입니다. 이 목표가 진척되지 않을 때 그들은 고통을 느낍니다. 이런 사람들은 항상 관대한 일들을 생각해 내며, 새로운 일들을 시도하며, 혹 한 가지 일에 실패해도 계속 다른 일들을 시도하여 마침내 영혼들을 구원할 수 있는 방법을 발견할 때까지 결코 쉬지 않습니다.

(12) 참 신자는 교회가 잠들어 죄인 구원을 위한 일을 하지 않는 것을 볼 때 슬퍼합니다.

그들은 교회가 잠들어 있는 동안에는 죄인들의 구원을 위한 중요한 일을 할 수 없다는 것을 알고 있습니다. 많은 교인들이 모이지만 죄인들의 회심을 위한 일은 하지 않고 세상의 사조에 따라 흘러가고 있는 교회에 가보십시오. 그곳에서 당신은 그러한 교회의 상태 때문에 슬퍼하는 하나님의 참된 친구들을 발견할 것입니다. 그러나 신앙생활의 목표를 다른 데 두고 있는 사람은 자신이 잘해 나가고 있다고 생각할 것입니다. 그들은 하나님의 백성이라고 신앙을 고백한 사람들이 허례와 어리석은 일들을 추구하는 것을 보아도 슬퍼하지 않습니다. 그러나 하나님의 참된 친구들은 이런 상태에 놓인 교회를 볼 때 슬퍼하고 번민합니다.

(13) 참 신자들은 목회자들이 세상 풍조를 따르거나 교회의 죄악을 신랄하고 충직하게 질책하지 않는다고 생각될 때에 슬퍼합니다.

그러나 이들과 다른 부류의 신자들은 달래어 잠재워지기를 좋아하며, 목회자들이 부드럽고 화려하고 우아한 설교, 능력도 요점도 없는 아첨의 설교를 해주길 바랍니다. 그러나 참 신자들은 목회자가 강력하고 날카롭고 담대하게 설교하고 인내와 교훈으로 질책하고 회유하고 권면해 주지 않는 한 만족을 느끼지 못합니다. 이런 신자들은 예수 그리스도께서 명하신 사역에 관련된 일이 아니면 만족하지 못합니다.

(14) 참 신자들은 담대하고 예리하게 진리를 전파하는 충실한 목회자를 지지합니다.

그들은 목회자가 전파하는 진리가 자신의 감정을 상하게 하더라도 그 말씀을 사랑하며 "의인들이 나를 벌하여 그것이 좋은 기름이 되리라"고 말합니다. 진리가 능력 있게 전파됨에 따라 그들의 영혼은 그 말씀으로 양육을 받으며 은혜 안에서 강건해집니다. 그들은 그러한 목회자를 위하여 골방에 들어가 혼을 다하여 눈물로 기도합니다. 목회자가 항상 하나님의 영을 소유하게 해주시기를 기도합니다. 다른 신자들은 목회자를 꾸짖고 헐뜯으며 너무 지나친 설교를 한다는 등의 이야기를 하지만 참 신자들은 그의 편을 들며 예수를 증언하기 위해서라면 그와 함께 순교할 각오를 합니다. 이들이 이렇게 행하는 데에는 이유가 있습니다. 즉 그러한 설교가 이 신자들의 삶의 목표와 일치하기 때문입니다.

(15) 참 신자들은 목회자가 죄인들의 회심을 위한 설교를 하지 않을 때 괴로워합니다.

이것은 목회자의 설교가 특히 교회를 대상으로 하여 그들로 하여금 깨어 일어나게 하지 못할 때를 말합니다. 다른 신자들은 그 설교가 무척 위대한 설교라든지 유창한 설교라든지, 혹은 고귀하다든지 명쾌하다는 등 여러 가지로 칭찬하고 동의하더라도 만일 그 설교에 한 가지 특색, 즉 죄인을 회심시키는 성향이 없는 한 참 신자는 만족하지 못합니다. 간혹 예정론에 집착하는 신자들은 예정론을 다루지 않는 설교를 복음적 설교로 여기지 않으며, 예정론을 다루는 설교라면 죄인의 회심에 적당하든지 적당하지 않든지 상관하지 않고 만족을 느낍니다. 반면에 죄인의 회심에 마음을 쏟고 있는 사람은 죄인의 회심을 이룬다고 생각되지 않는 설교를 들을 때에, 그 설교에 복음적 설교의 필수 요소가 결여되어 있다고 느낍니다. 그러나 영혼들을 구원하리라고 예상되는 설교를 들을 때에 그들은 만족을 느끼며 그들의 영혼은 기뻐합니다.

이것이 신자들이 설교를 판단하는 데 있어서 큰 차이를 나타내는 이유입니다. 이보다 더 좋은 특색은 없습니다. 신자들이 하나님과 영혼들을 향한 사랑으로 충만한지 알려면, 그들이 설교를 어떻게 평가하는지를 보아야 합니다. 교회로 하여금 일어나 활동하라고 권면하지 않는 설교가 죄인들을 압도하여 회심시키는 경향을 띠지 못한다면, 참 하나님의 친구들이 보기에 그것은 설교가 되지 못합니다.

(16) 참 신자들은 항상 자신에 대한 불만을 나타내며, 오직 죄인들의 회심을 위해 일합니다.

그들은 이 목표를 위해 아무리 많은 일을 했더라도, 일을 하면 할수록 더 많은 일을 하고자 합니다. 그들은 결코 만족하는 법이 없습니다. 그들은 현재 이룬 성공에 만족하지 못하여, 죄인들의 회심을 향한 끝없는 갈망을 느낍니다. 내가 아는 어느 선한 신자는 각 사람들과 모든 지역들, 그리고 온 세상의 회심을 위해 지칠 정도로 기도하곤 했습니다. 언젠가 기도를 하다가 완전히 지쳤을 때, 그는 외치기를 "오! 갈망으로 아픈 나의 마음이여! 죄인들의 회심을 원하는 내 말할 수 없는 갈망들을 만족시켜 주는 것은 없구나. 내 영혼은 그 갈망으로 찢어지는 듯하구나"라고 외쳤습니다. 이분은 그 시대의 다른 사람들보다 많은 것을 알고 있었으며, 그 일이 계속 진행되고 죄인들이 구원 얻기를 갈망하였으므로 그의 육체가 그 갈망을 견디지 못했습니다. 어느 날 그는 "저는 영혼 구원을 위해 더 많은 일을 할 힘이 없기 때문에 죽을 지경입니다. 영혼들을 구원할 힘이 있으면 얼마나 좋겠습니까"라고 말했습니다.

(17) 참 신자들을 감동시키려면 그들의 주요 목표와 관련된 동기들을 이용해야 합니다.

만일 그들에게 감동을 주려면, 죄인들이 얼마나 하나님을 모욕하고 있는지 보여주십시오. 이것이 그들의 소망과 두려움에 호소하는 것보다 훨씬 신속하게 그들의 영혼을 흥분하게 만들 것입니다. 그들을 이 목표로 밀어붙이십시오. 어떻게 해야 죄인들을 회심시킬 수 있는지 그들에게 보여주십시오. 그러면 죄인들이 회심하고 그리스도 안에서 소망을 갖게 될 때까지 그들은 뜨거운 마음을 가지고 기도로 씨름하며 애쓸 것입니다.

당신은 하나님과 사람의 참된 친구입니까? 지금까지 이 신자들의 삶의 주요 목표와 의도가 무엇인지를 밝히기 위해 각 사람들의 참된 특성들을 가리켜주는 크고 근본적인 사실들을 언급했습니다. 당신 자신에게 이런 특성이 있는지 판단해 보십시오.

당신은 하나님의 자녀가 지녀야 하는 이런 특성을 가지고 있습니까? 이런 특성들이 당신의 것이라고 생각하십니까? "주여, 당신은 모든 것을 아시오니 내가 당신을 사랑하며 이것들이 나의 성품의 특징이라는 것을 아십니다!"라고 말할 수 있습니까?

제5장

율법적 종교

"누구든지 여호와의 편에 있는 자는
내게로 나아오라"
- 출 32:26 -

       앞에서도 오늘과 같은 본문을 가지고 말씀드리면서 신앙을 고백하는 신자를 세 종류로 나눌 수 있다고 했습니다. 하나님과 인간을 사랑하는 신자들, 이기적인 동기에 의해 믿노라 하며 종교적 의무를 행하는 신자들, 그리고 여론의 자극을 받는 신자들이 있습니다. 첫째 부류에 속하는 참 신자들을 분별할 수 있는 특성들에 관해서는 이미 말씀드렸습니다. 여기서는 둘째 부류의 신자들의 특성들에 대해 말하겠습니다. 이들은 이기심이나 자기애(自己愛)라는 동기의 자극을 받는 신앙 고백자들입니다.
  이들의 신앙생활의 주요 목표가 행동에 어떻게 나타나는지 말하겠습니다. 사람의 행동은 그의 참되고 주된 목표가 무엇인지를 나타내줍니다. 인간의 특성은 그의 지고한 목표와 동일합니다. 따라서 그의 행동에 의해 주요 목표를 알 수 있듯이 그의 특성도 알 수 있습니다. 그러므로 그의 행동을 철저하고 공정하게 관찰하면 특성을 분명히 알 수 있을 것입니다. 이 세 부류의 신자들에게는 많은 공통점이 있으므로 관찰에 의해서만 그들을 식별하는 것은 불가능한 일입니다. 그러나 그들에게는 차이점들이 있으므로 자세히 관찰하면 그들의 행동의 차이점을 발견하게 될 것이며, 그로부터 그들 특성의 차이점을 추리할 수 있습니다. 이들은 종교의 가장 근본적인 점에 있어서 태도를 달리합니다.

이제 두 번째 부류의 신자들-이기심이라는 동기에서 믿는 사람들로서 그들의 모든 행위는 주로 소망과 두려움에서 비롯됩니다-의 특성 몇 가지를 말하겠습니다. 내가 말하는 사실들은 이런 신자들이 각기 자신의 유익을 고려하여 행동한다는 것, 그리고 악에 대한 두려움과 자기에게 유익이 되리라는 희망이 모든 행동의 기초가 되고 있다는 것을 깨닫게 해줄 것입니다.

(1) 그들은 신앙생활에 대해서는 이차적인 관심을 갖습니다.

그들의 행동에 따라 판단해 보면, 그들은 신앙생활을 삶의 주된 사업으로 여기지 않고 다른 일들에 종속된 것으로 여긴다는 점을 알 수 있습니다. 그들은 신앙생활이란 점진적으로 정착되어야 하는 것, 여러 가지 일들 중의 하나로 자리 잡고 있는 것, 주일에만 하는 일 또는 골방에 들어가서 기도할 때나 가정 예배 시간이나 안식일에만 하는 것으로 생각하며 삶의 중대한 사업으로 여기지 않습니다. 그들은 종교적 의무와 사업을 구분하여 별개의 일이라고 생각합니다. 그러나 만일 이 문제에 대해 바른 견해를 가진 사람이라면 신앙생활이야말로 유일한 생의 사업이며, 신앙생활을 발전시키고 이바지하는 일 이외의 것들은 결코 합당한 일이 아니고 추구할 가치도 없다고 생각할 것입니다. 바른 종교관은 그것을 가진 사람들의 모든 행위의 특징을 나타낼 것이며, 그들이 행하는 모든 일이 하나님께 대한 순종의 행위인지 불신앙의 행위인지를 밝혀 줍니다.

(2) 그들이 행하는 종교적 의무는 하나의 과업일 뿐 내면에서 타오르고 있는 하나님을 향한 사랑의 결과가 아닙니다.

이런 신자들은 종교적 사랑의 발휘를 좋아하지 않으며, 하나님과의 교제가 무엇인지 알지 못합니다. 그들은 의무적으로 기도합니다. 종교적인 의무를 사랑하기 때문에 행하는 것이 아니라, 그것을 행함으로써 유익을 얻으려는 희망에서 행합니다. 따라서 그들은 마치 환자가 마지못해 약을 먹듯이 종교적 의무들을 이행합니다.

당신은 종교적 수행(修行)을 기쁜 마음으로 합니까, 아니면 복을 얻으려는 마음으로 행합니까? 정직하고 진실하게 이 질문에 대답해 보십시오.

(3) 이런 신자들은 복음적 정신이 아닌 율법적 정신을 소유하고 있습니다.

그들은 하고 싶어서 기꺼이 행하는 것이 아니라 해야 하기 때문에 어쩔 수 없이 행합니다. 그들은 하나님의 명령에 주의하고 요구에 순종하여 종교적 의무를 행합니다. 그러나 그것을 사랑하기 때문에 행하는 것이 아닙니다. 그들은 의무를 행함에 있어서 어떻게 하면 선한 일을 할 수 있을지 묻기보다는 어떻게 해야 구원을 얻을 수 있는지 묻습니다. 여기에는 참으로 회심한 사람과 단지 양심의 가책을 받는 죄인의 차이만큼 큰 차이가 있습니다. 죄를 깨닫고 가책을 받는 죄인들은 "내가 구원을 얻으려면 무엇을 행해야만 합니까?"를 묻습니다. 참된 회심자는 "주여, 내가 무엇을 행하기를 원하십니까?"라고 묻습니다. 따라서 이 부류에 속하는 신자들은 항상 "하늘나라에 가려면 무엇을 해야 합니까?"를 물을 뿐 "어떻게 해야 다른 사람들을 하늘나라로 인도할 수 있습니까?"를 묻지 않습니다. 이런 신자들의 주요 목표는 세상 구원이 아니라 자신의 구원입니다.

(4) 그들은 소망보다는 두려움의 자극을 받습니다.

그들은 주로 종교적 의무를 게을리 해서는 안 된다는 생각 때문에 의무를 행합니다. 그들은 그리스도와의 만남이나 형제들과의 교제를 사랑하기 때문에 성찬식에 참여하는 것이 아니라 성찬식에 빠지면 안 된다는 생각 때문에 참여합니다. 그들은 하나님과의 교제를 즐거워해서 기도하는 것이 아니라 그것을 소홀히 해서는 안 된다는 생각이 들 때 기도합니다. 그들은 종의 정신을 가진 사람들입니다. 종들이 일하지 않으면 매를 맞는다거나 그렇게 하지 않으면 안 된다고 느끼기 때문에 주인을 위해 봉사하듯이, 그들도 그처럼 하나님의 일에 종사합니다. 이런 신자들은 많은 신앙심을 갖고서 종교적 의무들을 행하지 않으면 양심의 가책을 받거나 희망을 잃을 것처럼 느낍니다. 따라서 그들은 수많은 종교적 의무들을 힘들고 고통스럽게 행하면서 그것을 신앙생활이라고 말합니다.

(5) 그들의 신앙생활은 지옥에 대한 두려움, 그리고 수치를 당하는 데 대한 두려움 때문에 행하는 것이며, 대체로 소극적인 특성을 지닙니다.

그들은 자신이 악을 행하지 않는다는 사실에 만족합니다. 그들은 신령한 견해를 가지고 있지 않기 때문에 하나님의 율법을 사랑에 의해 만들어진 자비로운 제도가 아니라 인간들이 특정 죄악을 범하지 못하도록 하기 위해 제정된 금령이라고 생각합니다. 따라서 그들은 품위 있고 점잖은 태도를 지니고 도덕적으로 옳은 행동을 하며, 자신들에게 요구된 만큼의 종교적 수행을 하는 것으로 만족합니다. 그들의 양심은 죄를 범한 것을 질책하는 것이 아니라 종교적 의무를 행하지 않은 것을 질책합니다. 그들은 하나님이 적극적으로 요구하신 것을 행하기를 게을리 한 것과 적극적으로 금지하신 것을 행한 것을 구분합니다. 그들을 아주 나쁜 사람들은 아니라고 말할 수밖에 없습니다. 그들은 적극적으로 죄를 범했다는 혐의를 받지 않는 한 그리스도의 주장에 대해서는 거의 생각하지 않습니다.

(6) 이런 부류의 신사들은 양심이 추구하는 엄격함과 견해에 따르기 때문에 종교적 의무에 있어서 다소 엄격한 편입니다.

모든 신자들 중에서도 진보된 지성과 민감한 양심을 가진 사람들이 가장 엄격한 것을 종종 볼 수 있습니다. 그들은 박하와 회향과 근채의 십일조를 드리며 얼굴은 엄숙한 빛을 띱니다. 그들은 철저한 바리새인들로서 표면적으로 엄숙한 체합니다.

(7) 그들은 양심의 민감함에 비례하여 다소 슬픔을 느낍니다.

그들은 표면적으로는 모든 것을 엄격하게 지키지만 자기들이 큰 죄인임을 깨닫지 못합니다. 그리고 복음에 대한 올바른 관념이 없기 때문에 불행합니다. 그들의 양심이 눈을 뜨고 민감해질수록 그만큼 불행을 느낍니다. 표면적으로 모든 일을 엄격히 행하면서도 자신의 의무를 충분히 행하지 못했다고 느낍니다. 또 복음적 신앙을 가지고 있지 못하고 영혼에 평화를 주는 성령을 받지 못했기 때문에 만족하지 못하고 불안하며 비참해 합니다.

우리 중에도 이런 신자들이 있을 것입니다. 예수 그리스도의 피로 말미암아 하나님 앞에서 의롭다 함을 얻는 것이 어떤 것인지, 또 예수 그리스도께서 자녀로 삼아 주신다는 것이 무엇인지 알지 못하는 신자가 있을 것입니다. 이들은 "그리스도 예수 안에 있는 자에게는 결코 정죄함이 없나니 이는 그가 육신을 좇지 않고 성령을 좇음이라"는 말씀을 마음으로 느끼지 못하는 사람입니다. 당신은 이 말씀을 따뜻하고 실질적으로 똑똑히 느끼고 있습니까? 당신의 영혼으로 그것을 경험합니까? 아니면 아직도 죄책감을 느끼며, 정죄되었다고 느끼며, 죄 사함 받았다는 것을 느끼지 못하며, 하나님 안에서의 평화와 예수 그리스도에 대한 확신을 느끼지 못하고 있습니까?

(8) 이런 신자들은 큰 죄를 범했던 옛 성도들의 기록을 읽음으로써 힘을 얻습니다.

그들은 하나님의 사람들이 죄를 범했다는 사실이 부각된 이야기를 들을 때 교훈을 얻고 교화됩니다. 그때에 위로를 받으며 소망이 견고해지며 번민하지 않습니다. 그런 행동은 신앙에 역행하는 것이므로 만일 성경에 기록된 것이 아니었다면 성도라고 믿을 수 없으며 율법에 비추어 볼 때 그런 일을 하는 사람이 성도가 될 수 있다는 것을 믿을 수 없다고 생각하지 않습니다. 그들은 이 모든 일로 인하여 만족을 느끼고 힘을 얻으며, 소망을 더욱 견고히 합니다.

어떤 장로가 간음하여 교회의 재판을 받은 일이 있었습니다. 그는 자신이 하나님의 마음에 흡족한 인물이었던 다윗보다 더 선해야 하는 이유를 모르겠다고 말했습니다.

(9) 그들은 목회자가 낮은 경건의 표준을 제시할수록 기뻐합니다.

만일 목사가 낮은 경건의 표준을 채택하며 거의 모든 사람들이 기독교 신자가 될 수 있다는 소망을 주는 관대한 설교를 하면 이런 사람들은 그의 과도한 아량을 칭찬하며 훌륭한 목사라고 칭찬합니다. 기독교를 그렇게 나타내는 것을 이 부류의 신자들이 기뻐하는 이유는 간단합니다. 그것이 그들의 주요 의도에 도움을 주기 때문입니다. 그것은 하나님을 위한 일은 거의 하지 않고서도 소위 "위로의 소망"을 유지해 주기 때문입니다. 이와 반대되는 것이 세상 죄를 제거하는 것을 주요 목표로 삼는 참 신자들의 행동입니다. 그들은 모든 인류가 거룩해지기를 원하며, 그렇기 때문에 참된 성결의 표준이 제시되길 원합니다. 그들은 모든 인류가 구원받기를 원합니다. 그러나 진실로 거룩해지지 않는 한 구원받을 수 없음을 압니다. 그리고 참 신자들은 "관용"으로 말미암아 성경에서 성결의 표준을 잘라냄으로써 인간을 하늘나라에 이르게 하기보다는 사탄이 하늘나라에 가는 편이 낫다고 생각합니다.

(10) 그들은 "편안한" 가르침을 기뻐합니다.

이런 신자들은 성도들의 견인에 대한 자세한 이야기나 예정론 설교를 좋아합니다. 간혹 은총의 교리에 대한 설교만 원하기도 합니다. 그들은 양심을 아프게 하지 않고서 위안을 주는 추상적인 설교를 들을 때 기뻐합니다.

(11) 그들은 목사로 하여금 "신자들을 기쁘게 하는" 설교를 하게 합니다.

그들의 주요 목표는 죄인들의 구원이 아니라 그들 자신의 구원이므로 목사를 선택하되 죄인들을 회심시키는 설교의 능력이 있는 목사가 아니라 추상적인 개념으로 교회를 기쁘게 하는 재능이 있는 목사를 선택합니다.

(12) 그들은 "위로의 소망"을 갖는 것을 강조합니다.

그들은 엄숙하게 위로의 소망을 소유하는 것이 중요하다고 말합니다. 그들은 자기 마음이 편할 수만 있다면 주변 사람들의 구원에 대해 거의 관심을 두지 않습니다. 그들의 두려움을 누르고 소망을 품을 수 있다는 것으로 종교는 그 몫을 다하는 셈입니다.

하나님과 인간의 참된 친구들이 주로 생각하는 것은 이와 정반대의 것입니다. 그들은 죄인들을 불구덩이로부터 끌어내려고 노력하며, 자신을 위한 위로의 소망을 지탱하기 위해 정력을 낭비하지 않습니다.

이기적인 신자들은 자신의 증거들을 조명해 주시며, 자기들이 하늘나라에 가고 있다는 것을 확신하게 되고, 하나님이 자기를 받아주신다는 것을 알게 해달라고 기도합니다. 그들의 큰 목적은 소망을 확보하는 것입니다. 따라서 그들은 자기의 믿음이 강건해지고 영혼이 성령으로 충만하여 죄인들을 불구덩이로부터 끌어낼 수 있게 되기를 기도하지 않고 오히려 자신이 경험한 증거들을 조명해 주시기를 기도합니다.

(13) 그들은 기분에 따라 생활합니다.

그들은 자기들이 때때로 느끼는 특별한 감정들을 중요시합니다. 혹시 극도로 정교한 종교적 감정을 느끼게 되면 그것에 집착하여 그 증거가 오래 지속되도록 합니다. 이러한 흥분을 경험한 사람은 그것을 분명히 기억하는 한 소망을 유지합니다. 그들은 현재 아무 일도 하지 않으면서, 하나님께 대한 사랑의 수행을 하고 있지 않다는 것을 알면서도 과거에 그러한 감정을 소유했다는 사실을 회상함으로써 소망을 유지할 근거를 삼습니다. 만일 그들이 부흥회에 참여하였는데 그 기간에 그들의 상상력이 작용하여 눈물을 흘리며 기도했다면 그것을 오랫동안 기억할 것이며, 여러 해 동안 그것으로 말미암아 위로의 소망을 소유할 것입니다. 부흥회가 끝난 후에 전혀 신앙이 성숙하지 않았으며 마음은 돌같이 완악해져 있으면서도 그들은 다시 부흥회가 열려 감동을 얻기를 기다리며 항상 위로의 소망을 품습니다.

우리 중에 현재 자신이 하고 있는 일이 아니라 과거에 느꼈던 증거들을 의지하며, 과거의 기분과 감정에 의존하는 사람은 없습니까? 우리가 이처럼 과거의 경험에 의지하여 살아간다면, 정작 그런 경험을 필요로 할 때에 얻지 못하게 될 것입니다.

(14) 그들은 대체로 자신만을 위해서 기도합니다.

그들이 기도하는 골방 문 앞에서 기도 내용을 들어보면 청원의 80퍼센트가 자신을 위한 것임을 알 수 있을 것입니다. 이것은 그들이 이웃의 구원과 자신의 구원을 어떤 비례로 중히 여기고 있는지 보여줍니다. 그것은 2:8의 비율입니다. 그들이 기도회에서 기도할 때에 간혹 균형있게 기도한다고 해서 그들이 이 땅에 지옥으로 가고 있는 죄인이 있음을 알고 있다고 추측해서는 안 됩니다. 그들은 기도회에서 기도할 때에도 골방에서 기도할 때와 마찬가지로 자신을 위해서 기도합니다. 다만 다른 교우들을 생각해서 "우리"라는 표현을 사용하는 것입니다.

(15) 이런 신자들은 유익한 생활을 하기 위해 기도하기보다는 죽으려고 기도합니다.

그들은 주위의 죄인들을 구원할 각오를 하기보다는 오히려 죽기를 갈망합니다. 그들이 하나님의 영을 구하는 것은 죽을 준비를 원하기 때문이며, 시편 기자가 말하듯 "내가 범죄자에게 주의 도를 가르치리니 죄인들이 주께 돌아오리이다"라고 기도하지는 않습니다. 우리 중에 이런 특성을 지닌 분들이 있습니까? 우리 중에 이런 기도를 드리는 분이 얼마나 됩니까? 선을 행하며 죄인의 구원을 목적으로 삼는 사람은 언제, 어디서, 어떻게 죽게 될 것인가를 생각하지 않으며, 살아 있는 동안에 어떻게 하면 많은 선을 행할 수 있을까를 생각합니다. 그리고 죽음에 대한 것을 모두 하나님께 맡기며 죽는 것을 두려워하지 않습니다. 이미 오래 전에 자신의 영혼을 하나님께 맡겼으므로 지금 그의 문제는 "내가 언제 죽을 것인가?"가 아니라 "어떻게 하면 하나님께 영광 돌리는 생활을 할 수 있을까?"입니다.

(16) 이기적인 신자들은 죄를 두려워하기보다는 죄에 대한 형벌을 두려워합니다.

하나님과 인간의 참된 친구들은 형벌보다 죄 자체를 더 두려워합니다. 그들은 "이 일을 하면 벌을 받지 않을까요?" 또는 "이렇게 하면 하나님이 나를 용서해 주실까요?"라는 질문을 하지 않습니다. 그들은 요셉이 질문했던 것처럼 "내가 어찌 이 큰 악을 행하여 하나님께 죄를 지으리이까?"라고 말합니다. 요셉은 하나님의 자녀의 영을 가지고 있어서 형벌보다는 죄를 두려워했고, 죄를 얼마나 무서워했는지 형벌은 생각도 하지 못했습니다.

이기적인 신자들은 하나님이 용서하실 것이라고 확신하거나 후에 회개할 기회가 있다고 생각하면서 죄에 빠집니다. 그들은 다음과 같은 이유를 붙입니다: "목사님도 이렇게 행했는걸." 또는 "장로님이나 교수님도 했는데 나라고 하지 말라는 법이 있나?"

우리 교회 신자 한 분이 주일학교 교사로 봉사하고 있었습니다. 그런데 다른 분들이 교사 일을 하지 않는 것을 본 그 신자는 "왜 내가 다른 사람들보다 더 많은 일을 해야 하지?"라고 생각하여 교사직을 그만 두었습니다. 이기적인 신앙고백자들의 정신을 총괄적인 묘사하면 다음과 같습니다: "다른 사람들은 이것저것을 하지 않고도 신앙생활을 하고 있는데 왜 내가 그들보다 더 많은 수고를 해야 하는가?" 이런 신자들이 두려워하는 것은 죄가 아니라 형벌입니다. 그들은 죄를 범했다는 것을 알면서도 형벌을 피하기를 바랍니다. 이것이 온 세상에서 죄를 제거하는 것을 목표로 삼고 있는 하나님의 참된 친구들의 정신과 반대가 된다는 것은 누구나 알 수 있을 것입니다. 이기적인 신자들은 죄를 범하는 것에 대해서는 지옥에 대해 느끼는 두려움의 절반도 느끼지 않습니다.

(17) 그들은 온 세상이 지옥에 떨어지는 것보다도 자신의 구원을 더 크게 염려합니다.

이런 신자들은 분명히 지옥으로 가고 있는 주변의 죄인들을 위해서는 일하려고 생각지도 않으면서 만일 자기의 소망이 무너지기 시작한다고 생각되면 모든 사람에게 자기를 위해 기도하라고 법석을 떱니다. 이것은 그의 마음이 스스로에게만 몰두해 있으며 주된 목표가 "얼마나 많은 선을 행할 수 있는가?"에 있지 않음을 나타냅니다.

(18) 그들은 남에게 선을 행하기보다는 남들로부터 선행을 받기를 좋아합니다.

이런 신자들은 복음의 정신을 갖지 못한 사람들입니다. 그들은

"주 예수께서 친히 말씀하신 바 주는 것이 받는 것보다 복이 있다"는 정신에 들어가지 못한 사람들입니다. 하나님과 인간을 향한 참사랑에 의해 행하는 신자들은 이웃에게 선행을 하여 유익을 줄 때에 그 유익을 받는 이웃보다 훨씬 큰 기쁨을 느낍니다. 그는 참으로 자애로우며, 마음은 그것에 집중하고 있기 때문에 자비를 베푸는 것이 만족이 됩니다. 그리고 그같이 행할 수 있을 때에 거룩한 기쁨이 마음에 쏟아져 내려와 마음껏 누리게 됩니다.

그러나 이기적인 신자들은 나누어 주기보다는 받으려 합니다. 교훈을 전해주기보다 교훈을 받으려 합니다. 그리고 위로받기를 원합니다. 그래서 사람들에게 복음의 위로를 주기 위해 자신을 부인하려 하지 않습니다. 이것이 복음을 널리 전파하라는 정신과 어긋난다는 것을 쉽게 알 수 있습니다. 복음의 정신은 다른 사람에게 행복을 전해주는 데서 가장 큰 행복을 발견합니다. 그런데 이기적인 신자들은 남을 축복하기 위해 자신을 죽이기는커녕 모든 사람들에게 행복을 나누어 달라고 강요합니다.

남에게 선을 행하려는 신자들과 스스로의 유익만을 구하는 신자들, 모든 것을 나누어 주려는 신자들과 받으려고만 하는 신자들, 선을 행하려는 신자들과 선을 얻으려는 신자들, 이 두 부류의 신자들은 마치 빛과 어둠처럼 서로 반대가 됩니다.

(19) 이기적인 신자들이 다른 사람들의 구원과 회심을 위해 기도하는 것은 자신을 위해 기도하는 것과 동일한 동기 때문입니다.

그들은 주로 지옥을 두려워하며, 그것을 강력하게 깨달을 때에 다른 사람들도 그곳에 가게 될까 두려워합니다. 그들은 자신을 위해 행복을 추구합니다. 그런데 자기의 상태가 좋지 못할 때는 다른 사람들을 위해서도 동일한 것을 추구합니다. 그들은 죄인들을 위해 기도합니다. 그러나 그것은 죄인들이 범하고 있는 악을 깨달았기 때문이 아니라 죄인들이 가게 될 지옥의 공포를 알기 때문입니다. 그들은 죄인들이 하나님께 영광을 돌리지 않기 때문에 그들의 회심을 원하는 것이 아니라 그들이 위험한 상태에 있기 때문에 회심을 원합니다. 그들의 신앙생활의 주요 목표가 자신의 안전을 확보하는 것이듯, 남을 위한 기도의 목표도 그 대상의 안전을 확보하는 것입니다. 그들은 자신을 불쌍히 여기며, 다른 사람들을 불쌍히 여깁니다. 그러나 아무런 위험을 느끼지 않으면 자신이나 다른 사람을 위해 기도할 생각도 하지 않습니다.

하나님과 인간의 참된 친구들도 역시 죄인들을 불쌍히 여깁니다. 그러나 그들은 하나님의 영광을 더 중요하게 여깁니다. 죄인들이 지옥에 가는 것을 보지 않는 대신 하나님이 모욕을 당하시거나 죄인들이 지옥에 가거나 둘 중의 하나를 선택해야 한다면, 그들은 하나님의 영광을 잃는 편보다는 죄인이 끝없는 고통에 빠지는 편을 택할 것인데, 이는 하나님을 지극히 사랑하기 때문입니다. 그들은 기도할 때에 자신의 참된 감정을 나타냅니다. 그들은 하나님의 반역자, 영원한 진노를 받아야 하는 죄인, 하나님과 우주의 원수인 죄인들을 위해 기도할 때에 그들을 향한 한없는 동정심으로 가득 차는 동시에 복되신 하나님을 거스른 그들의 행위에 대해 거룩한 분노의 불을 지핍니다.

(20) 이기적인 신자들은 의심 때문에 쉽게 번민합니다.
그들은 자기가 품고 있는 의심에 대해 대단히 많은 이야기를 합니다. 의심에 대한 이야기가 그들 이야기의 대부분을 차지합니다. 그들에게 있어서 중요한 것은 위로의 소망을 누리는 것이기 때문에 의심을 품게 되는 순간 모든 것이 끝나는 듯이 여겨 법석을 떨지만, 신앙생활을 위한 일은 전혀 하려 하지 않습니다. 하나님과 인간의 참된 친구들은 선을 행하는 데 힘쓰기 때문에 만일 마귀가 와서 그들이 장차 지옥에 떨어질 것이라고 말한다면 우선적으로 떠올리는 대답은 "그것이 무슨 상관이 있냐? 내게 능력이 있을 동안에 죄인들을 불구덩이에서 끌어내게만 해다오"입니다. 참 신자들도 의심을 품을 수 있습니다. 그러나 그들이 죄인들의 구원에 얼마나 열심을 기울이는가에 따라 의심을 품을 가능성이 줄어듭니다. 이 사역에 충실히 종사하고 있는 신자들을 사탄이 의심으로 괴롭히기는 대단히 어렵습니다. 참 신자의 관심은 그것이 아닌 다른 것에 있으며, 사탄은 그들을 능가할 수 없습니다.

(21) 이기적인 신자는 선을 행하기 위해 자기를 부인하라는 부르심에 불쾌감을 표현합니다.

어떤 신자는 "이 금주운동은 어디까지 갈 것입니까? 처음에는 독주만 반대하기에 난 그것을 끊고서 잘 지냈습니다. 그런 후에 그들은 포도주를 끊으라고 요구했습니다. 그런데 지금에 와서는 차와 커피, 담배까지 끊으라고 하니 도대체 어디서 끝이 날 것입니까?"라고 말했습니다. 이기적인 신자들은 너무 많은 것을 포기하라는 요구에 괴로움을 느낍니다. 그들은 항상 자신이 포기해야 하는 것에만 집착하며 그로 인해 돌아오는 유익은 생각지도 않습니다.

어둠의 나라를 향한 공격적인 운동들이 이런 신자들에게 왜 고통을 주는지 쉽게 알 수 있습니다. 하나님을 불명예스럽게 하거나 사람에게 해로운 모든 것들을 이 세상에서 찾아내어 추방하는 것이 그들의 목표가 아니기 때문입니다. 그들은 그런 일들이 자신이나 다른 사람들의 육체 또는 영혼에 해를 끼친다고 확신하는 순간에 힘이 닿는 한 그런 일들을 제거하겠다는 각오로 신앙생활에 입문한 것이 아닙니다. 그러므로 그들은 악을 색출하여 제거하는 일에 종사하는 사람들의 활동을 고통으로 느낍니다.

이런 신자들은 선교사업과 성경이나 소책자 등의 발간을 위해 지속적으로 기부금을 내달라는 요청을 받을 때에 괴로워합니다. 어떤 부자는 그러한 사업을 위해 일 년에 25달러를 내기로 하고서 자신이 참으로 선한 일을 하고 있다고 생각했습니다. 그런데 기부금 요청이 너무 많아지면서 그것이 항상 괴로움이 되었습니다. 그래서 그는 "나는 이런 식으로 교인들에게서 기부금을 걷는 것에 반대합니다. 그런 방법이 해를 끼치게 된다고 생각합니다"라고 말했습니다. 그들은 기부금을 걷는 사람에게 화를 냅니다. "나는 방랑하는 이 거지들에 대해 알지 못합니다." 그들은 항상 인품을 유지하거나 소망을 갖기 위해서 마지못해 기부금을 내면서도 그것 때문에 많은 괴로움을 느낍니다. 사태가 그처럼 이상하게 흘러가면 세상이 어떻게 될지 알지 못합니다.

교회 내에서의 일반적인 생활의 표준을 높일 때에 이기적인 신자들 역시 자기들의 소망이 흔들리지 않기 위해서 거기에 맞춰야 한다고 생각합니다. 그리고 신자들의 일반적 표준이 이미 충분히 높아져 있으므로 이기적인 신자들이 소망을 유지하려면 소위 그들이 말하는 신앙심이 네 배나 필요할 것입니다. 만일 이 세상을 구원하기 위해 그처럼 많은 새로운 운동들과 조치들, 또는 행위들이 있어야 한다면 그들은 어떻게 되겠습니까? 주님이 그들을 도와주실 것입니다. 왜냐하면 그들은 크게 번민하고 있기 때문입니다.

(22) 이기적인 신자들은 선을 행하기 위해 자기를 부인하라는 요구를 받으면 고통을 느낍니다.

이런 신자는 자기부인을 즐긴다는 것이 무엇인지 알지 못합니다. 자기부인이 얼마나 즐거운 것이지, 거기에서 얼마나 즐거움을 느낄 수 있는지 이해하지 못하며, 또 이웃에게 선을 행하기 위해 자신을 부인하는 데서 마음으로 기쁨을 느낄 수 있다는 사실을 이해하지 못합니다. 그의 생각으로는 도저히 이와 같은 경지에 도달하지 못합니다. 그러나 하나님과 인간의 참된 친구들의 마음은 선을 행하는 데 몰두해 있기 때문에 그리스도의 나라를 확장하기 위해 돈을 쓸 때에 가장 큰 기쁨을 느낍니다. 경건한 사람은 그것이 자기의 돈을 가장 선하게 사용하는 길이라는 것을 압니다. 그는 선한 일을 할 기회가 많이 있는데 다른 것을 위해 돈을 사용해야 할 때에 슬퍼합니다.

우리는 이것을 알아야 합니다. 사람이 자기 마음에 드는 일이 있을 때, 그 목표를 위해 다른 목표에 쓸 돈을 많이 절약할수록 더 큰 기쁨을 느낍니다. 그러므로 어떤 사람이 종교적인 목적을 위해 기부금 내는 일을 어렵다고 생각하는 것은 그가 그 일에 마음을 두고 있지 않다는 것을 나타냅니다. 만일 그가 그 일에 마음을 기울이고 있다면 기꺼이 기부할 것입니다. 종교의 발전을 위해 기부금을 내는 일에 반대하며 오천 원도 기부한 일이 없으면서 선교운동과 기부금 모금에 대해 교회 내에서 소요를 일으키는 사람들을 어떻게 생각해야 할까요? 이것은 그들이 그리스도의 일에 진실하게 마음을 기울이지 않고 있음을 나타내 주는 절대적인 증거입니다. 만일 그가 진심으로 주님의 일에 마음을 기울이고 있다면 그 일을 위해서 돈을 물 쓰듯이 쓰려 할 것이며, 그 일을 위해 많은 돈을 사용할수록 그만큼 더 즐거워할 것입니다.

(23) 이기적인 신자들은 신앙 부흥을 촉진시키는 일에 앞장서려 하지 않습니다.

이는 그것이 그들의 큰 목표가 아니기 때문입니다. 그들은 항상 그 일에 끌려갑니다. 부흥회가 시작되고 진행되어 신자들이 열심을 내는 것을 보면 그들도 참여하여 열심을 냅니다. 그러나 결코 부흥회를 주도하거나 다른 사람들보다 앞서 나아가려 하지 않으며, 형제들에게 "가서 주님의 일을 합시다"라고 말하지 않습니다.

(24) 이기적인 신자들은 죄인을 회심시켜 하나님께 돌아오게 하지 못합니다.

그들은 여러 방면으로 선한 도구가 될 수도 있습니다. 사탄도 선한 도구가 될 수 있습니다. 그러나 일반적으로 그들은 죄인들을 지옥불로부터 끌어내지 않습니다. 그 까닭은 그것이 그들의 주요 목표가 아니기 때문입니다. 당신은 어떻습니까? 당신은 죄인들을 회심시키는 일에서 절대적인 성공을 거두고 있습니까? 자신의 회심을 도울 도구로 당신을 의지하는 사람이 있습니까? 만일 당신이 이 일에 마음을 두고 있다면, 그것을 행하지 않은 채 만족스럽게 쉬지는 못할 것입니다. 당신은 대단히 진지하게, 그리고 당신이 그것을 할 수 있게 되기를 기도하며 그 일에 종사할 것입니다.

(25) 이기적인 신자들은 죄를 보아도 크게 슬퍼하지 않습니다.

그들은 죄를 질책하지 으며, 죄를 범하는 현장에 섞여 있기를 좋아합니다. 헛된 대화를 들을 수 있는 곳에 있기를 좋아하며, 심지어 그 대화에 참여하기도 합니다. 그들은 세속적인 친구들과 세속적인 책들을 좋아합니다. 그들은 육으로 얼룩진 형식들을 증오하기는커녕 마치 죄 안에서 만족을 느끼는 사람처럼 죄의 영역을 배회합니다.

(26) 이기적인 신자들은 부흥회나 선교사역에 관한 기사에 흥미를 느끼지 않습니다.

어떤 선교단체가 크게 괴로움을 겪어도 그들은 그것을 알지 못하고 느끼지도 못합니다. 또 선교 사업이 번성하여도 그에 대해 모르고 흥미를 느끼지도 않습니다. 그들은 종교 신문은 거의 구독하지 않습니다. 혹 구독하여 읽는다 해도 부흥회 기사 등은 지나쳐 버리고 세속적인 뉴스나 논쟁 등을 읽습니다. 그러나 하나님과 인간의 참된 친구들은 이들과는 달리 부흥운동에 관심을 기울입니다. 그들이 종교 신문에서 제일 먼저 읽는 기사는 부흥회에 대한 기사입니다. 그들의 영혼은 거기에서 기쁨을 누리고 하나님께 영광을 돌립니다. 선교 사업에 대해서도 동일한 태도를 취합니다. 그들의 마음은 선교사들과 함께 하고 있으며, 주님이 어떤 선교사업에 성령을 주셨다는 소식을 들을 때에 거룩한 기쁨의 전율을 느낍니다.

(27) 이기적인 신자들은 율법적이며, 고통스럽고 소극적인 신앙생활을 목적으로 할 뿐입니다.

그리스도의 사랑이 그들을 강권하여 죄를 대적하게 하고, 힘껏 선을 행하게 하지도 못합니다. 그들은 반드시 해야 한다고 생각되는 일만 행하며, 형식적이며 무가치하고 열심 없는 경건만 유지합니다.

(28) 이기적인 신자들은 선을 행하려는 교회의 특별한 행사에 마지못해 참여합니다.

장시간에 걸친 모임이 있을 것이라고 제안하면 그들은 머뭇거리고 반대하며 불평을 제기합니다. 또 특별한 모금운동이 제기될 때에도 마지못해 참여하며, 될 수 있으면 과거의 방법대로 하기를 원합니다. 그들은 자기의 소망을 유지하기 위해 매년 더 많은 것들을 자신의 신앙생활에 추가해야 된다는 사실에 화를 냅니다.

(29) 이기적 신자들은 은밀하게 기도하지 않습니다.

그들은 골방에서 기도하지 않습니다. 왜냐하면 그들은 기도를 사랑하는 것이 아니라 기도를 소홀히 해서는 안 되는 자신의 의무라고 생각하기 때문입니다.

(30) 이기적인 신자들은 성경을 즐겨 읽지 않습니다.

그들이 성경을 읽는 것은 성경이 그들의 영혼에게 꿀보다 더 달게 느껴지기 때문이 아닙니다. 그들은 절묘한 즐거움을 누리는 사람처럼 성경읽기를 즐기지 않습니다. 다만 성경읽기가 의무이기 때문에, 그리고 기독교 신자라고 고백하면서 성경을 읽지 않는 것은 잘못된 일이기 때문에 성경을 읽습니다. 그러나 실제로 그들은 성경이 재미없는 책이라고 느낍니다.

(31) 그들은 기도회에 참석하지 않습니다.
　이기적인 신자들은 기도회에 참석하지 않으려고 핑계를 댑니다. 그들은 체면을 차리기 위해서, 또는 소망을 유지하기 위해 필요하다고 생각되지 않는 한 기도회에 참석하려 하지 않습니다. 혹시 기도회에 참석한다 해도 그들의 영혼은 사랑으로 뜨겁게 타오르는 것이 아니라 냉담하고 무관심하게 참여하다가 모임이 끝나면 기뻐합니다.

(32) 이기적 신자들에게는 사심 없는 신앙의 의미를 일깨워 주어야 합니다.
　그들은 상급을 기대해서 하나님을 섬기는 것이 아니라 하나님을 사랑하기 때문에 섬겨야 한다는 것을 알지 못합니다.

(33) 이기적 신자들의 생각은 "이 세상이 언제나 회심하여 하나님께 돌아올 것인가?" 하는 문제에 집중하지 않습니다.
　그들은 다음과 같은 생각으로 번민하지 않습니다: "악이 언제까지나 승리할 것인가?", "이 불쌍한 세상에서 죄와 사망이 제거되는 것은 언제인가?", "인간은 언제 하나님께 범죄하기를 멈출 것인가?" 그들은 오히려 이런 질문을 합니다. "나는 언제 모든 시련과 염려를 벗어나 하늘나라에 가게 될까?"

결론

(1) 지금까지 묘사한 신앙의 태도가 오늘날 교회 내 대다수 신자들의 상태라고 말해도 과언이 아닐 것입니다. 신자라고 고백한 신자들의 태반이 이런 신자들이 아닐까 염려됩니다.

(2) **이런 신앙심에는 근본적으로 결함이 있습니다.**
여기에는 참된 기독교 정신이 전혀 없습니다. 바리새인들이 그리스도와 달랐던 것처럼, 이런 신앙은 기독교의 정신과 다릅니다. 이것은 마치 복음적 종교와 율법적 종교의 차이와도 같습니다.

당신은 이 두 가지 중 어디에 속해 있습니까? 그 중 어느 것에도 속해 있지 않습니까? 아마 당신은 자신이 이 두 번째 부류에는 속하지 않으므로 첫 번째 부류의 신자에 속한다고 생각할지도 모르겠습니다. 그러나 세 번째 부류의 신자들에 대한 설명을 듣게 된다면 그것이 바로 당신 자신의 특성이라는 것을 알게 될 것입니다.

자기의 참된 특성이 무엇인지를 아는 것은 매우 중요한 일입니다.

즉 하나님과 인간에 대한 참 사랑 때문에 신앙생활을 영위하는지, 아니면 오로지 자신을 위주로 해서 신앙생활을 하는지 알아야 합니다. 자신이 하나님과 인간의 참된 친구인지 아닌지를 지혜롭게 결정하지 못했다면 그것은 참으로 심각한 일입니다.

사랑하는 형제들이여, 이것을 결정하십시오. 지금이 바로 그 때입니다. 이 문제를 결정짓고 하나님의 일을 위해 용감하게 전진하십시오.

제6장

이 세상을 본받지 말라

"너희는 이 세대를 본받지 말고…"
- 롬 12:2 -

"세상을 본받는 일"이라는 주제로 다음의 네 가지를 이야기하겠습니다.

1. 본문의 명령이 의미하지 않는 것은 무엇입니까?
2. "이 세대를 본받지 말라"는 명령은 무엇을 의미합니까?
3. 왜 경건한 생활을 하는 사람들에게 이러한 요구를 합니까?
4. 본문에 제시된 원리에 대한 몇 가지 이론(異論)에 대답하겠습니다.

1. "이 세대를 본받지 말라"는 명령이 의미하지 않는 것에 대해 설명하겠습니다.

이것은 기독교인들이 세상의 학문이나 발명품, 발견품 등을 사용하여 유익을 얻어서는 안 된다는 의미가 아닙니다. 이러한 문명의 이기들을 하나님과 자신을 위해 사용하는 것은 하나님의 친구들의 특권이며 의무입니다.

2. 이 명령이 의미하는 것이 무엇인지 설명하겠습니다.

신자들은 다음과 같은 세 가지 일에 있어서 세상을 본받아서는 안 됩니다. 물론 이 세상에서 본받지 말라고 금지된 것들은 이 세 가지 외에도 많습니다. 그러나 그것들을 모두 다룰 시간이 없으며, 특히 이 세 가지는 논의해야 할 필요가 있다고 생각합니다. 우리는 삶의 세 부분에서 세상을 본받지 말아야 합니다. 그것은 사업, 유행, 그리고 정치입니다.

이 세 부분에 있어서 신자들은 세상 사람들처럼 행해서는 안 됩니다. 세상의 교훈을 받아들이지 말고, 세상의 원리들을 택하지 말고, 세상의 관습들을 따르지 말아야 합니다.

3. "이 세대를 본받지 말라"는 명령이 필요한 이유를 말하겠습니다.

우리는 사업, 유행, 또는 정치에 있어서 세상 사람들과 동일한 방법으로 목표를 추구해서는 안 되며, 세상과 동일한 동기나 동일한 원리에 입각해서 행동하지 말아야 합니다.

(1) 사업

① 사업을 하는 데 있어서 이 세상을 본받지 말아야 하는 첫째 이유는 세상의 원리는 이기적인 것이기 때문입니다.

사업에 있어서 이것은 보편적인 사실입니다. 세상에서 사업의 모든 과정은 순전히 이기적인 처세법에 의해 지배되고 통제됩니다. 그것은 하나님의 명령이나 영광, 또는 인간들의 행복을 조금도 고려하지 않습니다. 일반적으로 사업가들 사이에서 통용되는 처세법 및 관습과 관례들은 모두 극도의 이기주의에 바탕을 두고 있습니다. 사업가들이 상담을 할 때에는 거래하는 상대방의 이익이 아닌 자신의 이익을 추구한다는 것을 모르는 사람은 없습니다. 사업가가 상대방의 유익을 위해 거래하고 장사한다는 말을 들어본 적이 있습니까? 없을 것입니다. 그들은 언제나 자신의 이익을 위해서 일합니다. 그런데 신자들이 그렇게 해서 되겠습니까? 신자들은 완전히 반대되는 원리에 입각하여 활동해야 합니다. "자기 유익을 구하지 말고 많은 사람의 유익을 구하십시오." 신자들은 예수 그리스도께서 보여주신 모범을 본받아야 합니다. 주님이 자기의 유익을 위해 흥정을 하셨습니까? 그런데 그분을 따르는 사람들이 세상의 원리-지옥의 씨앗을 품고 있는 원리-를 채택하다니요! 기독교인들이 이런 일을 한다면, 세상이 회심하여 복음으로 돌아오는 것은 불가능할 수밖에 없습니다.

② 신자들은 이 세상을 본받아서는 안 됩니다. 왜냐하면 세상을 본받는 것은 하나님이나 인간을 향한 사랑과 일치하지 않기 때문입니다.

세상의 모든 조직은 오직 자신에 대한 사랑만을 인정합니다. 길거리에서 사탕과자를 파는 사람에서부터 우리나라에서 가장 큰 도매상이나 수입업자에 이르기까지 온갖 계층의 사업가들을 살펴보십시오. 그들에게는 공통적으로 한 가지 처세법, 즉 "가능한 싸게 구입하여 가능한 비싸게 팔라. 제 1인자를 경계하라. 정직이라는 규칙에서 벗어나지 않는 한 다른 사람이야 어떻게 되든지 자신의 이익을 증진시킬 수 있는 일을 하라"는 원리가 적용되고 있음을 알 수 있을 것입니다. 경건하지 못한 사람들이라도 세상에서의 사업들이 이러한 처세법에 입각해서 이루어진다는 것을 부인하지 않을 것입니다.

일반적으로 이런 과정을 따르는 사람들은 사업의 원리에 입각하여 사업을 하고 있다는 인정을 받습니다. 그런데 과연 이러한 원리들이 성결, 하나님의 사랑, 인간에 대한 사랑, 복음의 정신, 또는 예수 그리스도께서 보여주신 본보기와 일치할까요? 절대 그렇지 않습니다! 이것들은 그러한 원리와는 너무나 반대되는 것들입니다. 그러므로 신자들은 결코 사업에 대한 세상의 처세법들을 본받아서는 안 됩니다.

③ 세상적인 처세법들과 사업 원리들은 예수 그리스도, 주님이 보

여주신 정신, 주님이 가르쳐주신 교훈들, 주님을 따르는 자들에게 반드시 순종하라고 하신 규칙들과 반대가 됩니다.

주님이 이 세상에서 본보기로 보여주신 정신은 무엇이었습니까? 그것은 자기부인, 자비, 이웃에게 선을 행하기 위해 자기를 희생하는 정신이었습니다. 주님은 하나님과 동일한 정신을 나타내셨습니다. 주님은 이웃에게 선을 행함으로써 자신의 자비로운 마음을 만족시키고 자기를 죽임으로써 무한한 행복을 누리셨습니다. 선을 행하는 데 그치는 것이 아니라 그것을 즐기며, 선을 행하기 위해 자신을 부인하여 하나님같이 되는 것이 복음적 신앙입니다. 복음의 교훈은 "주는 자가 받는 자보다 복이 있다"는 것입니다. 또 "각각 자기 일을 돌볼 뿐더러 또한 각각 다른 사람의 일을 돌보라"는 교훈도 있습니다. 그러나 세상의 사업가는 뭐라고 말합니까? "제1인자를 경계하라"고 합니다. 이러한 격언들은 이교도들만큼도 복음을 알지 못하고 복음에 관심을 두지 않는 사람들이 만들어낸 것입니다. 그런데 어떻게 신자들이 이러한 격언들을 본받을 수 있습니까?

④ 사업을 하면서 세상을 본받는 것은 신자들이 신앙생활을 시작하면서 한 약속들과 상반됩니다.

당신은 처음 믿을 때에 무엇을 약속했습니까? 세상을 부인하고 하나님을 위해 살며, 예수 그리스도의 정신에 따라 생활하며, 하나님을 사랑하며, 자기를 부인하며, 하나님의 영광을 위해 자기를 바치며, 인간들에게 선을 행하겠다고 약속하지 않았습니까?

우리는 세상과 세상의 명예와 세상의 부를 사랑하겠다고 신앙고백을 한 것이 아닙니다. 성찬식 때에 손으로 주님의 몸을 집으면서 이것들이 기본 원리라고 맹세하며 이러한 교훈들에 따라 살기로 약속했습니다. 그리고 나서 무엇을 행했습니까? 세상을 향한 사랑을 주요 원리로 삼고 세상에서의 출세를 목표로 삼는 인간들이 세운 격언들과 규칙들을 따르지 않았습니까? 그러므로 회개하지 않으면 저주를 받을 것입니다. 세상을 본받는 신자들이 지옥에 간다는 것은 이교도나 방탕한 사람이 지옥에 가는 것과 마찬가지로 확실합니다. 그들은 이중의 죄를 범하고 있습니다. 그들은 하나님 앞에서 다른 길을 따름으로써 맹세를 깼고, 세상의 사업 원리를 따른 철면피들입니다.

⑤ 세상을 본받는 것은 복음의 원리들에 어긋납니다. 그것을 보게 되는 죄인들은 복음의 참된 목적과 본질을 이해하지도 못하며 이해할 수도 없습니다.

인간이 세상의 원리와는 완전히 다른 원리들에 따라 살려면 세상을 향한 사랑을 초월하고 세상의 영향을 초월하며 보다 고귀한 토대 위에 서야 한다는 것이 복음의 목표임을 그들이 어떻게 이해할 수 있습니까? 신자들이 일반 세상 사람들과 동일한 원리를 따라서 행동하는 것을 보는 죄인들이 어찌 참된 복음의 원리들을 이해할 수 있으며, 경건과 자기부인, 자비 등을 알 수 있겠습니까?

⑥ 세상을 본받는 정신이 교회에 퍼져 하나님을 향한 사랑을 잠식

하고 있습니다.

어떤 청년이 회심하여 가슴이 뜨겁게 타오르고 입에서는 하나님을 향한 뜨거운 사랑이 흘러나온다고 가정해 보십시오. 그는 세상에 대해 어떤 태도를 취합니까? 그를 세상으로 끌고 가며 세상의 부귀와 즐거움과 영광을 보여주어 추구하게 해보아도 그는 그것들을 증오할 것입니다. 그러나 그에게 일 년 동안 세상의 원리에 따라 사업을 경영하게 해보십시오. 그러면 더 이상 그의 마음에서 하나님을 향한 뜨거운 사랑을 발견하지 못하게 되며, 그의 신앙은 메마르고 무미건조하고 영향력 없는 양심의 신앙이 되고 말 것입니다. 그에게 감동을 주어 자비한 행동을 하게 만들었던 하나님에 대한 타오르는 사랑은 찾을 수 없게 됩니다.

⑦ 사업하면서 세상을 본받는 것은 죄인들의 회심을 방해하는 커다란 걸림돌입니다.

기독교인들이 입술로는 신앙을 고백하고 성경의 가르침을 믿는 체하면서도 일반인들과 마찬가지로 세상을 따라 질주하며 세속 사람들처럼 융통성이 없이 거래하는 것을 볼 때 악인들은 이렇게 말할 것입니다: "신자들도 우리와 마찬가지입니다. 그들도 우리와 똑같은 원리에 입각해서 활동하며, 자기의 이해(利害)만 빈틈없이 따지며, 거래를 하는 데 있어서 가혹하며, 다른 사람들과 마찬가지로 이윤을 추구합니다." 이것은 세상 사람들이 기독교인들을 중상하려고 비난하는 말이 아닙니다. 대부분의 신자들이 외관상으로 볼 때에 정직과 인간성을 지니고 있는 불신자들과 동일한 처세법에 따라 동일하게 세상을 따른다는 것은 익히 알고 있는 사실입니다. 세상 사람들은 "신자들을 보십시오. 그들이 우리보다 더 나을 것이 없다고 생각합니다. 우리가 세상을 따라 행하는 것과 똑같이 그들도 세상을 따르고 있습니다"라고 말합니다.

주님은 살아계십니다. 만일 신앙을 고백한 신자들이 세속적인 사람들과 같은 원리에 따라 행동한다면 그들과 동일한 보응을 받게 될 것입니다. 그들은 세상을 사랑하면서도 하나님의 친구인 척하는 위선자라고 하나님의 생명책에 기록될 것입니다. 세상을 사랑하는 사람은 하나님의 원수입니다. 세상과 반대되는 원리를 따르겠다고 신앙을 고백하면서도 세상과 동일한 일을 하는 사람은 위선자입니다.

⑧ "이 세대를 본받지 말라"고 요구한 데에는 또 다른 이유가 있습니다. 만일 모든 사람들이 복음의 원리에 입각하여 사업을 한다면 대단히 유익하고 지대하고 즉각적인 영향력을 발휘할 수 있기 때문입니다.

상황을 바꾸어 신자들로 하여금 일 년 동안 복음의 원리에 입각하여 사업을 하게 해보십시오. 그러면 그들은 세상을 뒤집어 놓을 것입니다. 신자들이 거래할 때에 상대방의 유익을 고려하며, 자신의 부가 아닌 모든 사람들의 부를 추구하며, 이 세상을 초월하는 생활을 하며, 이 세상을 하나님께 영광을 돌리기 위한 방편으로만 여기는 것을 불신자들에게 나타내 보십시오. 어떤 결과가 나타나겠습니까? 과거 예루살렘의 모든 신자들이 자기의 사업을 그만두고 한 마음으로 함께 모여 세상 구원을 추구했을 때 어떤 일이 일어났습니까? 그들은 무식한 어부와 비천한 여인들이었지만 온 세상을 뒤집어 놓았습니다. 오늘날 교회도 이렇게 살아야 합니다. 그리하면 온 세상 사람들을 놀라게 하고 압도할 것입니다. 교인들이 세상을 초월하여 살며 복음의 원리들에 입각하여 사업을 하면서 자신의 이윤이 아닌 이웃의 이윤을 추구하는 것을 보게 되면 불신자들은 고개를 숙이고 이단자들은 교회에서 쫓겨날 것이며, 이 아름답고 복된 사랑의 정신이 파도처럼 세상에 퍼져갈 것입니다.

(2) 유행

왜 신자들은 세상 유행을 따르지 말아야 합니까?

① 세상 유행은 복음의 정신을 정면으로 대적하며 세상적인 것들을 염두에 두기 때문입니다.

파도처럼 끊임없이 왔다 갔다 하며 형태가 변하여 세상을 변하게 만드는 유행을 따르는 것이 바로 세상적인 것들을 염두에 두는 것입니다. 이 세상에서 크게 사업을 하거나 부자로서 자신이 유행과 관련이 없다고 생각하는 사람들이 많이 있습니다. 그들은 다른 일로 바쁘기 때문에 유행에 관한 문제를 전속 재단사에게 일임하고는 그가 당연히 잘 만들 것이라 생각합니다. 그러나 재단사가 유행하는 형태로 만들지 못하면 그 옷의 스타일에 신경을 쓰며, 다시는 그 재단사에게 양복을 맞추지 않습니다. 그러나 어쨌든 지금 그들은 유행을 그다지 고려하지 않고 있으며, 보다 높은 목표를 생각하고 있습니다. 또 그들은 목사들이 유행에 대해 설교하는 것을 권위가 없는 일이라고 생각합니다. 그들은 많은 사람들에게 있어서 유행이 중요하다는 사실을 간과하고 있습니다. 사회의 대다수 사람들은 부유하지 않으며 부자라고 생각되지도 않습니다. 그러나 그들은 세상이 그들로 하여금 훌륭한 외모를 갖출 수 있게 해주고 자기 가족들을 훌륭한 방법으로 양육할 수 있게 해주기를, 다시 말해서 유행을 따르게 해주기를 기대합니다. 세상 사람들의 대부분은 세상이 하는 것과 똑같이 하거나 유행을 따르는 것 외에 더 높은 것을 기대하지 않습니다. 그들은 이 일에 마음을 쏟으며 그것을 위해 살아갑니다.

그러므로 만일 상인이나 부자가 스스로 유행을 하찮게 여긴다고 생각한다면 그것은 자신을 기만하는 행위입니다. 대다수의 사람들이 이것을 염두에 두며 마음을 쏟고 있습니다. 그들이 살아가면서 추구하는 것은 다른 사람들과 마찬가지로 멋진 옷과 장신구, 가구 등을 갖는 것입니다.

② 세상을 본받는 것은 그들의 신앙고백에 반대가 됩니다.

믿기 시작한 신자들은 유행을 유발하는 정신을 버리겠다고 신앙을 고백합니다. 그들은 세상의 사치와 허영을 버리며, 교만함을 회개하고, 온유하고 겸손하신 구세주를 따르며, 하나님을 위한 생활을 하겠다고 신앙고백을 합니다. 그런데 지금 그들은 어떻게 행하고 있습니까? 우리는 종종 신앙을 고백한 신자들이 민감하게 유행을 따르는 것을 볼 수 있습니다. 그들은 첨단의 유행이 아니면 만족하지 않습니다. 유행을 따르기를 거부하는 기독교인 여성복 제조업자는 생계를 유지하기도 어렵습니다. 그녀가 변화무쌍한 유행을 따르지 않는 한 기독교 신자들 사이에서 일을 할 수 없게 됩니다. 하나님도 이 사실을 아십니다. 만일 신자들의 양심이 유행의 변화를 따르도록 허락하지 않는다면 사업을 그만 두어야 합니다.

③ 세상을 본받는 것은 세상의 정신을 널리, 그리고 완전히 인정하는 것입니다.

이 모든 변하기 쉬운 장면들의 근저에 있는 것은 무엇입니까? 화려한 쇼와 과시와 전시를 하게 만드는 동기는 무엇입니까? 그것은 칭찬과 갈채에 대한 사랑입니다. 세상을 본받는 신자들은 이러한 유행의 변화를 따르는 것이 무죄하다고 공언합니다. 세상을 따르는 교회는 이처럼 시간과 돈을 낭비하는 일, 허영과 박수갈채를 사랑하는 것 등을 인정합니다.

④ 신자들이 세상의 유행을 본받아서는 안 되는 이유가 있습니다. 신자들이 세상의 유행을 따르는 것은 그가 실제로 세상을 사랑한다는 것을 나타내기 때문입니다.

경건하지 못한 불신자들이 같은 행동에 의해 세상에 대한 사랑을 나타내듯이 그들도 자신의 행동을 통해 하나의 원리, 즉 유행에 대한 사랑에 의해 행동한다는 증거를 제시합니다.

⑤ 신자들이 세상 유행을 따르는 것은 그들이 사람의 칭찬을 사랑한다는 것을 나타냅니다.

그들은 죄인들과 마찬가지로 아첨과 칭찬을 좋아합니다. 불신자들의 교만과 유행과 정욕에 의해 만들어진 것 속으로 곧바로 들어가는 것은 기독교의 원리에 일치하지 않습니다.

⑥ 세상의 유행을 본받는 신자는 돈을 투자하는 방법에 있어서 하나님께 변명할 수 없습니다.

그는 자기가 소유하고 있는 돈의 청지기직을 실질적으로 부인하는 셈입니다. 그는 자신의 정욕과 허영심을 만족시키기 위해 돈을 투자함으로써 진리의 날을 무디게 하는데, 진리는 자신만을 위해 살아가는 죄인들을 베어야 하는 칼입니다. 그것은 이 땅에 있는 산들과 가축들이 모두 주님의 것이며 주님의 영광을 위해 사용되어야 한다는 사실을 실질적으로 부인하는 행위입니다.

⑦ 세상 유행을 따르는 사람에게는 세상의 명성이 우상이 됩니다.

세상의 모든 나라에서 무지한 사람들과 길을 잃은 영혼들이 "우리를 도와주십시오"라고 외치는 소리가 들리며, 매주 복음을 알지 못해 멸망하고 있는 사람들에게 복음, 성경, 소책자, 선교사들을 보내자는 요청이 있는데도 불구하고 유행을 따르는 데 돈을 쓰기로 한다면, 그것은 당신이 "명성"이라는 우상을 섬기고 있다는 증거입니다. 하나님의 말씀이 유행을 따르는 것을 금하지 않았고, 신자들이 유행을 따르는 것이 죄가 아니라고 가정해 보십시오(그것이 무죄하다고 볼 수는 없으나 그렇다고 가정해 보는 것입니다). 영혼구원을 위해 돈과 시간과 생각과 노력을 요구하는 호소가 있는데도 그러한 호소를 따르지 않는다는 사실은 곧 그들이 하나님을 사랑하지 않으며 인간의 영혼들을 사랑하지 않는다는 것을 증명하지 않습니까?

한 여인이 있는데 그녀의 남편은 노예라고 생각해 보십시오. 그녀는 남편을 해방시켜 주려고 열심히 돈을 모으고 있습니다. 그녀는 아침 일찍 일어나서 밤늦게까지 수고하여 돈을 저축합니다. 왜냐하면 남편이 노예생활을 하고 있기 때문입니다. 그녀에게 이웃들처럼 치장하고 드레스를 입고 유행을 따르라고 한다면 그녀가 그 말을 따르겠습니까? 그렇지 않을 것입니다. 왜냐하면 그렇게 하기를 원하지 않기 때문입니다. 그녀는 자기가 신을 구두조차도 사지 않을 것입니다. 그녀는 자신의 큰 목표를 이루기 위해 전력을 기울이고 있으므로 먹는 빵까지도 아깝게 생각할 것입니다.

어떤 사람이 하나님을 사랑하고 인간 영혼을 사랑하고 그리스도의 나라를 사랑한다고 가정해 보십시오. 그에게 유행을 따르는 데 인생과 돈을 낭비하지 않도록 하기 위한 하나님의 금령이 필요하겠습니까? 그렇지 않습니다. 오히려 그에게는 자신의 평안과 생명을 유지하기 위해 필요한 것을 취하라는 적극적인 권면이 필요할 것입니다. 디모데를 생각해 보십시오. 그에게 포도주를 마시지 말라는 금령이 필요했습니까? 그렇지 않았습니다. 그는 너무나 조심했으므로 사도 바울이 그에게 약으로 조금씩 마시라고 권면해야 했습니다. 그는 병이 들어도 하나님의 말씀을 듣기 전에는 포도주를 마시지 않으려 했습니다. 포도주가 끼치는 해악을 분명히 알고 있기 때문입니다.

왜 아브라함, 다윗, 솔로몬은 대단한 부자였는데도 하나님의 나라를 확장하는 데에 투자하지 않았느냐는 식의 질문은 하지 마십시오. 그들이 오늘날 신자들이 누리고 있는 진리의 빛을 소유하고 있었고, 오늘날 신자들이 분명하게 알고 있는 바 온 세상이 회심해야 한다는 것을 알고 있었습니까? 만일 당신이 아브라함이나 다윗만큼 부자가 된다면 사치와 유행을 따르는 데 재산을 소비해도 되는지 생각해 보십시오. 예수 그리스도를 사랑하는 자가 인간 영혼을 위해 선을 행하려는 갈망을 충족시키기 위해 돈을 쓸 수도 있는데도 불구하고 유행을 따르는 일에 돈을 쓰는 것이 과연 완전히 무죄한 일인지 생각해 보십시오.

⑧ 교인이 세상의 유행을 따르는 것은 그가 세상의 죄인들이나 조금도 다를 바가 없음을 나타냅니다.

악한 죄인들은 "신자들도 우리와 마찬가지로 유행을 좋아하고 따른다"라고 말할 것입니다. 이것이 많은 사람들을 불신앙으로 이끈다는 것을 모르는 사람은 없을 것입니다.

⑨ 세상의 유행을 따름으로써 당신은 하나님으로 하여금 당신을 세속적인 영에게 넘겨주도록 유혹합니다.

오늘날 세상을 따르고 유행을 좇는 사람들이 많습니다. 따라서 하나님이 그들을 마귀에게 내어주어 육체의 멸망을 겪게 하신 것처럼 보입니다. 그들은 경건한 생각이 거의 또는 전혀 없고 기도의 정신도 없으며, 하나님의 영광이나 죄인들의 회심을 바라는 열심도 없습니다. 마치 성령께서 그들에게서 떠나신 것처럼 보입니다.

⑩ 당신은 교회로 하여금 유행을 따르도록 유혹합니다.

교회의 주요 신자들, 장로들, 지도자들, 그리고 그들의 아내와 가족들이 모두 유행을 좋아하는 신자들이라면 그들은 전체 교회를 유행으로 끌고 가며, 가장 비천한 하인들까지 모든 사람들이 가능한 한 그들을 모방하려 하게 됩니다. 부유한 여신자가 잘 차려 입고 나타나면 온 교회가 그녀를 따르려고 떠들썩하게 됩니다. 그들은 유행을 따르기 위해 빚을 지지만 않으면 된다고 합니다.

우리는 교만하고 어리석고 세속적인 정신을 갖도록 스스로를 유혹합니다. 술고래가 금주하기로 결심하고서도 포도주, 브랜디 등 온갖 술을 주변에 쌓아 놓고 식욕을 자극하는 음식을 항상 눈앞에 두고 때로로 조금씩 맛을 본다면 그것이 자신을 유혹하는 일이 아니겠습니까?

이제까지 교만하고 사치한 정신으로 자라온 여인이 새사람이 되어 그 모든 것을 버리겠다고 결심하고서도 계속 이런 장신구들을 사용하고 유행을 따른다면 그녀는 다시 전처럼 교만에 빠지게 될 것입니다. 이는 스스로를 죄와 어리석은 행동에 빠지도록 유혹한 것입니다.

⑪ 우리가 유행을 따르는 것은 세상을 유혹하는 것입니다.

지금 우리는 세상으로 하여금 더욱 맹렬하게 유행을 추구하게 만들고 있습니다. 신앙을 고백한 신자들이 세상이 사랑하고 있는 것들, 분명히 옳지 못하다고 의심이 되는 것들에 빠져 그것을 따르는 것은 세상 사람들로 하여금 자신의 영혼을 멸망시켜 지옥에 떨어뜨리게 될 것을 계속 추구하도록 유혹하는 일입니다.

⑫ 유행을 따름으로써 마귀로 하여금 자신을 유혹하도록 만듭니다.

유행을 따를 때에 마귀에게 마음의 문을 열어 주게 되고, 마귀를 위해 마음을 비우고 청소하고 장식합니다. 스스로 유행을 따르도록 허용하는 여인들은 그것에 의존합니다. 그녀는 사탄이 그녀를 교만하게 만들고 범죄하도록 유혹하는 것을 도와주는 것입니다.

⑬ 유행을 좇는 것은 대다수의 사람들에게 커다란 걸림돌이 됩니다.

사람들 중에는 유행보다 더 위대한 목표를 추구하는 사람들이 있습니다. 그들은 권력을 쟁탈하는 데 몰두하거나 문학적 명성을 얻으려거나 부를 쟁취하려고 애씁니다. 그들은 유행에는 전혀 관심을 기울이지 않습니다. 그들은 보다 광범위한 의미에서 이기주의를 추구하는 것입니다. 그러나 대부분의 사회 구성원들은 대체로 이처럼 선동적인 유행의 영향을 받습니다. 이런 사람들이 자신들과 마찬가지로 사치하며 열심히 유행을 따르는 기독교인들을 본다면 그것이 그들에게 크고 무거운 걸림돌이 되는 것입니다. 그들은 그런 일을 보면 이렇게 말합니다. "신자들이 다른 사람과 마찬가지로 유행을 따른다면 그들의 신앙고백은 무엇입니까?"; "신자들도 우리와 똑같이 행하는 것을 보니 유행을 좇는 것은 분명히 옳은 일인 것 같습니다."

⑭ 기독교 신자들이 세상의 유행을 따르지 말아야 할 이유가 또 한 가지 있습니다.

그들이 무심코 따르는 유행이 세상에 커다란 영향을 주기 때문입니다. 만일 신자들이 세상의 유행을 경멸하며 그것을 좇거나 존중하지 않는다면 세상은 대단히 부끄러워할 것이며, 그들이 다른 목표, 즉 하나님과 영생을 위해 생활하고 있다는 것을 확실히 깨닫게 될 것입니다. 그것은 불가항력적인 영향을 줄 것이며 우리 종교를 위한 훌륭한 증거가 될 것입니다. 많은 수도회의 수도사들이 세상을 부인한 표면적 행위는 분명히 그들의 종교에 대한 반대를 억제했으며, 그것을 세상에 유포시키고 영향력을 발휘했습니다.

이 모든 것이 진심에서 우러나와 성실하게 행해지며, 기독교의 특성에 일치하는 것들이 더해지고, 세상을 죄에서 돌이켜 성결케 하려는 열정적이고 담대한 것들이 더해진다면 그 영향은 얼마나 크겠습니까? 그것은 온 세상 사람들의 귀를 울리는 천둥소리가 되어 잠에서 깨어나 하나님을 따르게 하지 않겠습니까?

(3) 정치

기독교 신자들이 정치를 하면서 세상을 본받아서는 안 되는 이유가 있습니다.

① 세상의 정치는 부정직하기 때문입니다.

이것은 누구나 아는 사실입니다. 자기 당 후보의 결점과 상대방 후보의 장점을 감추는 것이 각 정당의 정책이라는 것을 모르는 사람이 어디에 있습니까? 이것은 분명히 정직하지 못한 일입니다. 모든 정당들은 자기 당의 후보를 완전한 인간이라고 내세우며 어떻게 해서든지 더러운 방법으로라도 당선시키려는 목표를 세웁니다. 정당에 가입하여 그들과 함께 행동하면서 그들이 하는 내로 버려두는 사람은 결코 정직한 사람일 수 없습니다. 그런데 어찌 기독교 신자가 양심의 가책도 없이 그런 일을 할 수 있겠습니까?

② 정치를 하는 데 있어서 세상을 따르는 것은 하나님의 뜻을 거역하는 행위입니다.

세상적으로 정치를 함으로써 신자들은 하나님을 두려워하지도 않고 사랑하지도 않으며, 하나님의 율법에 도전하여 안식일을 범하고 도박을 하고 간음을 하고 결투를 하고 함부로 맹세하고 자기 마음대로 법을 시행하지 않으며, 자기가 그 직책을 유지할 수만 있다면 조국의 행복이나 슬픔에는 상관하지도 않는 사람을 통치자로 세우는 죄를 범하게 됩니다. 나는 기독교 신자들에게 우리나라처럼 여러 정당들이 있는 곳에서는 선거에서 기독교 신자들이 충분히 사태를 결정지을 수 있다고 말하고 싶습니다. 그러므로 우리 신자들은 정직하지 못한 사람, 안식일을 범하는 사람, 도박하는 사람, 호색가, 결투를 하는 사람들에게는 투표를 하지 말아서, 어떤 정당에서도 그런 사람을 후보자로 지명하지 못하게 해야 합니다. 그러나 현재 사람들은 법을 그대로 시행하지 않으려 하며, 폭도들과 살인자들이 활개를 치며, 우편물이나 그 밖의 것들이 강탈당하고 있으며, 따라서 그들은 자기들에게 혜택을 줄 후보자를 당선시킬 수 있는 상황 하에 있습니다. 이런 일을 하는 사람은 신자든지 아니든지 어쨌든 정직하지 못한 사람입니다. 그런데 신자가 이렇게 행하고서도 어떻게 책망을 받지 않겠습니까?

③ 신자들이 정치를 하는 데 있어서 세상을 따르는 것은 하나님의 영을 슬프게 하는 것입니다.

기독교인 정치가에게 물어 보십시오. 정치 선전을 하면서 하나님의 영을 지니고 있었는지를…. 결코 그렇지 않습니다. 기독교인들은 공적인 일에 있어서 합법적인 영향력을 행사해야 합니다. 그러나 어떤 정당을 따라가서는 안 됩니다.

④ 우리는 현행의 정치 형태를 따름으로써 이 나라의 모든 통치와 질서를 잠식시키는 데 기여하고 있습니다.

현재 이 위대한 국가의 법률은 깨어지고 짓밟히고 있으며 행정부에서는 법을 집행하기를 거부하고 두려워하고 있기 때문에 이 위대한 국가가 흔들거리고 비틀거리고 있다는 것을 모르는 사람이 없습니다. 행정 장관은 무질서를 진압하려 하지 않고 미봉책을 사용하여 마귀가 통치하도록 내버려둡니다. 이것은 이 나라 전체, 모든 정당에서 동일하게 나타나는 현상입니다. 그런데 어찌 기독교 신자가 신앙고백을 하고서도 그런 사람에게 투표를 할 수 있겠습니까?

⑤ 당신은 죄인들의 앞에 걸림돌을 놓고 있습니다.

정직하지 못하고 타락한 조처인 줄 알면서도 기독교 신자가 그러한 정치적인 조처에 따라 행동하는 것을 죄인들이 본다면 무엇이라고 생각하겠습니까? 그들은 이렇게 말할 것입니다. "우리는 자신이 무엇을 하고 있는지 알고 있습니다. 우리는 관직을 얻으려 하며, 우리 정당이 집권하도록 하며, 자신의 이익을 추구하고 있습니다. 그러나 기독교인들은 우리와는 달리 보다 고귀한 목표를 위해 살겠다고 신앙고백을 하고서도 우리에게 와서 우리와 마찬가지로 빵과 고기를 얻으려 애쓰고 있습니다." 그들에게 있어서 이것보다 더 큰 걸림돌이 어디 있겠습니까?

⑥ 불신자들이 볼 때에 당신은 신자들도 불신자와 동일한 정신으로 활동한다는 증거가 됩니다.

이 세상이 종교의 실재를 쉽사리 믿지 않는 것을 의아하게 생각하는 사람이 있습니까? 스스로 성경을 탐구하여 거기서 종교가 무엇인지 깨닫지 못하거나, 혹은 신자라고 고백한 사람들의 생활 속에서 볼 수 있는 증거의 규칙들의 지배를 받는 사람들은 그것을 결코 믿지 못합니다. 이 증거에 관한 한 신자들 스스로도 믿지 않는다고 생각해야 합니다. 대다수의 신자들이 과연 성경을 믿고 있는지 의심스럽습니다.

⑦ 그들의 증거와 관련시켜 볼 때 그들에게 마음의 변화가 없음을 나타냅니다.

마음의 변화란 무엇입니까? 한 달에 한두 번 성찬에 참여하거나 기도회에 나가는 것입니까? 다른 사람들과 마찬가지로 열심히 직업에 종사하는 것이 심령의 변화입니까? 그런 증거를 보고 심령의 변화가 있다고 믿는다면 세상은 바보일 것입니다.

⑧ 신자들은 정치를 하는 데 있어서 세상에 미칠 영향을 고려하여 세상을 본받지 말아야 합니다.

기독교인들이 이 문제에 있어서 철저히 양심적으로 견실하게 행하며 "우리는 하나님을 두려워하지 않고 의롭게 백성들을 다스리지 않을 사람에게는 결코 투표하지 않겠다"고 한다고 가정해 보십시오. 불신자들은 결코 법에 도전하는 사람을 후보자로 지명하지 않을 것입니다. 모든 후보자들은 자신이 고귀한 동기에 의해 활동하며, 조국을 번영하게 하고, 덕을 번성하게 하고, 모든 악과 폭정과 무질서를 억제하고, 백성들을 행복하고 고결하게 만들기 위해 노력할 준비가 되어 있음을 나타낼 것입니다. 하나님과 인간에 대한 사랑이야말로 기독교인들이 염두에 두고 동의하는 것임을 나타내 보이면 정직하지 못한 정치가들은 부끄러움을 느낄 것입니다.

4. 지금까지 제시된 원리에 대한 몇 가지 반대 의견들에 답하겠습니다.

(1) 사업에 관하여

① "불신자들과 동일한 원리에 입각하여 사업을 하지 않는다면 그들과 경쟁을 할 수 없습니다. 결국 세상의 모든 사업들을 모두 불신자들이 장악하게 될 것입니다. 만일 우리가 다른 사람들의 이익을 위해서 사업을 경영하며, 우리 자신의 부를 추구하지 않고 우리와 함께 사업을 하는 사람들의 부를 추구한다는 원리에 따라 물건을 사고판다면 세속적인 사람들과의 경쟁에서 살아남을 수 없게 되어 그들이 모든 사업을 장악하게 될 것입니다."

그렇다면 그들에게 그것 모두를 가지라고 하십시오. 당신은 보다 비천한 직종의 사업들을 함으로써 자활할 수 있습니다. 그리고 세속적인 사람들이 모든 사업을 하게 내버려 두십시오.

② "우리가 복음을 전파하기 위한 돈을 벌어야 하지 않습니까?"

복음의 원리들에 입각하여 활동하는 거룩한 교회는 현재 뉴욕에 있는 모든 돈이나 장차 있게 될 돈보다 더 빠르게 퍼져 갈 것입니다.

거룩한 교회는 이 세상을 초월하여 살아가며, 기독교에서의 구원 사역은 돈으로 하는 모든 일들보다 더 빨리 진행될 것입니다.

③ "교육적인 목회를 행하려면 많은 돈이 필요합니다."

만일 우리가 거룩한 목회를 하고 있다면 그것은 교육적인 목회보다 훨씬 더 중요한 것입니다. 거룩한 목회는 교육 없이도 할 수 있습니다. 이것은 교육적인 목회를 과소평가 하라는 말이 아닙니다. 목회자들이 거룩하기만 하다면 교육을 많이 받을수록 좋습니다. 그러나 학문적인 목회로 세상을 회심시킬 수 있다고 생각하는 것은 어리석은 웃음거리에 지나지 않습니다. 목회자들은 기도의 영을 가지고 있어야 하며 성령 세례를 받아야 합니다. 그리고 복음을 널리 전파해야 합니다. 기독교인들이 마땅히 행할 바를 행하기만 하면 교회는 세상을 뒤흔들 수 있을 것입니다. 만일 뉴욕에 있는 신자들이 이렇게 행한다면 그 소식은 곧 항구를 떠나는 모든 배에 가득할 것이며, 사방으로 그 소식이 퍼져 나갈 것입니다. 그리하여 마침내 온 세상이 흥분하고 놀라게 되며 회심하는 사람들이 이슬방울보다 더 많게 될 것입니다.

당신이 사업을 그만두고 복음을 널리 전파하는 일에 헌신한다고 가정해 보십시오. 교회가 그렇게 행했던 일이 있었습니다. 그때 어떤 결과가 있었는지 알 것입니다. 예루살렘의 작은 무리가 자기의 모든 일들을 포기하고 하나님의 사역에 모든 시간을 바칠 때에 구원은 마치 파도처럼 퍼졌습니다. 만일 모든 교회가 즉시 모든 일을 그만두고 세상을 회심시키는 일에 헌신한다면 지극히 단시일 내에 그 일을 이룰 수 있을 것이라고 믿습니다.

그러나 당신은 자신의 사업을 포기하지는 않을 것입니다. 만일 기독교인들이 복음의 정신으로 사업을 해나간다면 곧 세상의 사업을 독점하게 될 것입니다. 세상 사람들이 기독교 신자와 거래를 하려

할 때에 그가 정직하고 자비롭게 거래한다는 것, 그리고 거래인의 이익을 자신의 이익만큼이나 생각한다는 것을 보여준다면 누가 그 외의 다른 사람과 거래하려 하겠습니까? 상인들이 거래를 할 때에 그의 이익을 자신의 이익처럼 신경을 써주는 기독교인들이 있다는 것을 알면서도 오직 그에게서 이익을 얻으려고만 하는 불신자들에게 가겠습니까? 실제로 지금 이 도시의 기독교 상인들은 자기들이 취급하고 있는 상품들의 가격을 규제하고 있습니다. 전국의 상인들이 이 도시에 와서 상품을 어떻게 하면 구입할 수 있는지 알아보다가는 이 기독교 상인들에게 가서 어떤 물건을 적당한 값에 살 수 있는지 물어 봅니다. 그리고 그에 따라 물건을 구입합니다.

그러므로 교회는 불신자들이 올바른 원리에 입각하여 사업을 하게 만들 수 있습니다. 교회는 온 세상의 사업을 통제할 수 있습니다. 만일 그렇게 하지 않으면 화가 있을 것입니다.

(2) 유행에 관하여

① "기독교인들은 기이한 사람이 되어야 한다는 말입니까?"

그렇습니다. 기독교인은 세상의 다른 사람들과는 구별된 특별하고 기이한 사람으로 불려야 합니다. 기이한 사람이 되지 않으려는 것은 세상을 본받으려는 것과 같습니다. "기이한 사람이 되지 말라"는 말은 세상과 같이 되라는 말이 됩니다. 다시 말하면 "세상을 본받으라"는 말입니다. 이것은 본문에 기록된 명령과 정반대의 말입니다.

 그러나 지금 우리가 거론하고 있는 것은 의복, 장신구 등의 유행에 관한 문제입니다. 이 점에 있어서 나도 과거에는 잘못 생각했습니다. 과거에 나는 기독교인들은 남의 눈에 뜨이지 않는 옷을 입어야 하며, 기이하게 보이지 않도록 유행과 변화를 따라야 한다고 생각하고 믿었습니다. 그리하여 아무도 그들이 이러한 조목들에 있어서 남들과 다르다고 보지 않도록 해야 된다고 생각했습니다. 그러나 그것은 그릇된 생각입니다. 이제 나는 내가 얼마나 눈먼 사람이었는지 깨닫고 크게 놀라고 있습니다.

 우리는 검소한 옷을 입어 세상 사람들에게 우리가 세상 유행을 조금도 의지하거나 중요하게 여기지 않으며 오히려 무시하고 경멸한다는 것을 보여주어야 합니다. 우리가 기이한 사람이 되지 않고 세상의 유행에 뒤떨어지지 않는 것은 그것들을 중요하게 여긴다는 표시가 됩니다. 우리가 세상의 유행을 대적하고 있다는 것을 실생활을 통해 나타내려면 비록 기이하게 보이더라도 편안하고 경제적인 옷차림을 찾아야 합니다.

 ② "우리가 검소하게 옷을 입는 것이 오히려 세상 사람들의 이목을 끌 것입니다."

너무 극소수의 신자들이 그렇게 행하기 때문에 이상하게 보이는 것입니다. 사람들은 기독교 신자가 철저하게 유행을 무시하는 것을 볼 때에 그를 응시합니다. 사람이야 어떻게 보건 그들 마음대로 하라고 하십시오. 다만 그것을 통해 우리 자신이 기독교인이라는 것을 나타내며, 불신자들과 혼동되지 않도록 하십시오. 만일 모든 기독교인들이 연합하여 세상의 헛된 유행에 대항하여 실질적인 증거를 보인다면 세상의 허영에 좋은 영향을 미치지 않겠습니까?

③ "이렇게 하는 것은 기독교를 많은 사람으로부터 격리되게 하는 것입니다. 교회와 세상을 인위적인 특징으로 구분하려 하지 않는 것이 좋습니다."

오히려 이것과 반대되는 주장이 진리입니다. 우리가 교회를 세상으로 가까이 가져갈수록 세상적인 관점에서 볼 때 두드러져야 하는 근거들을 멸절시키게 됩니다. 만일 우리가 세상에서 벗어나 성도와 죄인 사이에 큰 간격을 둘 수 있을 만큼 교회를 끌어가지 않도록 한다면 어떻게 불신자들에게 큰 변화가 필요하다는 것을 느끼게 할 것입니까?

④ "우리에게 필요한 것은 심령의 변화입니다."

그렇습니다. 그러나 심령의 변화는 생활의 변화를 이룹니다.

⑤ "그렇게 행함으로써 신자가 되려 하는 사람들의 길에 장애물을 놓는 격이 될 것입니다. 많은 훌륭한 사람들이 기독교에 혐오감을 느낄 것입니다. 그리고 만일 그들이 신자가 되더라도 마음대로 옷을 입으라고 허락하지 않는다면 그들은 완전히 세상의 편이 될 것입니다."

이것은 마치 금주를 하고 있는 사람이 과음하는 사람들에게 영향력을 발휘하기 위해서 그들을 미워하지 않고 때때로 술을 마셔야 한다고 생각하는 것과 같은 이치입니다. 진실로 사람들은 신자들의 생활 속에서 다음과 같은 사실을 보고 깨달아야 합니다. 즉 만일 그들이 기독교를 받아들이게 된다면 세상을 버리고 세상에 대한 사랑, 자만심, 사치, 어리석음 등을 버려야 하며, 조심스럽게 자기를 부인하며 적극적인 자비를 행하는 거룩한 생활을 해야 한다는 것을 깨닫게 되어야 합니다.

⑥ "사소한 것에는 신경을 쓰지 않고 마음대로 하게 두는 것이 더 좋지 않습니까? 여성 모자 제조자나 여성용 가운 제조업자들로 하여금 자기 마음대로 행하며 우리가 살고 있는 사회와 우리가 움직이고 있는 집단의 관습을 따르도록 내버려두는 것이 더 좋지 않습니까?"

이것이 세상의 유행에 대한 경멸을 나타내는 방법입니까? 사람들은 이처럼 어떤 일을 실제로 행하면서 그것에 대한 경멸을 나타냅니까? 우리가 세상에 대한 혐오감을 나타내는 방법이 세상의 유행과 관습을 따르는 것은 아닙니다.

⑦ "우리의 심령이 의롭기만 하다면 어떤 옷을 입든 상관이 없습니다."

우리의 모든 행동이 다 옳지 않을 때에도 심령이 의롭다고 할 수 있습니까? 이것은 마치 이교도가 "마음이 올바르기만 하면 내가 무슨 말을 해도 상관이 없다"고 맹세하는 것과 같습니다. 그러나 우리의 행동이 옳지 않은 한 심령은 결코 의로울 수 없습니다. 표면으로 나타난 행위는 마음에 품은 생각의 발로가 아니겠습니까? 마음이 의로운 사람이라면 세상의 유행을 따르려 하지 않을 것입니다.

⑧ "우리 의복의 표준은 무엇입니까? 표준을 제시하지 않은 채 검소한 옷을 입는 것에 대한 규칙들을 제시하고 설교하는 것이 무슨 유익을 주겠습니까?"

많은 사람들이 바로 이러한 걸림돌에 걸립니다. 그러나 이것은 매우 간단한 문제입니다. 이것은 다음과 같은 두 개의 간단한 규칙에 포함시킬 수 있습니다.

첫째, 의복이나 장신구 또는 가구를 선택하는 데 있어서 사람들의 칭찬을 얻으려 하거나 자신을 돋보이게 하려는 목적을 갖는 사람들이 택하는 디자인이나 원칙에 관심을 갖지 않고 있음을 나타내 보여야 합니다.

둘째, 먼저 경제성을 생각하고 그 다음에는 편리함을 생각해야 합니다. 기독교의 경제학을 따르십시오. 즉 그리스도를 섬기기 위해 절약할 수 있는 한 절약해야 합니다. 그러고 나서 기독교의 경제학이 허용한다면 편리한 대로 행하십시오.

⑨ "우리 모두가 퀘이커 교도처럼 검소한 옷을 입으라는 말입니까?"

퀘이커 교도들이 검소한 옷을 입음으로써 사회의 사려 깊은 불신자들로부터 존경을 받았다는 것을 모르는 사람은 없을 것입니다.

그들이 여기에다가 하나님을 위한 열심, 세상을 버림, 부에 대한 경멸, 복음의 명령인바 죄인들을 회심시켜 그리스도께 돌아오게 하기 위한 자기부인의 노고, 복음에서 지적하고 있는 구원 계획에 대한 분명한 견해를 추가했다면 이미 오래 전에 세상을 회심시켰을 것입니다. 모든 기독교인들이 그들의 검소한 의복을 본받는다면-내가 말하는 것은 그들이 입는 것과 똑같은 모양과 형태의 옷이 아니라 세상의 유행을 멸시하는 검소한 옷이다-이 세상의 회심은 더욱 빨리 촉진될 것입니다.

⑩ "우리 모두가 엄격한 감리교 신자가 되라는 것입니까?"

감리교 신자들은 검소한 의복을 입으며 세상의 유행과 사치를 부인하는 것으로 유명하지만, 동시에 그들이 기도의 능력을 가지고 있고 또 온 세상 사람들에게서 신실한 기독교인들이라는 좋은 평을 받았다는 것은 누구나 다 아는 사실입니다. 그런데 그들이 이 특성을 버리고 의복 등 다른 일에 있어서 세상을 본받으며, 자기들을 하나의 종파로서 들어올리려 노력하며 세상에 영향력을 행사하려는 듯이 보일 때에 그들이 기도의 능력을 잃게 되었다는 것도 다 알고 있는 사실입니다. 그들은 이 담을 헐지 말았어야 합니다. 웨슬리가 검소한 복장을 함으로써 자기의 추종자들과 다른 사람들을 구별하게 만든 것은 훌륭한 규율 중의 하나였습니다.

⑪ "검소한 옷을 최신 유행의 옷처럼 뽐낼 수도 있습니다. 퀘이커 교도들도 우리처럼 뽐내고 있습니다."

아무리 좋은 것이라도 악용될 수 있습니다. 그러나 그것이 선하다는 것을 나타낼 수만 있다면 그렇다고 해서 그것을 사용하지 말아야 할 이유가 없습니다. 이런 반론을 제기하는 사람에게 다시 묻습니다. 그것이 하나님을 경외하고 인간의 영혼들을 사랑하는 신자가 자신이 세상과 분리되어 있으며 불신자들이 입고 춤을 추면서 지옥의 길로 가는 유행을 멸시한다는 느낌을 줄 수 있는 방법을 소홀히 할 이유가 됩니까?

⑫ "이것은 사소한 일입니다. 그러므로 목회자가 강단에서 이런 문제로 시간을 낭비해서는 안 됩니다."

이것은 흔히 세속적인 신자들이 제기하는 반론입니다. 그러나 하나님을 두려워하는 목회자는 그것 때문에 양보하지 않습니다. 그는 그러한 신자들이 세상을 본받는 것을 그만두거나 교회를 떠날 때까지 계속 그 주제로 설교합니다. 죄인들의 회심을 방해하는 큰 걸림돌이 되는 것은 단지 옷만이 아니라 다른 것에 있어서도 세상 유행을 따르는 것입니다. 신자라고 고백한 사람들이 세상을 본받으면서 어찌 세상을 회심시킬 수 있겠습니까? 기독교인들이 국내에서 그런 생활을 하면서 이교도에게 복음을 전파하기 위해 돈을 기부하는 것이 무슨 유익이 되겠습니까? 아마 이교도들은 이렇게 물을 것입니다. "기독교인들이 불신자들처럼 조급하게 세상을 추구하고 있는데, 우리가 기독교인이 된다고 해서 무슨 유익이 되겠습니까?" 교회가 해야 할 큰일은 세상을 따르는 일을 중지하는 것입니다. 그러면 그들은 기도의 능력을 받게 되며, 성령이 그들에게 임하여 그들이 하는 노고를 축복해 주시고, 세상이 회심하게 될 것입니다.

⑬ "그런 옷차림을 한다면 사람들은 우리를 광신자라고 부르지 않을까요?"

불신자들이 우리를 광신자라고 부르거나 감리교 신자라고 부르거나 어쨌든 우리는 기독교 신자로 알려질 것이며, 사람들은 은밀한 양심 속에서는 우리를 참 신자로 인정할 것입니다. 세상으로부터 구별된 거룩한 교회를 경멸할 능력이 불신자들에게는 없습니다. 초대 기독교인들은 어떻게 지냈습니까? 그들은 세상과 구별되어 살았으므로 믿지 않는 작가들까지도 그들에 대해 다음과 같이 기록했습니다:

"이 사람들은 많은 사람들의 마음을 사로잡고 있습니다. 왜냐하면 그들은 사랑을 행하기 위해 자신을 희생하며 세상을 멸시하기 때문입니다."

이로 보건대 오늘날 기독교인들이 이렇게 생활한다면 복음의 전파를 막으려는 지옥의 최후의 노력도 결국 수포로 돌아갈 것입니다. 마침내 높은 산꼭대기가 생명수로 덮일 때까지 복음 전파의 물결은 계속 흘러나갈 것입니다.

(3) 정치에 관하여

① "정치를 하는 데 있어서 이런 원리들에 입각하여 행동하며 세

상과 연합하기를 거부한다면 정부나 국가의 일에 영향력을 행사할 수 없을 것입니다."

첫째, 현재의 상태는 그렇습니다. 그렇기 때문에 기독교인들이 전혀 영향력을 발휘하지 못하고 있습니다. 현재 하나님의 법에 따라 채택된 기독교적인 원리는 하나도 없습니다.

둘째, 만일 기독교인이 세상의 관습적인 정당들을 본받지 않고서는 정부에 영향력을 발휘할 수 없다면, 불신자들에게 정부를 맡아 마음대로 운영하게 하십시오. 그리고 당신은 가서 하나님을 섬기십시오.

셋째, 그런 결과는 나타나지 않을 것입니다. 오히려 반대의 결과가 나타날 것입니다. 기독교 시민은 어떤 경우에도 악인에게 공직을 맡기지 않는다는 것만 알리면 됩니다. 교회는 대중의 유익을 목표로 하는 사람만 지지한다는 것을 알리기만 하면 어느 정당이든 그런 사람을 후보로 지명할 것입니다. 교회는 이런 방법으로 모든 정당들로 하여금 정직한 사람의 지지를 얻을 만한 사람들을 후보자로 세우게 함으로써 합법적인 영향력을 행사할 수 있습니다.

② "그렇게 하면 교회와 각기 상대방을 대적하게 될 것입니다."

세상은 이기적이기 때문에 그러지 못합니다. 세상의 정당들도 그렇습니다. 그러한 경향은 결코 영구적인 구분이 되지 못합니다. 얼마 동안은 불신자들이 교회에 대항하여 연합 세력을 이루고, 교회는 소수의 세력에 머물게 됩니다. 그러나 결국 불신자들은 두 개의 정당을 구성하게 되며, 각 정당은 기독교인들이 양심적으로 투표할 후보자를 세움으로써 기독교인들의 표를 얻으려 할 것입니다.

결론

(1) 우리는 세상을 본받지 않음으로써 선을 행하기 위한 돈을 저축할 수 있습니다.

교회가 이제까지 복음 전파를 위해 모금했던 것보다 훨씬 많은 기금이 일 년 안에 저축될 수 있을 것입니다.

(2) 세상을 본받지 않으면 현재 세상의 유행을 따르고 처세술에 순종하며 세상을 추구하는데 연합하느라고 낭비하고 있는 많은 시간을 절약하여 선을 행하는 데 사용할 수 있을 것입니다.

(3) 기독교인들은 이렇게 함으로써 양심의 평화를 유지하며, 하나님과의 교제를 누리고, 기도의 영을 소유하며, 훨씬 큰 유익을 소유하게 될 것입니다.

지금은 무엇인가 행해야 할 때입니다. 지금은 교회가 세상을 본받지 말고 그리스도의 영과 그리스도의 본보기를 따르는 길로 용감하게 돌진해야 할 때입니다.

죄인들을 회심시키고 싶다고 고백하고 나서 곧바로 다시 세상을 본받는다면 무슨 소용이 있겠습니까? 교회의 행동을 생각할 때에 나는 고통을 느낍니다. 우리가 이제까지 누려 온 영광스러운 신앙부흥운동의 결과들은 어디 있습니까? 지난 10년 동안 교회가 누려 온 것은 진정한 신앙부흥운동이었으며 성령의 폭발이었다고 생각됩니다. 지난 10년 동안 회심한 사람들이 이 나라에서 훌륭한 신자들이 되어 있다고 믿습니다. 그러나 교회가 수천 명의 신자들을 증가시켜 오늘날 교회 안의 신자들과 똑같이 만든다면 그것이 과연 무슨 소용이 있겠습니까? 불신자들이 평가할 때에 기독교가 조금이라도 더 영광을 받겠습니까? 실제로 세상에 대하여 못 박히고 세상이 그들에 대하여 못 박히는 거룩한 교회는 오늘날 모든 교회들이 하고 있는 것보다 더 좋은 일을 할 수 있을 것입니다.

만일 나에게 육체의 힘이 있어 다시 교회들을 다니며 전파할 수 있다면, 죄인들의 회심을 위해 설교하기보다는 교회를 거룩한 생활의 복음적 표준에 따라 양육하기 위한 설교를 하고 싶습니다. 죄인들을 회심시켜 오늘날과 같은 신자들을 만들어 놓는다면 회심시키는 것이 무슨 소용이 있습니까? 죄인들을 회심시키려 애쓰며 기독교 신앙에 무엇인가 중요한 것이 있다고 느끼게 하지만, 그들이 당신과 장사를 하거나 거리에서 당신을 만날 때에 당신이 그것에 정면으로 반대되는 행동을 하며 세상을 본받음으로써 기독교에 중요한 것이 없다고 그들에게 말해 준다면 죄인들의 회심을 위해 애쓰는 것이 과연 무슨 소용이 있습니까?

초대교회처럼 세상에서 나와 세상과 분리하며 하나님을 섬기기 위해 자신을 버리는 교회를 어디서 발견할 수 있을까요? 교회가 초대교회처럼 되기를 기원합니다. 회심하여 신자가 된 후에 선하게 변화되지 않는다면 소용이 없습니다. 회심했던 많은 신자들이 교회에 치욕을 주는 생활을 하고 있습니다. 그들 중 많은 이들은 과거의 신자들 때문에 걸려 넘어져 유익을 주지 못하고 해를 끼치고 있습니다. 그런 사람들이 많을수록 불신자들은 우리를 비웃고 조롱할 이유를 발견하게 되는 것입니다.

당신은 하나님이 세상을 본받지 말라고 명령하신다고 믿습니까? 사람들이 당신에 대해 무엇이라고 말하든지 그 명령에 순종하렵니까? 세상으로부터 자신을 분리하며, 다시는 세상의 교훈과 관습을 따르지 않으며, 세상의 유행에 휩쓸리지 않기로 작정했습니까? 내가 아는 사람 중에 이렇게 살고 있는 사람이 있습니다. 이름을 밝힐 수도 있습니다. 그 사람은 이런 점에 있어서 세상의 관습에는 결코 주의를 기울이지 않습니다. 그 결과 그는 어디에 가든지 기독교인이라는 인상을 심어 줍니다. 만일 어느 교회의 교인 전체가 이렇게 행한다면, 그리고 세상 사람들이 사업을 하는 데 쏟는 정력을 그 일에 쏟는다면 온 세상이 뒤집어질 것입니다. 당신은 이렇게 행하려 합니까? 지금 세상을 버리고 하나님과의 언약에 동참하며, 세상과 분리되더라도 기이한 사람이 되고자 하며, 세상이 무엇이라고 말해도 하나님께 순종하기로 결심합니까?

제2부

순종의 기쁨

제7장

참 신자의 성품

> "너희는 믿음 안에 있는가 너희 자신을
> 시험하고 너희 자신을 확증하라"
> - 고후 13:5 -

본문에 대해 다음과 같이 네 가지를 살펴보겠습니다.

1. 본문의 명령이 의미하는 것은 무엇입니까?
2. 왜 이러한 명령이 필요합니까?
3. 우리에게 명하는 의무가 실천 가능성이 있습니까?
4. 그 의무를 어떤 방법으로 수행하고 있습니까?

1. "너희는 믿음 안에 있는가 너희 자신을 시험하고 너희 자신을 확증하라"는 명령이 무엇을 의도하는지 설명하겠습니다.

이것은 우리가 우리 자신의 심령 상태를 깨달아 알아야 하며, 하나님이 보시기에 우리의 참 특성이 어떤지를 증명할 조처를 취해야 한다는 것입니다. 우리의 힘이나 지식을 증명하라는 것이 아니라 우리의 도덕적 성품을 철저하게 시험해 보아 그것을 사실 그대로 알아야 한다는 것입니다. 그것은 하나님이 우리를 어떻게 여기고 계시는지, 우리를 성도라고 생각하시는지 죄인이라고 생각하시는지를 알아야 한다는 의미도 포함하고 있습니다. 그것은 우리가 자신의 참된 성품을 확인하고 우리가 성도인지 죄인인지, 또는 하늘나라의 상속자인지 지옥의 상속자인지를 분명하게 알아야 한다는 적극적인 명령입니다.

2. 왜 이 명령이 필요합니까?

(1) 하나님이 보시는 그대로의 우리의 참 성품을 증명하고 확인하는 것은 마음의 평화에 꼭 필요한 일입니다.

자신의 참 성품을 확실히 알지 못하는 사람은 안정된 마음의 평화를 누릴 수 없습니다. 그가 다소 완전한 무관심을 소유하게 될지는 모르겠습니다. 그러나 무관심과 평화는 상이한 것입니다. 계속 복음을 듣는 신앙고백자들이라면 자신의 참된 성품과 운명을 확실히 알지 못할 때에 불안감을 능가하는 무관심을 잠시도 소유하지 못할 것입니다. 지금 우리는 양심이 마비된 위선자나 하나님으로부터 버림받은 조소자에 대해 이야기하는 것이 아닙니다. 이들 외의 신자들이 마음의 평화를 누리려면 이 문제를 해결해야 한다.

⑵ 그것은 기독교적인 정직이라는 정신에 필수적인 요소입니다.
 자신이 성도라고 믿지 못하면서 신앙을 고백하는 것이 정직한 일이 아니라는 것은 누구나 압니다. 그는 마음으로는 반쯤 위선자입니다. 따라서 그는 기도를 할 때에도 자신의 기도가 과연 하나님의 자녀가 하는 기도로서 하나님께 받아들여질 것인지 의심합니다.

⑶ 자신의 성품을 바르게 깨달아 아는 것은 기독교인이 유익을 얻기 위해 반드시 필요한 일입니다.
 어떤 사람이 항상 마음으로 "나는 기독교인인가?" 하는 의심을 품는다면—항상 자신의 상태를 걱정스럽게 바라보며 자신이 과연 존속할 수 있을지 의심한다면, 그것은 그의 유익에 커다란 방해거리가 될 것입니다. 자신이 죄인이 아니라는 확신이 없이 죄인들에게 말을 건네는 사람은 반석 위에 서 있을 때처럼 확실하고 단순하게 권면할 수 없습니다. 어떤 사람들은 성도들을 겸손하게 하기 위해서는 항상 어둠 속에 있게 하는 것이 좋다고 생각합니다. 그것은 마치 하나님의 자녀로 하여금 자신이 하나님의 자녀라는 것을 알고서 자랑하게 만들려는 생각과 같습니다. 반면에 하나님의 자녀가 하나님의 영광을 가리지 않으려면 자신이 하나님의 자녀임을 알아야 한다는 것이 세계적으로 유력한 주장 중의 하나입니다. 불안한

심령상태에 있는 사람은 거의 믿음을 가질 수 없으며, 그 문제가 해결되기까지 널리 유익하게 일하지 못합니다.

3. 이 명령의 실행 가능성에 대해 설명하겠습니다.

어떤 이들은 이 문제가 세상에서는 결코 해결될 수 없다고 생각합니다. 많은 사람들이 자신이 기독교인인지에 대해 의심을 품고 있는 것을 당연하게 여기는 듯합니다. 수백 년 동안 많은 사람들은 신앙을 고백한 사람이 의심하지 않는 것을 의심스러운 상태로 간주해 왔습니다. 그것을 자신의 심령에 대해 아무것도 알지 못하고 있다는 거의 확실한 표식이라고 여겼습니다.

교회에 입교하려는 후보자들에게 묻는 질문 중에 "당신은 선한 상태에 대해서 조금이라도 의심을 해본 일이 있습니까?"라는 질문이 있습니다. 만일 후보자가 "예, 나는 크게 의심하고 있습니다"라고 대답한다면, 그것은 훌륭한 대답으로서 그가 신령하고 자신의 심령상태를 잘 알고 있으며 겸손하다는 증거로 받아들여집니다. 그러나 만일 그가 의심하지 않는다고 대답하면 그것은 자신의 심령에 대해 거의 알지 못하고 있으며 위선자일 가능성이 높다는 증거로 간주됩니다. 나는 이것에 반대합니다. 본문에서 명하신 의무는 실질적인 의무입니다. 기독교인들은 스스로를 시험해 봄으로써 자신을 알고 자신의 참 성품에 대해 확신할 수 있습니다.

⑴ 이것은 본문에 기록된 명령, "너희는 믿음 안에 있는가 너희 자신을 시험하고 너희 자신을 확증하라"에 분명히 나타나 있습니다.

하나님이 우리가 자신의 참 성품을 알 수 없으리라는 사실을 아시면서도 우리에게 자신을 조사해 보고 증명하라고 명령하셨다고 믿는 사람이 있습니까?

⑵ 우리가 자신을 시험해 보고 자기의 성품을 증명할 수 있는 가장 훌륭한 방편은 의식(意識)입니다.

우리는 이 의식을 사용하여 성품을 결정짓는 사실들을 분명히 알 수 있고 그럼으로써 큰 문제가 해결됩니다. 하나님 보시기에 우리의 상태는 어떻습니까? 우리는 자신의 존재에 대해 소유하고 있는 것과 동일한 증거를 하나님 앞에서의 우리 상태에 대해서 가질 수 있으며 반드시 가져야 합니다. 그것은 의식입니다. 이 증거를 갖지 않으면 안 됩니다. 우리의 의식은 끊임없이 우리 심령의 상태를 증언해 주므로 의식이 증언하는 바에 주목하면 자신의 존재를 해결하는 것처럼 분명히 그 문제를 해결할 수 있습니다.

⑶ 하나님은 우리의 마음에 품은 대로 실행할 기회를 주십니다. 그 문제에 대한 결정을 내리지 못하는 것은 태만함 때문입니다.

만일 사람들이 활동할 기회도 없으며, 주위 환경의 영향을 받을 기회도 없고, 자기 심령의 상태를 발전시킬 방법도 없는 감옥에 갇혀 있다면, 그들이 자신을 알지 못한다고 해서 나무랄 수 없을 것입니다. 그러나 하나님은 이스라엘 자녀들에게 말씀하셨던 것과 같이 인간을 현재 이생에서의 환경 아래 두심으로써 그들을 시험하시고, 그들의 마음에 있는 생각을 아시고 그들이 하나님의 명령을 지키는지의 여부를 알려 하십니다. 우리 주위의 사물들은 우리의 마음에 어떤 인상을 심어 주며 우리로 하여금 어떤 방법으로 느끼고 행동하게 이끌어 줍니다. 이처럼 다양한 환경 속에서 어떻게 느끼고 행동하게 되는지 알게 될 때에 우리는 자기인식의 기회를 갖게 됩니다.

(4) 자기의 참된 성품을 시험할 수 있는 완전한 규칙을 소유함으로써 우리의 성품을 신뢰할 자격을 완전히 갖추게 됩니다.

하나님의 법은 우리의 성품들을 시험할 수 있는 참된 표준입니다. 우리는 그것을 정확하게 알고 있습니다. 따라서 우리 자신을 판단할 수 있는 확실하고 불변하는 규칙을 지니고 있는 것입니다. 우리가 자신의 감정들과 행동들을 이 표준에 맞추어 비교해 보면 하나님이 보시는 우리의 참된 성품이 무엇인지 알 수 있습니다. 왜냐하면 하나님도 동일한 표준에 의해 우리의 성품을 시험해 보시기 때문입니다.

(5) 우리를 자기기만으로 이끄는 것은 정직하지 못함뿐입니다.

자기를 기만하는 사람은 부주의하고 태만할 뿐만 아니라 정직하지 못한 사람입니다. 그렇지 않다면 자신을 속이지 않을 것입니다. 그는 자만심에 의한 대단한 편견을 가지고 있으며, 자기 고집에 의해 눈이 멀어 있는 사람입니다. 그렇지 않다면 자신의 신앙이 고백한 것과는 다른 상태에 있다는 것을 모를 리가 없습니다. 우리의 지성이 활동해야 할 환경은 지극히 다양하고 많습니다. 따라서 잘못 알고 있다는 것은 고의적인 무지입니다. 만일 그들에게 활동할 기회가 주어지지 않거나 환경이 그들의 감정을 유발시키지 않는다면 그들은 무지할 수도 있을 것입니다. 거지를 본 적이 없는 사람은 거지에 대한 자신의 참된 감정을 알 수 없을 것입니다. 그러나 매일 거지를 볼 수 있는 환경에 있으면서도 거지에 대한 자기 마음의 상태를 알지 못한다면 그는 정직하지 못하거나 고의적으로 모르는 척 하는 것입니다.

4. 이 의무를 수행하는 방법에 대해 이야기해보십시오.

(1) 소극적인 방법
 ① 그것은 우리에게 증거가 임하기를 기다림으로써 이루어지는 것이 아닙니다.

 많은 사람들은 자신이 기독교인인지 아닌지 결정하기 위해서 수동적인 자세로 증거가 임하기를 기다리는 듯합니다. 그들은 자신에게 어떤 느낌들이 임하기를 기다리고 있는 것처럼 보입니다. 그들은 그 문제로 기도를 할 것입니다. 아마도 열심히 기도하고 나서 자신의 선한 상태에 대한 만족스러운 증거를 제공할 감정이 임하기를 기다릴 것입니다. 그들은 이 증거를 얻을 때까지는 아무런 신앙생활도 하지 않고 그저 헛되이, 성령께서 조만간 임하셔서 그들을 이같은 편견에서 벗어나게 해주시기를 기대하면서 앉아 기다릴 것입니다. 그들은 계속 이처럼 소극적이고 어리석은 상태를 유지합니다. 그들이 영원히 기다릴지라도 이런 식으로 해서는 결코 그것을 얻지 못합니다.

② 그것은 그런 증거를 유발할 수 있도록 억지로 감정을 발휘하려는 직접적인 시도에 의해 되지 않습니다.

인간의 마음은 억지로 무엇을 느끼려 한다고 해서 느껴지는 것이 아닙니다. 우리가 무엇인가를 느끼기 위해서 특별한 방법으로 아무리 노력한다 해도 감정을 일으키려는 노력은 현명하지 못하고 어리석은 것에 불과합니다. 감정이나 느낌을 만들어 내는 것으로 마음보다 우월한 것은 없습니다. 우리가 마음으로 감정을 일깨우기에 적절한 어떤 대상을 집중적으로 응시할 때에 감정은 일깨워집니다. 그러나 마음이 대상물에 집중하지 않는 한 결코 감정을 느낄 수 없습니다. 이것은 마치 우리가 눈을 감고서 무엇을 보려 하거나 어두운 방에 들어가는 것과도 같습니다. 우리가 아무리 눈을 크게 뜨고 보려고 해도 아무것도 보지 못합니다. 우리 마음의 시선을 내면으로 향하여 현재 느끼는 감정의 본질을 조사해 보려 한다면 그 감정은 즉시 사라지고 맙니다. 왜냐하면 그 감정을 일으킨 대상물에 주의를 집중하고 있지 않기 때문입니다.

우리가 손으로 등잔불을 잡으면 그림자가 생깁니다. 그러나 등잔불을 치우면 그림자도 없어집니다. 그림자가 있으려면 빛이 있어야 합니다. 마찬가지로 우리 마음이 감정을 일깨워 준 대상물에게서 떠나면 그 감정도 없어집니다. 마음은 감정에 집중하지 말고 대상물에 집중해야 합니다. 그렇지 않으면 감정은 나타나지 않으며, 따라서 아무런 증거도 얻을 수 없습니다.

③ 우리가 자신의 심령 상태로 인해 슬퍼하며 시간을 낭비한다고 해서 증거를 얻지는 못합니다.

어떤 사람들은 오직 "나는 느끼지도 못하고 느낄 수도 없습니다. 내 마음은 너무나 완악해져 있습니다"라고 불평하면서 시간을 다 보냅니다. 그들이 하는 일은 단지 자신이 어떤 증거를 느끼지 못한다고 해서 슬퍼하고 우는 일뿐입니다. 아마 그들은 자신을 자극하여 감정을 느끼게 하려고 노력할지도 모른다. 그러나 그것은 마치 하늘을 날려고 하는 것만큼이나 철학적인 일입니다. 그들이 계속 슬퍼하고 자신의 완악한 마음에 대해 생각하기만 하며 아무것도 하지 않는 한 그들은 마귀의 노리개에 지나지 않습니다. 만일 어떤 사람이 난로 옆에는 가지도 않으면서 춥다고 불평하고 돌아다닌다면 어린아이들까지도 그를 조롱할 것입니다. 그가 자기 몸을 따뜻하게 만들 수 있는 방법을 멀리하는 한 그는 추울 것을 예상해야 합니다.

그러므로 슬퍼하며 불쾌하게 생각하는 것은 그 문제의 해결에 아무런 도움이 되지 못합니다.

(2) 적극적인 태도

이 의무를 충실히 수행하려면 무엇을 해야 합니까? 만일 우리가 어떤 대상에 대한 자기 마음의 참 상태를 시험해 보고자 한다면 그 대상에 주의를 집중해야 합니다. 만일 우리의 시력을 시험해 보려 한다면 그 대상물에 시력을 적용시켜야 합니다. 그리하면 그 기능의 능력과 상태를 시험해 볼 수 있습니다. 우리 눈의 상태를 시험해 보려면 물체가 있는 곳에 있어야 하며, 귀의 온전함을 시험해 보려면 소리가 나는 곳에 있어야 합니다. 우리가 다른 감각들을 자극하는 물체들을 멀리할수록 더욱 이 하나의 감각에 마음을 집중시킬 수 있으며, 그만큼 더 완전하게 자기의 시력이나 청력을 시험해 볼 수 있습니다. 대상물이 많으면 그만큼 마음이 분산되기 쉽습니다.

우리가 감각을 일깨우기에 적당한 사물에 마음을 기울이기만 하면 반드시 어떤 감정을 느낄 수 있습니다. 마음은 감정을 느끼도록 되어 있습니다. 멈추어 서서 "내가 느끼고 있습니까?"라고 물을 필요는 없습니다. 물론 우리는 따뜻하다고 느끼고 있다는 것을 알고 있습니다. 만일 우리의 손으로 빨리 난로 옆을 스치게 한다면 그 느낌은 아주 미미하여 눈치 채지 못할 정도이겠지만 그렇다고 해서 느낌이 없는 것은 아닙니다. 온 정신을 집중한다면 그것을 알 수 있습니다. 우리가 받는 감명이 작을 때에 그것을 의식하기 위해서는 더욱 집중해야 할 필요가 있습니다. 그러므로 우리의 마음을 스치고 지나가는 감정이 지극히 미미하여 그것을 알아채지 못했다고 해도 역시 참된 감정입니다.

손을 등잔불 속에 넣어 보십시오. 그러면 비록 다른 일에 몰두하고 있어도 뜨거움을 느낄 것입니다. 어떤 종류의 감정을 자극하기에 적당한 사물에 마음을 집중시키면 그 감정을 어느 정도 느끼지 않을 수 없습니다. 만일 마음을 강렬하게 그것에 집중시킨다면 그 감정들이 존재한다는 것을 의식할 수 있을 만큼 느끼게 될 것입니다. 이러한 원리들은 우리가 자신의 성품들을 시험하여 어떤 대상을 향한 자기 감정의 참된 상태를 알려면 어떻게 해야 하는지 보여 줄 것입니다. 우리는 그 대상물에 주의를 집중시켜 마침내 우리의 감정들이 자극을 받아 그것들을 의식하게 되어야 합니다.

또 하나 명심해야 할 사실이 있습니다. 마음을 집중시켜 그에 대한 내 심령의 상태를 알고자 하는 그 대상은 실재임을 명심하십시오.

세상에는 대단히 많은 상상적인 종교가 있습니다. 그런데 그것을 신봉하는 사람들은 그것을 참된 실재라고 잘못 생각합니다. 그들은 과격한 감정을 가지고 있으며, 마음은 대단히 흥분되어 있으므로 감정이 응시하는 대상물과 일치하게 됩니다. 그러나 망상의 근원은 바로 여기에 있으니, 즉 그 대상물이 상상의 산물인 것입니다. 감정 그 자체는 참된 것입니다. 그 감정은 분명히 마음에 두었던 대상물에 일치된 것입니다. 그것은 완전하게 일치하고 있습니다. 그러나 그 대상물이 허구입니다. 이 사람은 하나님, 예수 그리스도, 또는 구원에 대해 진실과는 완전히 판이한 관념을 형성했습니다. 만일 그가 참 신앙을 소유하였다면 참된 대상을 향하게 되었을 그의 감정들이 이 같은 상상의 산물을 염두에 두고 있는 것입니다. 따라서 그는 미혹되어 있는 것입니다. 바로 여기에 세상의 헛된 소망과 신앙의 근원이 있습니다.

5. 우리의 마음 상태를 시험해 보기 위해 근거가 되는 일을 몇 가지 설명해 보겠습니다.

(1) 죄: 우리 자신의 특별한 죄들만 아니라 하나님께 범하는 불법행위로서의 죄 자체를 말합니다.

단지 자기의 마음속에 죄에 대한 강력한 불만이 있음을 발견하는 것에 의해서 참된 심령의 상태를 알 수 있다고 생각해서는 안 됩니다. 이것은 그 자체로 이성적인 존재의 본성에 속합니다. 모든 이성적인 존재들은 추상적으로 생각할 때, 그리고 자신의 이기적인 만족과 아무 관련이 없을 때 죄에 대해 불쾌감을 느낍니다. 추상적으로 생각할 때에는 가브리엘이 죄를 인정하지 않는 것과 마찬가지로 마귀도 죄를 인정하지 않습니다. 마귀는 죄인을 비난하며 그들의 행동을 정죄합니다. 그리고 죄인의 행위를 즐거워해야 할 이기적인 이유가 없을 때에는 그것을 증오합니다.

  우리는 종종 세상의 악인들이 죄를 지독히 증오하는 것을 발견할 수 있을 것입니다. 이론적으로 죄를 증오하고 정죄하지 않을 악인은 이 세상에 없습니다. 선천적으로 의로운 이성과 양심을 가진 사람들에게 있어서 죄는 보편적으로, 본질적으로, 그리고 반드시 혐오스러운 것입니다. 인간 정신의 모든 능력은 죄에게 반발합니다. 인간은 범죄하기를 원하는 이기적인 이유를 가지고 있을 때에만 불의를 범하는 데에서 즐거움을 느낍니다. 이성적인 존재는 죄는 죄이기 때문에 결코 인정하지 않습니다.

  그러나 추상적인 일로서의 죄를 본성적으로 인정하지 않는 것과 하나님에 대한 사랑에 기초를 두고 마음에서 우러나오는 죄에 대한 혐오감 및 반감 사이에는 놀라운 차이점이 있습니다. 어느 청년이 어떤 행동을 보고 나쁘다고 느끼는 것과 그 행동이 자기 아버지에게 해를 끼친다고 생각하는 것은 전혀 다릅니다. 이 청년의 나중 생각은 처음 생각에 무엇인가 추가된 것입니다. 그는 그 행위가 나쁘기 때문에 분노할 뿐 아니라, 아버지에 대한 그의 사랑이 슬픔이라는 특별한 감정을 산출해 냅니다. 하나님을 사랑하는 사람은 죄는 나쁜 것이기 때문에 그것에 대해 강력한 불만을 느낄 뿐 아니라, 그것을 하나님을 거슬러 범해진 것으로 생각할 때에 분노와 슬픔이 섞인 감정도 느낍니다.

  당신은 자신이 죄에 대해 어떻게 느끼는지, 당신이 죄인들 사이에서 생활하면서 그들이 하나님의 율법을 범하는 것을 볼 때에 어떻게 느끼는지 알기를 원합니까? 그들이 함부로 맹세를 하며 안식일을 범하고 술 취하는 것을 볼 때에 당신은 어떻게 느낍니까? 당신은 "주의 말씀을 지키지 아니하는 거짓된 자들을 내가 보고 슬퍼하였나이다"라고 기록한 시편 기자처럼 느낍니까? 시편 기자는 "그들이 주의 법을 지키지 아니하므로 내 눈물이 시냇물같이 흐르나이다", "주의 율법을 버린 악인들로 말미암아 내가 맹렬한 분노에 사로잡혔나이다"라고 고백했습니다.

(2) 자신의 죄를 대하는 심령의 상태를 시험해 보아야 합니다.

자기의 과거의 죄들을 회고해 보고 과거의 행동을 기억하여 진심으로 그것을 정죄하고 미워하는지, 그리고 사랑하는 아들이 부모님에게 얼마나 불순종했는지를 기억할 때에 느끼는 것처럼 느끼는지 알아보십시오. 그것은 우리의 과거 행동이 악했다고 강력하게 확신하는 것과는 다른 일입니다. 강한 슬픔이라는 감정을 수반하는 이 감정을 느끼는 것은 매우 다른 일입니다. 왜냐하면 그것은 하나님께 범한 죄였기 때문입니다. 아마도 기독교인들은 자기 부모님에게 행한 과거의 행동을 돌이켜볼 때 깊은 슬픔을 느낄 것이며, 사랑하는 부모님에게 불순종하고 그릇되게 행했다고 생각할 것입니다. 그리고 자신의 행동에 대한 강한 혐오감과 아울러 깊은 슬픔에 사로잡혀 걷잡을 수 없이 눈물을 흘릴 것입니다. 이것은 부모님에 대한 진정한 회개입니다. 하나님께 대한 회개도 마찬가지입니다. 그리고 진정한 회개의 강도(强度)는 그 주제에 마음을 집중하는 정도에 비례합니다.

(3) 회개하지 않은 죄인들을 향한 우리의 감정을 시험해 보아야 합니다.
 회개하지 않은 죄인에게 가서 그들의 영혼에 대한 주제로 함께 대화하며, 경고해 주며, 그들이 무엇이라고 말하며 어떻게 느끼는지를 알아보며, 그들의 진정한 심령상태를 알아보십시오. 그리하면 회개치 않는 자들을 향한 우리의 감정이 어떤 것인지 알게 될 것입니다. 홀로 골방에 들어가서 회개치 않은 죄인을 상상하지 마십시오. 아마 우리는 자신의 동정심을 자아내어 울며 기도하게 할 만한 상상의 그림을 만들어 낼 수 있을지도 모르겠습니다. 그러나 우리는 마음으로 살아있는 죄인의 실재와 접촉하고, 그와 이야기를 하고, 그를 권면하고, 그의 허물들과 완고함과 신실치 못함을 발견하고, 가능하다면 그와 함께 기도해야 합니다. 그렇게 함으로써 예수 그리스도께서 느끼신 것과 같은 슬픔과 연민과 분노가 뒤섞인 감정들을 일깨울 것이며, 이 문제에 있어서 당신의 심령상태를 확실히 알게 될 것입니다. 마음으로 죄인들을 접촉하게 하고 거기에 집중하십시오. 그리고 그것에 의지하십시오. 그러면 느끼게 될 것입니다.

⑷ 우리는 하나님을 향한 자기 마음의 상태를 시험해 보려 합니다.

　생각을 오직 하나님께만 집중시키십시오. 어리석은 마음을 좇아 마음대로 하나님을 상상하지 말고 오직 성경을 보고 하나님의 참 생각이 무엇인지 배우십시오. 하나님이 어떻게 보일 것이라고 상상을 한다든지, 하나님의 형상이나 외모를 마음에 그려보지 마십시오. 다만 하나님이 어떻게 느끼시며 무엇을 행하시며 말씀하시는지를 기록한 성경에 마음을 집중하십시오. 그렇게 하면 우리는 느낄 수 있게 되고 자신의 참 심령상태를 감지하게 됩니다. 이것이 우리의 참된 심령상태이며, 우리는 결코 그것을 잘못 깨닫게 되지 않습니다.

⑸ 그리스도를 향한 우리의 감정을 시험해 보십시오.

　우리는 자신이 주 예수 그리스도를 사랑하고 있는지 그렇지 못한지 알아야 합니다. 주님 생애의 전말을 훑어보고 주님이 행하신 기적들, 주님의 고난, 주님의 자애로우신 성품, 주님의 죽음과 부활, 승천, 그리고 하나님의 우편에 앉으셔서 우리를 위해 중재하신다는 것이 사실로 여겨지는지 알아보십시오. 이 모든 것을 믿습니까? 그것들이 사실이라고 생각됩니까? 그것들에 대해 어떻게 느낍니까? 주님이 자원하여 우리를 구원하려 하셨다는 것, 주님의 구원의 능력, 그의 속죄의 죽음, 그리고 능력을 생각할 때에 그것들이 사실로 여겨진다면 당신은 전혀 오류가 없는 감정들을 소유하게 될 것입니다.

(6) 성도들에 대한 자신의 감정은 어떠합니까?

이 문제에 있어서 자신이 성도들을 사랑하고 있는지 시험해 보기 원한다면 자기의 생각으로 세상 끝까지 달리게 하지 말고 당신 곁에 있는 성도들에게 주의를 기울여 그들을 사랑하고 있는지, 그들의 속죄를 원하고 있는지, 그들이 은혜 안에서 성장하기를 갈망하는지, 믿음 안에서 그들을 생각하여 은혜의 보좌로 나아가 하나님께 그들에게 복 주시기를 요청하는지 살펴보십시오.

(7) 신앙부흥회에 대한 감정들도 시험해 보십시오.

당신이 부흥회에 대한 자신의 감정이 어떤 상태에 있는지 알기 원한다면 그것에 대한 기사를 읽고, 그것에 대해 생각하고, 거기에 마음을 집중해 보십시오. 그러면 당신의 심령상태를 나타내 주는 감정들을 소유하게 될 것입니다. 이교도, 노예, 술고래, 성경, 그 밖의 경건한 관심의 대상물에 대한 것도 마찬가지입니다. 당신의 심령상태를 알 수 있는 유일한 방법은 당신의 마음을 그러한 대상물의 실재에 집중시키는 것입니다. 그리하면 마침내 당신의 감정들의 본질이 확실하다는 것을 강하게 느끼게 될 것입니다.

만일 당신이 이런 대상물에 충분히 주의를 집중하지 못하여 감정을 유발할 수가 없다면, 그것은 두 가지 원인에 기인하는 것입니다. 즉 당신의 마음이 종교의 다른 부분에 사로잡혀 있어서 그러한 특별한 대상물에 주의를 집중시킬 수 없거나, 또는 당신의 생각들이 어리석게도 세상 끝까지 방황하고 있기 때문입니다. 종종 이런 사람들이 있습니다. 내가 아는 어떤 신자들은 어떤 주제, 예를 들면 자신의 죄에 대해 강력히 느껴야 한다고 생각하는 만큼 느끼지 못하기 때문에 대단히 괴로워합니다. 사람의 마음이 죄인들을 위한 걱정, 노고, 기도에 너무 사로잡히게 되면 자신의 영혼에 대해 생각하여 깊은 감정을 느끼려 할 때에 노력을 해야 합니다. 그가 무릎을 꿇고 자신의 죄에 대해 기도하려고 할 때에 자기와 함께 대화하던 죄인의 생각이 떠올라서 거의 자신을 위한 기도를 하지 못합니다.

종교적 문제에 대해 아무런 느낌을 받지 못하는 이유가 다른 사람들에게 몰두해 있는 데 있다면 그것을 불리한 증거로 간주해서는 안 됩니다. 그러나 만일 당신의 생각이 온 세상을 방황하고 있기 때문에 자신의 참된 성품을 알 수 있을 만큼 충분히 생각하고 느끼지 못한다면, 자신을 강력하게 제어하여 실제로 느끼게 될 때까지 생각을 철저하게 집중시켜야 합니다. 그리하면 자신의 생각을 지배할 수 있습니다. 즉 하나님은 우리의 마음을 마음대로 조절하게 해주십니다. 이런 식으로 자신이 느끼고자 하는 대상물에게 주의를 돌림으로써 자신의 감정들을 조절할 수 있습니다. 그러므로 어느 주제에 자신의 마음을 집중하여 마음속에서 깊은 감정들의 샘이 터지게 될 때까지 강력하고 확고하게 그 문제에 집중하십시오. 그리하면 자신의 심령상태를 알게 되고, 하나님이 보시는 참된 성품도 깨닫게 됩니다.

결론

(1) 자기 성찰에는 종교적 활동이 필요합니다.

　우리는 종교적 의무들을 적극적으로 행하지 않는 한 자신의 참된 심령 상태를 알 수 없습니다. 골방에만 처박혀 있는 사람은 자기와 접촉이 없는 대상물에 대한 자기의 감정을 결코 알지 못합니다. 밖에 나가 활동하지 않는 한 그들에 대한 올바른 감정을 가질 수 없습니다. 마음으로 죄인들과 접촉하지 않는 사람이 어찌 그들에 대한 자신의 참된 감정을 알 수 있겠습니까? 밀실에 들어가 마음대로 상상하여 얻는 감정은 잘못된 감정에 불과합니다. 왜냐하면 그것은 실재에 의해 형성된 감정이 아니기 때문입니다. 죄인들을 향한 감정의 실재를 시험해 보기 원한다면 가서 죄인들에게 경고를 해주십시오. 그렇게 하면 당신의 감정의 실재가 드러날 것입니다.

(2) 사물의 실재에 의해 자기 마음을 시험하지 않는 한 우리는 망상과 착각에 빠지게 됩니다.

　어떤 사람이 수도원에 들어가 실재의 세계를 버리고 상상의 세계에서만 산다면 그는 완전히 상상의 피조물이 될 것입니다. 신앙생활에 있어서 마음으로 실재와 접촉하지 않는 사람들도 마찬가지입니다. 그런 사람들은 자신이 인류를 사랑한다고 생각하지만 그들에게 아무 유익도 주지 않습니다. 그들은 자신이 죄를 미워한다고 생각하지만 그것을 멸하기 위한 일을 전혀 하지 않습니다. 예를 들면 많은 사람들이 선교 사업에 대한 가상의 흥분에 의해 착각에 빠져 있습니다. 신자들이 감정적으로 크게 흥분하여 선교 사업을 위한 기도회를 개최하면서도 실제로 영혼을 구원하기 위한 일은 전혀 하지 않는 경우가 얼마나 많은지 모릅니다. 주부들이 온종일 기도회에 참석하여 세상의 회심을 위해 기도하면서도 자기 집 주방에서 일하고 있는 회개치 않은 하녀의 영혼을 구원하기 위해서는 하루에 한 번, 아니 한 달에 한 번도 이야기를 건네지 않습니다. 사람들은 자기 주위에 있는 죄인들을 위해서는 아무런 직접적인 노력을 하지 않으면서 공적인 기도회를 조직하여 이교도를 불쌍히 여기는 감정에 대해 이야기합니다. 이것은 모두 상상에서 비롯된 허구에 지나지 않습니다. 그러한 신앙심에는 아무런 현실성이 없습니다. 만일 그들이 참으로 하나님과 인간의 영혼에 대한 사랑과 진정한 경건심을 지니고 있다면 멀리 떨어진 곳에 있는 이교도들에 대한 상상에서 비롯된 감정보다는 자기 주위에 있는 실재에 대한 감정이 더욱 클 것입니다.

그들이 주위에 있는 죄인들에게 주의를 돌릴 수 있게 하지 않았기 때문이라고 말하는 것은 잘못된 것입니다. 그들은 불신자들이 맹세를 하고 안식일을 범하며 그 밖의 악을 행하는 적나라한 현실을 매일 눈으로 목격하고 있습니다. 그런데도 아무것도 느끼지 못한다면 하나님이 이방 나라들이나 그 밖의 곳에 있는 죄인들을 위해 느끼라고 요구하시는 대로 느끼는 척하는 것은 모두 헛된 짓에 불과합니다.

어떤 사람을 예로 들어 보겠습니다. 그는 상상적으로는 이교도들을 긍휼히 여기는 감정으로 가득 차 있습니다. 그런데 그를 상상에서 비롯된 허구를 떠나 실제로 이교도들이 사는 곳, 즉 프렌들리 섬이나 그 밖의 장소에 데려다 놓아 이교의 냉정하고 적나라한 현실 속에 처하게 만들면 그의 감정들은 모두 사라져 버리고 맙니다. 그는 아마도 이교도들을 향한 혐오감 등에 대해 고국에 편지를 쓸 것입니다. 이교도들의 구원에 대해 가지고 있었던 감정들은 사라지고 맙니다. 자기 집에 있는 영혼은 회심시키지 않으면서 이교도들에 대해서 많은 이야기를 하는 사람들을 볼 수 있습니다. 그것은 분명히 모두 상상에 불과합니다. 같은 언어를 사용하기 때문에 서로 이해할 수 있고, 또 이웃에게 직접 접근할 수 있는 국내에서 신앙 부흥을 촉진시키지 않는 사람들이 이방 땅에서 진정한 종교 사역을 촉진시키는 일에 전념한다는 것은 불가능합니다. 교회는 이것을 깨달아야 하며, 해외 선교를 위한 선교사들을 선출할 때에 이것을 염두에 두어야 합니다. 만일 국내의 적나라한 현실에 자극을 받지 못하면서 외국에 나가 활동하는 선교사가 수백만 명이 있다면 마귀는 비웃을 것입니다.

이런 망상은 종종 신앙부흥운동에 대해서도 나타납니다. 신앙부흥운동들에 대단히 우호적인 사람이 있습니다. 그런데 조심하여 살펴보면 그가 옹호하는 부흥운동들은 과거의 부흥운동, 이론상의 부흥운동, 먼 곳에서 일어나는 부흥운동, 또는 아직 일어나지 않은 부흥운동일 뿐 현재의 부흥운동에 대해서는 항상 초연하고 회의적인 태도를 취합니다. 그는 에드워즈 학장 시대의 부흥운동, 또는 스코틀랜드나 웨일즈에서 일어난 부흥운동에 대한 기사를 읽고는 크게 흥분하고 기뻐하며 "오, 주여! 당신의 사역을 부흥시키소서. 주여, 우리에게도 그러한 부흥운동을 허락해 주옵소서. 우리에게도 오순절의 은사를 주사 하루에 수천 명이 회개하는 역사를 이루어 주소서"라고 기도하기도 합니다. 그러나 그를 현실의 세계 속에 들어가게 만들면 어떤 부흥운동에서도 흥미를 느끼거나 참된 만족을 얻지 못합니다. 그는 마음으로 허구적인 상상을 하는 데는 익숙하여 자기의 감정을 자극시킬 상대를 만들어낼 수 있습니다. 그러나 적나라한 현실에 접할 때에는 신앙 부흥을 실제로 촉진시키는 데 협조하지 못합니다.

주님의 시대에 살고 있었던 백성들은 선지자들을 박해하는 사람들의 행위를 미워한다고 말했으며 그렇게 믿었습니다. 그들은 "만일 우리가 조상 때에 있었더라면 우리는 그들이 선지자들의 피를 흘리는 데 참여하지 아니하였으리라"고 말했습니다. 그들은 분명히 사람들이 그러한 일들을 저지를 만큼 악할 수 있는지 의아해 했습니다. 그러나 그들은 한 번도 선지자를 본 일이 없었으므로 상상에 의해 움직였습니다. 모든 예언의 중심이 되시며 가장 위대한 선지

자이신 주 예수 그리스도께서 나타나시자마자 그들은 주님을 배격하였고, 마침내 그들의 선조들이 선지자를 죽인 것보다 훨씬 냉혹하고 잔인한 방법으로 주님을 사형에 처했습니다. 그래서 주님은 "너희가 너희 조상의 분량을 채우라. 땅 위에서 흘린 의로운 피가 다 너희에게 돌아가리라"고 말씀하셨습니다.

어느 시대에든지 인류는 항상 상상의 산물인 허구를 사랑하여 그것 때문에 지옥으로 떨어졌습니다. 보편구원론자를 보십시오. 그는 어떻게 해서든지 모든 사람들을 구원하는 하나님과 모든 사람을 수용할 천국을 상상하여 자신이 만들어 낸 하나님과 자신이 상상해 낸 천국을 사랑하며, 심지어 그 사랑에 벅차 눈물을 흘리기까지 합니다. 그의 감정들은 때로 대단히 심오한 경지에 이르기도 하지만, 그것들은 진리가 아닌 허구에 의해 비롯된 것이므로 믿을 수 없습니다.

⑶ **사람은 자신으로부터 나가서 자신에게 속하지 않은 사물을 사색의 주제로 삼을수록 그만큼 더 큰 신앙심과 신앙심의 증거를 소유하게 됩니다.**

신앙심은 사랑하고, 올바르게 느끼고, 옳게 행하며, 선을 행하는 일로 이루어집니다. 그러므로 큰 믿음을 소유하기를 원한다면 결코 신앙심을 자라게 하지 못하는 방법으로 그것을 배양하여 소유하려고 생각해서는 안 됩니다. 즉 수도원으로 물러가 은둔하거나 인류와의 접촉을 피하려 해서는 안 됩니다. 만일 주 예수 그리스도께서 그러한 환경들이 신앙생활에 유익하다고 생각하셨다면 그렇게 지시하셨을 것입니다. 그러나 주님은 그렇게 하는 것이 좋지 않음을 알고 계셨습니다. 따라서 주님은 있는 그대로의 환경 속에서 행하라고 명하셨으며, 사람들은 수많은 사랑의 대상과 선행의 기회를 누리게 되었습니다. 만일 우리가 스스로의 한계를 벗어나 이러한 사물에 마음을 기울인다면 우리의 신앙심은 반드시 성장하게 되고 만족스러운 증거들을 더욱 많이 얻게 될 것입니다.

⑷ **종교적 의무를 행하기 위해 밀실에 들어가 거하는 것은 자기 성찰의 일부분에 지나지 않습니다. 즉 과거의 행동을 돌아보고 냉정하게 그 행동의 동기를 살펴보기를 원할 때에 하는 일입니다.**

그런 경우에는 흔히 우리의 생각들을 정리하고 다른 일들을 마음에서 제거하며 이제까지 행해 온 일들과 행동의 동기들을 돌아보고 그것에 주의를 기울일 필요가 있습니다. 이것을 효과적으로 하기 위해서는 종종 조용한 곳에 은둔하고 금식하고 기도할 필요가 있습니다. 때로는 연상의 원리에 호소하여 도움을 청하지 않고서는 우리가 조사해 보려는 것을 생생하게 회상할 수 없는 경우가 있습니다. 우리가 과거의 장면들을 회상해 내려고 해보아도 혼동되고 캄캄할 때가 있습니다. 그러다가 하나의 관련된 생각이 떠오르게 되면 차츰 모든 장면이 선명하게 드러납니다. 내가 어떤 거래에 관련

되어 법정에 증인으로 소환되었다고 가정해 보십시오. 때로는 내가 그 장소에 가기만 해도 거기서 발생했던 일을 생생하게 떠올릴 수 있으며, 그리고 나면 모든 상황이 마치 어제 일처럼 떠오르게 될 것입니다. 그러므로 지난날의 일들을 다시 살피는 문제에 있어서 우리는 스스로를 폐쇄시키거나 긴 시간의 묵상 또는 금식을 하지 않고서도 연상된 개념들을 일깨울 수 있는 특정한 환경에 들어감으로써 과거의 느낌들을 다시 불러낼 수 있습니다.

예를 들어 어떤 목사님이 몇 년 전에 자신이 설교를 어떤 정신으로 했으며 어떻게 느꼈는지 회고하려 한다고 가정해 보십시오. 그는 자신이 얼마나 참된 신앙심을 가지고 노력했는지 알기를 원합니다. 물론 그가 밀실에 들어가 무릎을 꿇고 기도함으로써 성령의 도움을 받아 많은 것을 얻을 수 있을 것입니다. 그러나 그가 과거 설교했던 장소에 가서 다시 설교해 본다면 훨씬 효과적으로 그것을 기억할 수 있을 것입니다. 이렇게 함으로써 과거의 심령상태가 떠올라 그의 마음에 확실한 현실로 나타나게 될 것입니다.

(5) 당신 자신을 살펴보는 데 있어서 기독교인들에게 역사하는 모든 은혜가 단번에 당신의 마음속에서 발견되기를 기대하지 마십시오.

이것은 마음의 본질에 역행하는 것입니다. 만일 당신의 마음의 활동이 올바르다는 것을 발견하려면 자신의 마음 앞에 있는 주제에 만족해야 합니다. 만일 당신이 옳지 않은 생각을 가지고 있다면 그것은 별개의 문제이겠지만, 만일 그 당시 당신의 감정들이 옳다는 것을 발견한다면 옳지 못한 결론을 이끌어 내지 마십시오. 왜냐하면 다른 올바른 감정이 현재 활동하지 않을 수도 있기 때문입니다. 인간의 마음은 한 번에 일련의 연속적인 감정들만 소유하게 되어 있습니다.

(6) 이 주제로부터 판단하여 왜 사람들은 종종 다른 사람들이 느끼는 것만큼 느끼지 못하는지 알 수 있습니다.

그것은 그들이 감정을 산출해 내기에 적당치 못한 과정을 택하기 때문입니다. 물론 그들은 느끼기는 하지만 올바른 주제들에 대해 느끼는 것이 아닙니다. 인간은 항상 어떤 주제들에 대해 무엇인가를 느낍니다. 그런데 그들이 종교적인 주제들에 대해 심오하게 느끼지 못하는 이유는 그러한 주제에 주의를 집중하지 않기 때문입니다.

(7) 진정한 기독교인들의 수행(修行)이 다양한 이유를 알 수 있습니다.

어떤 기독교인들은 항상 행복한 종류의 느낌들을 소유합니다. 그런가 하면 어떤 신자들은 주로 슬프고 고통스러운 종류의 감정들을 소유합니다. 그들은 거의 항상 죄인들을 위해 고통을 느낍니다. 이처럼 이들의 느낌이 다른 까닭은 서로가 다른 대상물을 생각하고 있기 때문입니다. 전자에 속하는 신자들은 자신을 행복하게 해주기에 적당한 대상물을 생각합니다. 그러나 후자는 교회나 죄인들의 상태를 생각하며, 마치 무거운 짐을 진 사람이나 큰 산을 어깨에 멘 사람처럼 그 무게에 짓눌립니다. 이들 양자는 모두 경건한 신자들이며, 그들이 바라보는 대상물을 고려할 때에 양자의 감정들이 모두 옳습니다. 사도 바울은 형제들을 인하여 항상 답답하고 슬픔을 느꼈습니다. 물론 그의 감정은 옳은 것입니다. 구세주를 배격한 형제들의 일이 그의 생각의 대상이었으며, 그들이 스스로 자초한 무서운 진노와 그들에게 드리워져 있는 운명이 항상 그의 마음에 걸려 있는데 그가 어찌 슬퍼하지 않을 수 있겠습니까?

⑻ 이 두 부류의 신자들이 미치는 영향을 각기 유익을 주는 면에서 관찰해 보십시오.

일반적으로 대단히 쾌활하고 행복한 신자가 유익한 신자는 아닙니다. 일반적으로 그런 신자들은 종교의 달콤함을 누리는 데에 빠져서 행함이 별로 없습니다. 우리는 주로 이런 주제들에 관한 설교를 하여 신자들로 하여금 행복한 신앙생활을 하게 하는 목회자들을 볼 수 있습니다. 그런 목회자들은 성도들의 원기를 회복시켜 주고 덕을 쌓게 만들고 만족시켜 주기는 하지만 많은 죄인들을 회심시키는 데에는 도움을 주지 못합니다. 반면에 항상 죄인들의 상태를 보고 깊은 고통에 가득 차 있는 목회자들도 발견할 수 있습니다. 이들은 대체로 죄인들의 회심에 도움이 됩니다. 그 이유는 간단합니다. 이 두 부류의 목회자들은 모두 진리를 전파합니다. 양자가 모두 복음을 전파하되 그 비중이 다릅니다. 그리고 그에 따라 일깨워진 감정도 그들이 전파한 것과 일치하게 되는 것입니다. 이들의 차이점은 전자는 성도들에게 위안을 주며, 후자는 죄인들을 회심시킨다는 것입니다.

우리는 항상 행복한 신자들을 볼 수 있습니다. 그들은 함께 있기에 기분 좋은 동료이지만 죄인들을 지옥불로부터 끌어내는 일에는 거의 참여하지 않습니다. 반면에 죄인들의 상태를 보고 영혼들을 회심시키기를 갈망하여 항상 고통하는 사람들도 볼 수 있습니다. 그들은 이 땅에서 천국을 미리 맛보기보다는 이 땅에 계셨던 하나님의 아들과 공감하며 그의 마음으로 신음하고 온 밤을 기도로 지새웁니다.

(9) 진정한 신앙 부흥의 정신은 죄인들을 위해 기도하며 그들의 회심을 갈망하는 정신입니다.

(10) 우리는 자신의 감정을 때에 따라 다르게 설명한다는 것을 알 수 있습니다.

사람들은 종종 자신이 어떤 감정을 느낄 때에 왜 그렇게 느끼는지 의아해 합니다. 그 대답은 간단합니다. 자신이 그렇게 생각하기 때문에 그렇게 느끼는 것입니다. 그러한 감정들을 유발하기에 적절한 사물에 주의를 기울이기 때문입니다.

(11) 우리는 사람들의 감정이 왜 그처럼 잘 변하는지 알 수 있습니다. 감정이 항상 변하며 불안정한 사람들이 많습니다. 그것은 그들의 생각이 불안정하기 때문입니다. 만일 그들이 생각을 집중시킨다면 감정도 제어할 수 있을 것입니다.

(12) 우리는 자기의 마음에 자신이 원하는 감정의 상태를 낳는 방법과 다른 사람들의 마음에 우리가 원하는 감정의 상태를 품게 하는 방법을 알 수 있습니다. 원하는 감정들을 일으키기에 적당한 주제에 생각을 집중시키십시오. 그러면 반드시 원함이 그 뒤를 따를 것입니다.

(13) 많은 경건한 신자들이 의심 때문에 종교에 욕을 돌리고 있습니다. 그들은 항상 자기의 의심에 대해 이야기하며 자기에게는 신앙심이 없다고 성급한 판단에 사로잡힙니다. 만일 그들이 의심에 사로잡히지 않고 예수 그리스도와 그 밖의 다른 경건한 주제에 주의를 집중하거나 밖에 나가 죄인들을 찾아 회개시키려 노력한다면 그들은 올바른 감정을 소유하게 될 것이며, 그 감정이 그들의 의심까지도 종식시키게 될 것입니다. 이렇게 하지 않고서 올바른 감정을 느끼게 되기를 기다려서는 안 됩니다. 내가 말한 것 중에 어떤 것들은 올바르게 느끼지 못하고서는 결코 하나님을 위한 일을 할 수 없다는 것이었습니다. 그렇다고

해서 우리가 올바르게 느꼈다고 만족할 때까지 가만히 앉아서 아무 것도 하지 말아야 한다고 결론짓지 마십시오. 올바르게 느낄 수 있는 환경에 자신을 두고 일을 하십시오. 아무 느낌도 없이 부산하게 돌아다니는 것이나 밀실에 홀로 들어앉아 느낌이 올 때까지 기다리는 것이나 마찬가지입니다. 항상 적극적으로 활동하십시오. 그렇지 않으면 결코 올바른 느낌을 가질 수 없습니다. 그리고 나서 종교적인 감정들을 일으키고 살아있게 만들기에 적당하다고 생각되는 대상물들의 영향력 아래 마음을 두십시오.

제8장

이기심

> "자기의 유익을 구하지 아니하며…"
> -고전 13:5 -

기독교의 사랑은 자기의 유익을 구하지 않습니다. 오늘의 주제는 "자기의 행복에 대한 지나친 배려는 참 신앙과 조화를 이루지 못한다"입니다.

이것은 내가 설명하고 있는 일련의 주제들 중에 으뜸가는 주제입니다. 자신의 행복에 관심을 기울이는 것이 참 신앙이라고 주장하는 신자들이 많다는 것을 알게 되었으므로 이 문제를 자세하게 살펴보며, 진리라고 생각되는 것에 대한 몇 가지 논거를 제공할 필요가 있다고 생각합니다.

1. 자신의 행복에 지대한 관심을 기울이는 것은 신앙심이 아니라는 명제가 의미하지 않는 것을 말하겠습니다.

2. 이 명제가 의미하는 것을 말하겠습니다.

3. 이 명제를 증명하겠습니다.

1. 이 명제가 의미하지 않는 것은 무엇인지 알아보겠습니다.

(1) 논쟁의 주안점은 우리 자신의 행복에 관심을 갖는 것이 과연 정당한 일이냐 아니냐가 아닙니다.

오히려 자신의 행복의 참된 가치에 합당하게, 그리고 다른 이익들과 비례하여 적당한 관심을 기울이는 것이 우리의 임무라고 주장합니다. 하나님은 "네 이웃을 네 자신같이 사랑하라"고 명령하셨습니다. 이것은 우리가 이웃에 대한 관심을 기울이는 것과 같은 기준으로 자신을 사랑하거나 자신의 행복에 관심을 기울이는 것이 의무임을 분명히 밝혀 줍니다.

(2) 이 명제는 하나님의 약속들과 경고들을 우리에게 영향을 주는 것으로 여겨 관심을 기울이지 말아야 한다는 의미가 아닙니다.

하나님의 약속들과 악에 대한 경고들은 우리 자신의 유익의 상대적인 가치에 따라 우리에게 영향을 미치는 것으로 여기는 것이 옳습니다. 그러나 우리에 대한 경고는 많은 사람들에 대한 경고만큼 중요하지 않다는 것을 모르는 사람이 어디 있습니까? 당신 개인에게 악에 대한 경고가 임했다고 가정해 보십시오. 그것은 당신 가족

자체에게 임한 경고만큼 중요하지 않습니다. 그러면 그 경고가 전체 교인들이나 국가, 또는 온 세계에 미친다고 가정해 보십시오. 따라서 개인의 행복도 중요하지만 그것을 우선적인 것으로 생각해서는 안 된다는 것을 쉽게 알 수 있습니다.

나는 목사입니다. 하나님이 나에게 "만일 네가 의무를 행하지 않으면 지옥에 보낼 것이다"라고 말씀하셨다고 가정해 보십시오. 그것은 대단히 큰 악이므로 나는 그것을 피해야 합니다. 그러나 하나님이 "만일 네 교인들이 의무를 행하지 않는다면 그들은 모두 지옥에 던져질 것이다. 그러나 만일 네가 너의 의무를 충실히 이행한다면 너는 모든 교우들을 구원하게 될 것이다"라고 말씀하셨다고 생각해 보십시오. 내가 모든 신자들을 지옥에 보내게 된다는 두려움과 같은 정도의 두려움을 나 자신에게 임할 악에 대해서도 느껴 그 영향을 받아야 옳을까요? 결코 그렇지 않습니다.

(3) 이것은 일시적인 현세의 유익보다 영원한 유익을 추구해야 하느냐의 문제가 아닙니다.

우리가 현세의 일시적인 유익보다 영원한 이익을 보다 중요하게 여겨야 한다는 것은 성경에서도 가르치고 있고 나 자신도 그렇게 믿고 있습니다.

성경에 "썩을 양식을 위하여 일하지 말고 영생하도록 있는 양식을 위하여 하라"고 기록되었습니다(요 6:27). 이것은 우리의 영원한 생명과 비교해 볼 때 현세에서의 유익을 중요하게 여기거나 귀한 것으로 여겨서는 안 된다는 것을 가르쳐 줍니다.

또 주님은 "너희를 위하여 보물을 땅에 쌓아 두지 말라 거기는 좀과 동록이 해하며 도둑이 구멍을 뚫고 도둑질하느니라 오직 너희를 위하여 보물을 하늘에 쌓아 두라 거기는 좀이나 동록이 해하지 못하며 도둑이 구멍을 뚫지도 못하고 도둑질도 못하느니라"(마 6:19-20)고 말씀하셨습니다. 이 말씀도 역시 현세의 유익보다는 영원한 이익을 선택하라는 의무를 부과하는 말씀입니다.

또 한 가지 말하겠습니다. 예수께서 제자들을 둘씩 짝지어 각처로 보내시어 복음을 전파하고 기적을 행하게 하셨을 때 제자들은 기쁨과 환희에 차서 돌아왔습니다. 왜냐하면 마귀들까지도 그들의 능력에 항복하는 것을 발견했기 때문입니다. 그들이 "주여 주의 이름이면 귀신들도 우리에게 항복하더이다"라고 말하자 주님은 "귀신들이 너희에게 항복하는 것으로 기뻐하지 말고 너희 이름이 하늘에 기록된 것으로 기뻐하라"(눅 10:20)고 말씀하셨습니다.

이 말씀에서 주님은 우리가 현세에서 큰 권력, 심지어 마귀들까지도 지배하는 권위를 누리는 것보다 우리의 이름이 하늘나라에 기록되는 것이 더욱 좋은 일이라고 가르치셨습니다. 성경은 현세의 유익보다 영원한 선을 구하라고 가르치고 있습니다. 그러나 이것은 개인의 영원한 유익을 최고 관심의 대상으로 하라는 주장과는 다릅니다.

⑷ 이 명제는 희망과 두려움이 우리의 행위에 영향을 미치면 안 된다는 의미가 아닙니다.

이 명제에서 함축하고 있는 것은 우리가 희망이나 두려움의 영향을 받을 때 우리의 희망이나 두려움의 대상들은 그것의 참된 가치에 따라 다른 유익들과 비교되어야 한다는 것입니다.

⑸ 이것은 성경에서 언급된바 어느 정도는 희망과 두려움의 영향을 받거나, 상급을 기대하거나, 자기 앞에 놓인 기쁨을 기대하는 사람들의 행위가 과연 옳은 것인지를 묻는 것이 아닙니다.

그것은 인정됩니다. 노아는 두려움 때문에 방주를 지었습니다. 그러나 그를 감동시킨 주요 동기가 자신이 물에 빠져 죽을지도 모른다는 두려움이나 개인적인 안전에 대한 두려움이었습니까? 성경에 그렇게 기록되지 않았습니다. 그는 가족의 안전을 염려했고, 모든 인류와 거기에 의존하고 있는 유익의 파멸을 더욱 염려했습니다.

과거에 선한 사람들이 희망과 두려움의 영향을 받았다는 사실을 우리는 인정할 수 있습니다. 그러나 이 주제와 관련시켜 보면 그들의 지배적 동기가 사적인 유익을 고려한 희망이나 두려움이었음을 밝혀야 합니다. 그런데 성경 어디에서도 이것을 인정하지는 않습니다. 그들은 약속들과 위협의 영향을 받았다는 것은 맞는 말입니다. 그렇지 않았다면 그들이 십계명 중 제 2계명, "네 이웃을 네 몸과 같이 사랑하라"는 말씀에 순종할 수 없었을 것입니다.

2. "자신의 유익에 최고의 관심을 두는 것은 참된 신앙심과 일치하지 않는다"는 이 명제가 의미하는 것은 무엇인지 알아보겠습니다.

이것은 자신의 행복에 최고의 관심을 두는 것이 과연 신앙심인가를 묻는 것입니다. 이것은 우리가 다른 모든 사람들의 저주 및 그로 말미암는 하나님의 치욕보다 자신의 저주를 더 두려워해도 좋은가 하는 것입니다. 그리고 우리가 다른 모든 사람들의 행복과 하나님의 영광을 확보하기보다 자신의 행복을 확보하려는 목적을 가져도 되느냐는 문제입니다. 또 이렇게 행하는 것이 과연 참된 종교의 명령에 따른 행동인지, 참 종교와 일치하지 않는지를 묻는 것입니다. 이것은 참으로 필요한 질문이므로 항상 명심하며 지금까지 언급했던 다른 요점들과 혼동하지 말아야 합니다.

3. 이 명제를 증명해 보겠습니다.

자신의 행복에 최고의 관심을 두는 것이 참된 신앙심과 조화를 이루지 못한다는 명제를 증명하기에 앞서 모든 참된 종교는 하나님과 같이 되며 하나님과 같은 원리와 근거에 입각하여 다양한 대상물에 대해 하나님과 동일한 감정들을 소유하는 데 있다는 것을 살펴보려 합니다. 온전한 정신을 지닌 사람이라면 이것을 부인하지 않으며 부인할 수도 없을 것입니다.

(1) 자신의 행복을 최고의 관심사로 여기는 것은 하나님의 본을 따른 것

이 아니라 전혀 하나님과 같지 않게 되는 일입니다.

성경은 "하나님은 사랑이다"라고 말합니다. 그 밖의 모든 하나님의 도덕적인 속성들, 예를 들면 공의, 자비 등은 하나님의 사랑의 변형에 불과합니다. 하나님의 사랑은 두 가지 형태로 나타납니다. 하나는 자비, 선한 의지, 또는 이웃의 행복을 바라는 것 등입니다. 또 하나는 이웃들의 성품을 인정하거나 거기에 만족하는 것입니다. 하나님은 자비하시므로 행복하게 될 수 있는 모든 존재에게 관심을 두십니다. 이것은 보편적인 사랑입니다. 또 하나님은 모든 거룩한 존재들에게 사랑을 발휘하십니다. 다시 말해서 하나님은 이웃을 자기 몸처럼 사랑하십니다. 하나님은 하나님 자신의 유익에 관심을 두시듯이 모든 존재들의 유익에도 그것들의 상대적인 가치에 따라 관심을 두십니다. 하나님은 자신의 행복이나 영광을 지고의 선으로서 추구하십니다. 그러나 그것이 하나님 자신의 것이기 때문이 아니라 지고의 선이기 때문에 그렇게 하시는 것입니다. 무한하신 존재이신 하나님의 행복의 총체는 모든 다른 존재나 모든 유한한 피조물의 행복의 총체보다 큽니다.

비슷한 예를 들어 보겠습니다. 짐승을 사랑하는 사람이 말과 함께 강에 빠졌습니다. 이 사람이 말을 구하기 위해 자신이 물에 빠져 죽는다면 그것이 과연 참된 사랑입니까? 그렇지 않습니다. 어쩔 수 없는 상황이라면 말은 죽더라도 내버려두고 먼저 자신을 구하는 것이 공평한 사랑일 것입니다. 이는 그의 행복이 말의 행복보다 훨씬 중요하기 때문입니다. 하나님과 모든 피조물의 차이는 사람과 말, 또는 높은 천사와 비천한 곤충의 차이보다 큽니다.

따라서 하나님은 모든 피조물의 행복을 정확히 그것들의 참된 가치에 따라 고려하십니다. 그러므로 우리도 똑같이 행하지 않는 한 하나님을 닮을 수 없습니다. 우리가 하나님을 닮았다면 하나님이 행하시는 것처럼 하나님의 행복과 영광을 고려해야 합니다. 즉 우주에 있는 다른 모든 것을 능가하는 지고의 선으로 여겨야 합니다. 만일 하나님의 행복보다 우리 자신의 행복을 더 원한다면 우리는 전혀 하나님을 닮지 않은 것입니다.

(2) 자기의 행복을 최고의 목표로 삼는 것은 참 기독교의 정신에 어긋나는 일입니다. 그것은 그리스도의 정신과 반대가 됩니다.

우리는 "누구든지 그리스도의 영을 갖지 않으면 그의 백성이 아니라"는 말씀을 듣습니다. 그리고 성경에는 주님이 자기의 영광을 구하지 않으셨다고 거듭 기록되어 있습니다. 그러면 주님은 무엇을 추구하셨습니까? 주님 자신의 구원이었습니까? 그렇지 않습니다. 주님이 추구하신 것은 인간의 구원을 통한 성부 하나님의 영광과 우주의 유익이었습니다. 주님은 자신의 유익을 위해 세상에 오신 것이 아니라 순전한 사랑, 하나님 나라의 유익을 위해 오셨습니다. 이것이 주님 앞에 놓인 기쁨입니다. 이것 때문에 주님은 십자가를 지시고 수치를 당하셨습니다. 이처럼 자신을 버려 인류의 구원을 위해 애쓰시고 고난당하심으로써 주님은 위대한 선을 행하실 수 있었습니다.

⑶ **자신의 행복을 추구해야 할 최고의 목표로 여기는 것은 하나님의 법에 반대됩니다.**

이것은 앞에서도 언급한 바 있습니다. 이것을 보다 완전하게 설명하기 위해서 다시 언급하겠습니다. 율법의 개요는 "네 마음을 다하고 목숨을 다하고 뜻을 다하여 주 너의 하나님을 사랑하라…네 이웃을 네 자신과 같이 사랑하라"는 것입니다. 우리에게 요구된 큰일은 하나님과 인간에 대한 사랑입니다. 무엇보다 우선적인 일은 하나님의 영광과 행복을 사랑하는 일입니다. 왜냐하면 그것은 무한히 사랑스럽고 바람직하며 지고한 선이기 때문입니다. 어떤 사람들은 하나님의 행복은 이미 확보되었으므로 그것을 구하는 것은 우리의 의무가 아니라는 반론을 폅니다. 예를 들면 영국의 왕은 전혀 나와 관계가 없으며 그의 행복은 내가 없어도 확보됩니다. 그렇다고 해서 그가 잘되고 행복하기를 바랄 내 의무가 조금이라도 줄어듭니까? 하나님은 피조물과는 아무 관계가 없이도 스스로 행복하시다는 사실, 그것이 우리가 그분의 행복을 사랑하고 그것을 즐거워해서는 안 될 이유가 됩니까?

우리는 하나님의 율법에 의해 하나님을 만족하시게 해야 합니다. 왜냐하면 하나님은 지극히 거룩하시기 때문입니다.

율법은 우리가 자신에게 사랑과 선의를 베풀듯이 이웃에게도 사랑과 선한 의지를 발휘해야 한다고 명합니다. 즉 우리 자신의 유익과 이웃의 유익을 각기 그 상대적인 가치에 따라 추구하라고 명합니다. 그러므로 하나님의 율법의 개요는 하나님께 사랑을 발휘하고, 모든 존재들에 대해서도 그것들의 상대적 가치에 따라 사랑을 베풀며, 모든 거룩한 것에서 만족을 느끼라는 것임을 알 수 있습니다. 우리 자신의 행복을 절대적인 것으로 고려하거나 그것을 최고의 목적으로 삼아 추구하는 것은 하나님의 율법의 문자 및 정신에 반대됩니다.

(4) 자기의 행복을 최고의 목표로 삼는 것은 복음의 정신에 어긋납니다.

사도 바울은 고린도전서 13장에서 "내가 사람의 방언과 천사의 말을 할지라도 사랑이 없으면 소리 나는 구리와 울리는 꽹과리가 되고 내가 예언하는 능력이 있어 모든 비밀과 모든 지식을 알고 또 산을 옮길 만한 모든 믿음이 있을지라도 사랑이 없으면 내가 아무것도 아니요 내가 내게 있는 모든 것으로 구제하고 또 내 몸을 불사르게 내줄지라도 사랑이 없으면 내게 아무 유익이 없느니라"(고전 13:1-3)고 했습니다.

사랑이 참된 신앙생활에 없어서는 안 될 필수 요소라는 것을 사도 바울은 이처럼 강력하게 표현했습니다. 참 사랑이 없는 사람은 무가치한 사람입니다.

바울은 계속해서 참 사랑의 특성들을 밝힙니다.

"사랑은 오래 참고 사랑은 온유하며 시기하지 아니하며 사랑은 자랑하지 아니하며 교만하지 아니하며 무례히 행하지 아니하며 자기의 유익을 구하지 아니하며 성내지 아니하며 악한 것을 생각하지 아니하며 불의를 기뻐하지 아니하며 진리와 함께 기뻐하고 모든 것을 참으며 모든 것을 믿으며 모든 것을 바라며 모든 것을 견디느니라"(고전 13:4-7).

여기에서 사랑의 주요 특성 중의 하나를 찾아볼 수 있으니 "사랑은 자기의 유익을 구하지 아니합니다." 만일 이것이 참 신앙이며 이것 없이 참 신앙이 있을 수 없다면, 참 신앙의 특성 중 하나는 "자기의 유익을 구하지 않는 것"입니다.

주석 성경에서 이러한 인용문들을 찾아볼 수 있으며, 동일한 사실을 가르치는 많은 구절들을 발견할 수 있을 것입니다. 그것 중 한 가지 예를 들어 보겠습니다. "자기 목숨을 얻는 자는 잃을 것이요"(마 10:39). 이 말씀은 사람이 자기의 유익을 최고의 목표로 삼으면 자기의 유익을 잃어버리게 된다는 것을 하나님 통치의 확정된 원리로 제시합니다.

고린도전서 10장 24절에서도 동일한 것을 가르칩니다: "누구든지 자기의 유익을 구하지 말고 남의 유익을 구하라." 여기에서 "유익"을 "행복", "번영" 또는 "부"라는 단어로 바꾸어 써도 괜찮을 것입니다. 또 10장 33절에서는 "나와 같이 모든 일에 모든 사람을 기쁘게 하여 자신의 유익을 구하지 아니하고 많은 사람의 유익을 구하여 그들로 구원을 받게 하라"고 가르칩니다.

그러므로 우리가 자신의 유익을 최고의 목표로 삼는 것은 율법과 복음에 어긋나는 일이 됩니다.

(5) 그것은 양심에 어긋나는 일입니다.

일반적으로 인류의 양심은 우리가 자기의 유익에 최대의 관심을 두는 것이 덕이 아니라고 규정합니다. 인간은 하나님을 섬기며 인류에게 유익을 주는 것이 옳은 일이요, 자기의 유익만을 구하는 것은 옳지 않은 일이라는 것을 알고 있습니다. 그들은 각 사람이 자기의 행복을 최고의 목표로 삼아 구하는 것을 천하고 멸시받을 일로 간주하여 왔습니다. 따라서 사람들이 이기심을 감추고 관대한 것처럼 보이기 위해 무척 수고하고 있다는 것도 우리는 알고 있습니다. 사람의 양심이 이상하게도 죄에 의해 무디어지거나 거짓된 가르침 때문에 왜곡되어 있지 않는 한 다른 사람의 유익보다 자기의 유익을 더 중요하게 여기는 것이 죄악임을 모를 수는 없습니다.

(6) 그것은 바른 이성에 어긋나는 일입니다.

올바른 이성은 우리에게 모든 일들을 각기 그 진정한 가치에 따라 고려하라고 가르쳐 줍니다. 하나님도 이렇게 행하십니다. 우리도 그와 같이 행해야 합니다. 하나님은 우리로 하여금 사물의 상대적 가치를 비교하고 평가할 수 있게 하려는 목적으로 이성(理性)을 주셨습니다. 이성은 우리가 사물을 그 참된 가치에 따라 고려하도록 가르친다는 사실을 부인하는 것은 이성을 조롱하는 것입니다. 그러므로 자기의 유익을 지고의 목표로 하여 선호하는 것은 이성에 어긋나는 일입니다.

(7) 그것은 상식에 어긋나는 일입니다.

인류의 상식은 이 문제에 대해 어떤 결정을 내릴까요? "애국심"과 관련된 인류의 상식을 살펴보십시오. 어떤 사람이 조국을 위해 싸웠다 해도 그의 목표가 자기의 유익을 촉진하기 위한 것이었다면 결코 그를 참된 애국자라고 여기지 않습니다. 만일 그가 조국을 위해 싸웠으나 그 목표가 스스로 왕위에 오르려는 것임이 드러났다고 가정해 보십시오. 사람들이 그를 애국자라고 하겠습니까? 그렇지 않을 것입니다. 워싱턴처럼 조국과 조국의 유익을 위해 사심 없이 싸울 때에 모든 사람들은 그것을 진정한 애국심이라고 인정합니다. 인류의 상식은 이웃의 유익보다 자신의 유익을 구하고 선호하는 정신을 비난해 왔습니다. 모든 사람들이 그렇게 여기고 있습니다. 그렇지 않다면 왜 모든 사람들은 사심이 없고 공평한 것처럼 보이기 위해 안절부절못하는 것일까요?

⑻ **그것은 우리 마음의 구조와 어긋납니다.**

 이것은 우리가 본성적으로 자기의 행복을 최고의 목표로 구하지 못한다는 의미가 아닙니다. 우리는 본성적으로 그렇게 행하더라도 그것을 얻을 수 없게 되어 있습니다. 앞에서 말한 바와 같이 행복이란 욕망의 충족입니다. 우리는 항상 무엇을 바라고 있으며, 바라는 대상물을 얻어야 만족합니다. 어떤 사람이 행복을 구하고 있다고 가정해 보십시오. 그러나 그의 갈망의 대상이 그림자처럼 항상 그의 앞에 놓여 있어서 그가 그것을 잡으려고 빨리 달려가면 그것도 그만큼 빨리 달아나 버립니다. 행복은 얻고자 하는 목표의 달성과 불가분의 관계에 있습니다. 백만 원을 원하는 사람의 욕망은 그것에 묶여 있으므로 그 욕망이 충족될 때에 행복을 느낍니다. 그러나 내가 시계나 옷, 그 밖의 물건들을 사기 위해 백만 원을 원한다면, 그 물건들을 구입하여 소유해야만 그 욕망이 충족됩니다. 그러나 내가 원하는 것이 나 자신의 행복이라면 백만 원을 소유해도 행복을 느끼지 못할 것입니다. 왜냐하면 돈이 내 욕망을 충족시킬 수 없기 때문입니다. 하나님은 사물을 조성하셨으며 우리의 마음에 그러한 법칙들을 부여하셨습니다. 이러한 우리 마음의 구조가 공평한 사랑을 베풀어야 할 의무를 지적해 주는 것입니다. 하나님은 인간들이 사심이 없고 공평하게 행하는 것과 비례해서만 행복하도록 만드셨습니다.

 두 사람이 길을 가다가 차에 치어 피를 흘리며 쓰러져 있는 사람을 만났습니다. 그들은 그를 일으켜 병원으로 데리고 갔고, 그 사람은 살아났습니다. 이때 두 사람이 느끼는 만족은 그 사람의 소생을 얼마나 강하게 원했느냐에 비례합니다. 만일 그중 한 사람이 그 사람을 불쌍히 여기거나 그의 고통에 관심을 갖지 않았다면 그리 큰 만족을 얻지 못할 것입니다. 그러나 만일 그가 그 불쌍한 사람의 소생을 갈망하여 고통을 느꼈다면 그의 만족도 그만큼 클 것입니다. 이 불쌍한 사람의 소생을 전혀 바라지 않았던 제3의 인물이 있었다고 가정해 보십시오. 물론 그 사람에게 있어서 이 사람의 소생은 만족이 될 수 없을 것입니다. 어쩌면 그는 이 사람을 그대로 지나쳐 죽게 내버려둘 수도 있을 것입니다. 이로 미루어 보면 행복은 우리의 욕망이 바라던 대상을 얻음으로써 충족되는 데 비례한다는 것을 알 수 있습니다.

욕망의 충족으로 완전한 행복을 누리려면 욕망 자체가 선한 것이어야 합니다. 욕망이 이기적일 때에는 마음에 갈등이 생기기 때문에 만족에도 고통이 섞입니다.

이것이 완전한 진실이라는 것은 의식의 문제이며, 우리가 소유하고 있는 가장 고귀한 종류의 증언에 의해 증명됩니다. 이것을 부인하는 것은 어리석게도 하나님이 우리에게 하나님께 복종함으로써 행복을 느끼는 것을 허락하지 않는 마음의 구조를 주셨다고 비난하는 것과 마찬가지입니다.

(9) 자기의 유익을 최고의 목표로 삼는 것은 자신의 행복과 조화를 이루지 못합니다.

이것은 앞에서 말한 것의 결과입니다. 인간은 일종의 즐거움을 누릴 수는 있지만 참된 행복을 누릴 수는 없습니다. 선한 욕망의 충족에서 비롯되지 않은 즐거움은 믿을 수 없는 망상에 불과합니다. 인류가 행복을 얻으려고 갈망해도 발견하지 못하는 이유는 자신의 유익을 구하기 때문입니다. 만일 하나님의 영광과 우주의 유익을 최고의 목표로 삼고 구한다면 행복이 그들의 뒤를 따라올 것입니다.

(10) 그것은 대중의 행복과 조화를 이루지 못합니다.

만일 모든 사람이 각기 자신의 행복을 주요 목표로 삼는다면 이들의 이해관계들이 서로 충돌하게 될 것이며, 일련의 세계적인 이기심의 결과로 세계대전과 같은 혼란이 따르게 될 것입니다.

(11) 자기의 유익을 구하는 것이 참 신앙이라고 주장하는 것은 모든 참 성도들의 경험을 반박하는 일입니다.

참 성도들은 최고의 행복이 자기를 버리고 하나님의 영광과 이웃의 유익에 관심을 두는 데 있다는 것을 알고 있습니다. 이것을 모르는 사람은 성도라 할 수 없습니다.

(12) 이것은 이기적인 신앙심을 가졌다가 자기의 잘못을 발견하고 참된

신앙을 회복한 사람들의 경험과 일치하지 않습니다.

이것은 흔히 있는 일입니다. 나는 이러한 예를 많이 알고 있습니다. 우리 교회의 몇몇 신자들도 최근에 이러한 사실을 발견해 냈습니다. 그들은 사랑이야말로 참 신앙이라는 것을 경험으로 알게 되었습니다.

(13) 이것은 회개치 않은 사람들의 경험과 반대가 됩니다.

회개하지 않은 죄인들은 자신이 자기의 유익을 최고의 목표로 삼고 있다는 것, 또 참 신앙을 소유하지 못하고 있다는 것을 알고 있습니다. 그의 양심이 그를 비난한다는 사실은 바로 그가 하나님의 영광을 구하지 않고 자기의 유익을 구하고 있다는 것을 나타냅니다.

상황을 뒤집어서 자기의 행복을 최고의 관심사로 삼는 것이 참 신앙이라고 가정하고 그 결과를 살펴보십시오.

(1) 하나님이 거룩하지 못하다는 결론이 나옵니다.

다시 말해서 자기의 유익을 구하는 것이 참 신앙이라면, 하나님은 거룩하지 못하다는 결론이 됩니다. 하나님은 자기의 행복에 관심을 기울이십니다. 그러나 그것이 하나님 자신의 것이기 때문이 아니라 가장 위대한 선이기 때문입니다. 하나님은 사랑이십니다. 만일 사랑이 참 신앙이 아니라면 하나님의 본질이 바뀌어야 합니다.

⑵ **하나님의 법이 바뀌어야 합니다.**

만일 자기의 행복에 최대의 관심을 기울이는 것이 참 신앙이라면 율법은 이렇게 기록되어야 할 것입니다. "네 마음을 다하고 목숨을 다하고 뜻을 다하여 너 자신을 사랑하라. 그리고 하나님과 네 이웃을 너보다 훨씬 덜 사랑하라."

⑶ **복음이 뒤집혀야 합니다.**

"너희가 먹든지 마시든지 무엇을 하든지 다 하나님의 영광을 위하여 하라"는 말씀 대신 "무엇을 하든지 너희 자신의 행복을 위하여 하라"가 되어야 합니다. "자기 목숨을 얻는 자는 잃을 것이요"라는 말씀은 "자기 목숨을 위해 애쓰는 자는 얻을 것이요 사랑이 많아서 이웃의 유익을 위하여 제 목숨을 잃기 원하는 자는 잃을 것이요"가 되어야 할 것입니다.

⑷ 인간의 양심은 이기심에 호의를 보이며, 공평무사한 사랑 및 그와 유사한 것들은 모두 질책하고 정죄하는 것으로 변화되어야 할 것입니다.

⑸ 이성은 사물들을 그것들의 상대적 가치에 따라 평가하지 않고, 하나님과 우주의 지대한 유익보다 자기의 하찮은 유익이 더 중요하다는 결정을 내리도록 바뀌어야 할 것입니다.

⑹ 참된 애국심이란 각 개인이 대중의 이익을 구하는 것이 아니라 각기 자기의 유익을 구하며 자신을 가능한 한 높이 내세우려는 것이라는 결정을 내리도록 상식이 바뀌어야 할 것입니다.

⑺ **인간의 본성이 뒤집혀야 합니다.**
만일 지극한 이기심이 덕이라면 인간의 본성은 잘못되어 있었던 셈이 됩니다. 인간의 본성은 사랑을 행함으로써만 행복할 수 있습니다. 만일 자신의 행복을 지고한 선으로 여겨 추구하는 것이 신앙이라는 교리가 진리라면 인간은 불행해질수록 더 많은 신앙을 소유하게 되는 것입니다.

⑻ **사회의 전체 구조가 바뀌어야 할 것입니다.**
오늘날 공동체의 유익은 구성원 각자가 대중의 유익에 얼마나 관심을 기울이는가에 달려 있습니다. 만일 이 원리가 유효하다면 이것도 역시 바뀌어야만 합니다. 그리하여 모든 사람이 다른 사람들의 유익과는 상관없이 자기의 유익을 긁어모을 때에 대중의 유익이 최대로 증진된다고 해야 합니다.

⑼ **성도들의 경험이 바뀌어야 합니다.**
오늘날 성도들이 경험하는 것과 같이 많은 사랑을 소유할수록 더 많은 신앙심과 행복을 발견하는 것이 아니라, 자신의 유익을 목적

으로 할수록 더 많은 신앙심과 하나님의 은혜를 누리게 된다는 것이 증명되어야 합니다.

(10) 회개하지 않은 사람들이 극도의 이기심 속에서 최고의 행복을 누리며 참 행복을 발견한다는 것을 깨달아 증명하게 되어야 합니다.

이것은 어리석은 것처럼 보이므로 더 이상 이것을 증명하지는 않을 것입니다. 비록 이러한 증거가 있다 하더라도 우리가 자기의 유익을 최고의 목표로 추구하는 것이 참 신앙과 조화를 이루지 못한다는 것은 충분히 증명됩니다.

결론

(1) 모든 사람들이 행복을 추구하지만, 그것을 발견하는 사람이 거의 없는 것은 무슨 이유입니까?

그것은 간단합니다. 대다수의 사람들이 참 행복이 어디에 있는지 모르고 엉뚱한 곳에서 찾기 때문입니다. 그들이 행복을 추적하여 따라가기 때문에 참 행복을 발견하지 못하는 것입니다. 만일 방향을 바꾸어 거룩을 추구한다면, 행복이 그들을 좇아올 것입니다. 공평한 마음을 갖고 선을 행하기 위해 자신을 죽인다면 행복하지 않을 수 없습니다. 그러나 행복을 목표로 선택하면 행복은 그들에게서 도망쳐 버립니다. 참된 행복은 선한 갈망이 충족되는 데서 얻어

지므로 하나님께 영광을 돌리고 선을 행하기 시작하면 행복을 발견하게 됩니다. 그러나 행복을 목표로 삼고 그것을 추구하는 사람들은 이 세상이나 내세에서 결코 행복을 얻지 못합니다.

⑵ 인간의 마음과 우주의 본질은 하나님의 섭리의 아름다운 본보기입니다.

　사람이 오직 자기의 행복을 추구함으로써 행복을 발견할 수 있다고 가정해 보십시오. 그렇다면 개인들은 각자가 획득한 행복만 소유할 것이며, 우주의 행복은 개인들이 획득한 행복의 합계에서 서로 상충되는 이해관계 때문에 비롯된 고통과 불행을 제하고 남는 것이 될 것입니다.

　하나님은 우리가 이웃의 행복을 증진시키기 위해 자기를 죽일 때에 우리의 행복도 확보되고 완전케 되도록 만들어 놓으셨습니다. 이렇게 해서 얻은 행복은 이기심이 하나님 나라의 율법이라고 가정할 때 얻어지는 우주의 행복보다 무한히 클 것입니다. 많은 사람들은 "내가 내 행복을 돌보지 않는데 누가 내 행복을 돌보겠습니까? 만일 자신의 유익을 소홀히 하고 이웃의 유익만을 염려한다면 우리는 모두 행복할 수 없을 것입니다"라고 말합니다. 만일 이웃의 행복에 대한 염려가 우리 자신의 행복에 대한 염려보다 적다면 이 말은 사실이라고 할 수 있습니다. 그러나 우리의 행복이 이웃의 행복을 증진시키는 데 있다면 우리가 이웃을 위해 많은 일을 할수록 우리의 행복도 증진됩니다.

⑶ **자기의 유익에 최고의 관심을 두는 것은 이기심입니다.**

만일 하나님이 하나님의 일이기 때문에 자기의 유익에만 크게 관심을 기울이신다면 그런 하나님은 이기적인 하나님일 것입니다. 또 인간이 그렇게 행한다면 이기적인 사람입니다. 자기의 유익에 최고의 관심을 기울이는 것이 참 신앙이라고 주장하는 것은 이기심이 참 신앙이라고 주장하는 것입니다.

⑷ **이기심이 덕이라면, 사랑은 악입니다.**

이 둘은 서로 반대가 되므로 양자가 모두 덕이 될 수는 없습니다. 자기의 유익을 하나님의 유익보다 앞세워 선호하며 하나님의 유익에 반대되는 위치에 놓는 사람은 이기적인 사람입니다. 만일 이기심이 덕이라면, 인류의 행복을 추구하신 예수 그리스도는 덕의 원리와는 동떨어진 분이 됩니다.

⑸ **자신의 유익을 최고의 목표로 삼으면서도 스스로 참 신앙심을 가지고 있다고 생각하는 사람은 미혹된 사람입니다.**

이렇게 행하는 사람은 기독교인이 아닙니다. 내 말이 너무 비판적이라고 생각하지 마십시오. 나는 누구를 비난하려는 것이 아닙니다. 하나님은 진실하시므로 성경의 정신 그대로의 신앙을 가지고 있지 않은 사람은 심판을 받을 것입니다.

⑹ 어떤 사람들은 이런 질문을 합니다. "자신의 행복에 관심을 두어서는 안 된다는 말입니까? 그렇다면 우리가 그것에 최고도의 관심을 기울이는지 아닌지를 어떻게 결정할 수 있습니까?"

내 말은 그런 의미가 아니라 우리가 사물이 지닌 상대적 가치에 따라 그것에 관심을 두어야 한다는 것입니다. 만일 당신이 정직한 사람이라면 자신이 최고의 관심을 기울이고 있는 대상이 무엇인지 알지 못할 리 없습니다. 자신의 유익은 저울대의 한편에 있고 세상의 행복과 하나님의 행복은 그 맞은편에서 서로 거의 균형을 이루고 있어 당신이 무엇을 선호하는지 분별할 수 없단 말입니까? 그것은 있을 수 없는 일입니다! 만일 당신이 존재한다는 사실을 의식하듯이 자기의 유익보다 하나님의 영광을 선호한다는 것을 의식하지 못한다면, 당신은 완전히 잘못되어 있다고 생각해도 좋을 것입니다.

⑺ 많은 신앙고백자들은 가지고 있는 증거에 의존하여 즐거움을 누리고 있습니다.

이런 사람들은 항상 증거를 찾아 헤매며, 그 증거가 변화하는 정도에 비례하여 그들의 즐거움도 늘거나 줄어듭니다. 그러나 진정으로 하나님의 영광과 인류의 행복에 관심을 두는 사람은 자기의 증거에 의지하여 즐거움을 누리지 않을 것입니다. 순전히 이기적인 사람들이라도 많은 종교적 즐거움을 누릴 수 있을지도 모르겠지만 그것은 기대에 의한 즐거움입니다. 하늘나라에 간다는 생각이 그들에게 기쁨을 줍니다. 그러나 자신을 죽이며 순전한 사랑을 가진 사람들은 이미 마음에 하늘나라를 소유하고 있습니다.

⑻ **소망을 갖지 않고 종교적인 평화나 기쁨을 누리지 못하는 사람들은 미혹된 사람들입니다.**

이런 사람들은 지옥에 갈지도 모른다는 두려움 때문에 괴로워하고 각성합니다. 그가 기도에 몰두하거나 누군가와 함께 이야기를 나누는 동안에 차츰차츰 이런 괴로움이 사라질 수도 있는데, 그러면 그는 자기의 죄가 용서함을 받았다고 생각합니다. 한 줄기 기쁨이 그의 마음을 비추고 그의 마음이 뜨겁게 작열하게 되면 그것을 증거로 여기게 되고, 그것에 의해 또다시 그의 기쁨은 증가됩니다. 그러나 참 신자의 경험은 이와 전혀 다릅니다. 그의 평화는 희망에 의지하지 않습니다. 그는 희망에 의지하지 않고서도 참된 순종과 사랑으로 평화와 기쁨을 이루어 냅니다.

어떤 사람이 감옥에 갇혀 있었는데 다음 날 교수형에 처하기로 되어 있다고 가정해 보십시오. 그는 감방에서 고통스러워하면서 그 시간을 기다릴 것입니다. 그런데 다음 날 아침 사자가 사면령을 가지고 왔습니다. 그 문서를 창틈으로 들어오는 희미한 빛에 비춰 읽으면서 "사면"이라는 단어에 접했을 때 그는 기절할 정도로 기뻐하며 어쩔 줄 몰라 펄쩍 뛸 것입니다. 그가 그 서류를 확실한 것이라고 생각하고 있었는데 가짜로 판명된다면 기쁨은 순식간에 사라질 것입니다.

미혹된 사람들의 경우도 마찬가지입니다. 그는 지옥에 가는 것을 무서워하며, 자기가 용서를 받았다고 믿을 때에 기뻐할 것입니다. 마귀가 그에게 용서받는다고 말해주고 그가 그것을 믿는다면, 그의 믿음이 지속되는 동안에는 그것이 실제처럼 여겨져 큰 기쁨을 줄 것입니다.

참 신자의 기쁨은 증거에 의지하는 것이 아닙니다. 확신을 갖고 하나님의 손에 위탁하는 행위 자체가 평화를 줍니다. 그는 하나님과 무서운 싸움을 하지만 순식간에 논쟁을 그만두고 "하나님이 옳게 행하실 터이니 하나님의 뜻대로 행하시옵소서"라고 말합니다. 그러고 나서 기도하기 시작하여 하나님께 정복되고 하나님 앞에서 완전히 녹습니다. 이런 행위가 달콤하고 조용하고 거룩한 기쁨을 줍니다. 그는 희망을 염두에 두지 않습니다. 자기의 구원은 전혀 생각지 않고 하나님 안에서 기쁨이 충만하여 여러 시간, 혹은 하루나 이틀을 보내기도 합니다. 그에게 혹시 희망을 가지고 있느냐고 묻는다면 그런 것은 생각지도 않는다고 대답할 것입니다. 그 기쁨은 그가 용서를 받았다고 믿는 데 의존하는 것이 아니라 묵묵히 하나님의 통치를 따르는 마음의 상태 속에 존재하는 것입니다.

당신은 어떤 신앙심을 가지고 있습니까? 만일 참 신앙을 발휘하고 있다면 혹시 하나님이 당신을 지옥에 떨어뜨리신다 해도 그곳에서 하나님을 향한 지고한 사랑을 발휘하여 이웃들을 내 몸처럼 사랑한다면 당신의 마음은 결단코 불행하지 않을 것입니다.

이 점을 확실히 깨달아야 합니다. 희망을 찾아 헤매는 사람들은 언제나 낙심합니다. 만일 우리가 희망을 좇아 구한다면 결코 희망을 소유하지 못할 것입니다. 그러나 우리가 거함을 추구한다면 희망과 평화와 기쁨이 우리에게 다가올 것입니다. 당신의 신앙심은 거룩함에 대한 사랑, 하나님과 영혼들에 대한 사랑입니까? 아니면 희망에 불과합니까?

(9) 왜 걱정 많은 죄인은 평화를 발견하지 못합니까?

자기의 죄와 위험을 바라보고 있기 때문입니다. 그는 하나님을 복수하시는 분으로 여기기 때문에 그에 대한 두려움으로 떨고 있습니다. 이런 까닭에 그는 평화를 누리지 못합니다. 그로 하여금 두려워 떨고 위축되게 만드는 하나님의 진노를 바라보는 한 하나님을 사랑하지 못하며 그분에게서 몸을 숨깁니다. 불안에 떠는 죄인이여, 비밀을 알려 주겠습니다. 당신이 하나님의 속성 중에 진노하시는 특성만 바라본다면 절망에 빠질 것이며, 그것은 참된 순종이 아닙니다. 하나님의 속성 전체를 바라보고 왜 하나님을 사랑해야 하는지 깨달아야 합니다. 그리고 불신 없이 무조건 하나님께 자신을 맡기십시오. 망설이지 말고 똑바로 하나님께 나아가서 하나님께 말씀드리십시오: "하늘에 계신 아버지, 당신은 냉혹하지 않으십니다. 당신은 주권자이시며 선하신 분입니다. 나는 당신의 통치에 순종하며,

내가 가진 모든 것과 나의 존재 전체, 몸과 마음까지도 영원히 당신께 바치겠습니다."

제9장

순종의 기쁨

"그런즉 너희는 하나님께 복종할지어다"
- 막 4:7 -

이 설교의 주제는 "참된 순종의 본질은 무엇인가" 입니다. 이 주제를 논하기 전에 먼저 도움이 될 사실 두 가지를 이야기하겠습니다.

첫째, 만일 어떤 신자가 자신의 희망과 관련해서 잘못된 생각을 가지고 있으며 거짓된 기초 위에 서있다면, 가장 근본적인 잘못은 그가 이기적인 동기에서 구원에 대한 복음적인 계획이라고 생각한 것을 받아들인 데 있습니다. 그의 이기적인 심령이 깨지지 않았기 때문입니다. 만일 잘못 알고 있다면, 바로 그것이 망상의 근원입니다. 그의 이기심이 억제된다면 자신의 희망을 잘못 알게 되지는 않을 것입니다. 만일 그렇지 못하다면 그의 신앙심은 헛되고 희망도 헛된 것입니다.

둘째, 만일 어느 신자가 잘못 생각하여 거짓된 희망을 가지고 있다면, 자신의 상태를 생각하라는 깨우침을 받을 때마다 자기의 옛 희망을 되새기는 큰 위험에 처해 있는 것입니다. 이런 신자들은 흔히 염려와 자기 성찰의 시기가 지나가고 나면 다시 과거의 그 기초 위에 정착하곤 합니다. 그 까닭은 마음의 습성이 그러한 경로에 익숙해져 있어서 새로운 과정에 들어가기가 어렵기 때문입니다. 그러므로 이제까지는 완전히 잘못되었던 것이었으므로 이제부터라도 올바르게 되기를 원한다면 지금까지 우리를 미혹하였던 종류의 노력을 더 이상 할 필요가 없다는 것을 알아야 합니다.

이런 종류의 미혹이 상당히 많다는 것을 모르는 사람이 없을 것입니다. 교회의 신자들이 부흥회가 시작되지 않는 한 냉랭하고 죽어 있는 일은 흔한 일입니다. 그들은 부흥회가 시작되면 부산하게 돌아다니고, 그들의 표현을 따른다면 신앙생활에 몰두하며 새롭게 노력하고 기도 시간을 늘립니다. 그것이 소위 그들이 말하는 신앙 부흥입니다. 그러나 그것은 그들이 과거에 지니고 있었던 신앙심과 똑같은 것입니다. 그런 신앙심은 대중적인 흥분에 지나지 않습니다. 교회가 죄인들의 회심을 위한 노력을 감소시키기 시작하면 이런 사람들은 과거의 세속적 상태로 퇴보하며, 자기의 자만심과 교회의 비난을 받으리라는 두려움을 벗어나는 데 비례하여 회심하기 전의 상태로 돌아갑니다. 그러다가도 부흥회가 시작되면 그들은 다시 과거와 같은 과정을 반복합니다. 그들은 이 세상에 사는 동안 이따금씩 되풀이하여 신앙이 부흥되었다가 다시 타락하는 과정을 거듭 반복합니다. 사실 그들은 처음부터 이기심이 깨지지 않은 채 수상쩍은 회심을 하였으므로 그런 노력을 하면 할수록 더욱 버림을 받습니다.

이제 본 주제에 대한 직접적인 논의를 시작하겠습니다. 복음적인 순종에 대해 다음과 같은 두 가지를 설명하려 합니다.

1. 참 순종이 아닌 것은 어떤 것입니까?
2. 무엇이 참된 순종입니까?

1. 참 순종이 아닌 것에 대해 설명하겠습니다.

(1) 무관심은 하나님께 대한 참 순종이 아닙니다.

참 순종과 무관심은 전혀 다릅니다.

(2) 하나님의 영광을 위해서라면 범죄해도 좋다는 것은 참 순종이 아닙니다.

어떤 사람들은 참 순종에는 하나님의 영광을 위해서라면 죄를 범해도 좋다는 개념이 포함된다고 생각하는데, 그것은 잘못된 생각입니다. 기꺼이 죄를 짓겠다는 것 자체가 악한 마음입니다. 하나님의 영광을 위해서는 무슨 일이라도 하겠다고 해서 죄를 선택해서는 안 됩니다. 하나님의 영광을 위해서는 죄라도 범하겠다는 생각은 어리석은 생각입니다.

(3) 기꺼이 형벌을 받으려는 것이 참 순종은 아닙니다.

만일 우리가 지금 지옥에 있다면 기꺼이 형벌을 받는 것은 참 순종이 될 것입니다. 왜냐하면 그런 경우에는 우리가 형벌을 받는 것이 하나님의 뜻이라는 것이 명백하기 때문입니다. 만일 우리가 죄인들의 구속이 전혀 예비되지 않았고 형벌이 불가피한 세상에 살고 있다면 그 형벌을 받는 것이 우리의 의무일 것입니다.

어떤 사람이 살인을 하였는데 대중의 유익을 위해서 그를 교수형에 처할 수밖에 없다면 그는 기꺼이 교수형을 당해야 합니다. 그러나 만일 그 살인자가 대중의 유익을 온전하게 보상할 수 있는 다른 방법이 있다면 그에게는 교수형을 당할 의무는 없는 것입니다. 마찬가지로 만일 사람들이 구원의 계획은 없고 오직 율법만 있으며 죄인들을 용서함으로써 통치의 안정성을 확보할 방법이 없는 세상에 살고 있다면 기꺼이 형벌을 받는 것이 그의 의무일 것입니다. 그러나 이 세상에서 기꺼이 형벌을 받겠다는 것은 참된 순종에 속하지 않습니다. 왜냐하면 모든 사람들이 형벌을 받는 것이 하나님의 뜻이 아니며, 하나님의 뜻은 진실로 회개하고 하나님께 순종하는 모든 사람들을 구원하시는 것임을 우리는 알고 있기 때문입니다.

2. 참된 순종은 무엇입니까?

(1) 참 순종은 우리 자신, 이웃, 우주에 대한 하나님의 섭리와 뜻에 의한 모든 조처에 묵묵히 순종하는 것입니다.

어떤 사람들은 자기가 이론상으로는 하나님의 섭리적 통치에 묵묵히 순종한다고 생각합니다. 그러나 그들과 대화를 해보면 그들이 하나님이 하시는 많은 일에 대해 트집을 잡고 있다는 것을 알 수 있습니다. 그들은 왜 하나님이 아담으로 하여금 죄를 짓게 하셨느냐고 묻습니다. 도대체 왜 이 세상에 죄를 들여보내셨느냐고 묻습니다. 또한 왜 이것저것을 하셨느냐, 왜 이렇게 저렇게 만드셨느냐는 질문을 합니다. 이 모든 질문에 대해 결코 만족스러운 이유를 듣지 못한다고 해도 하나님이 행하시거나 겪으신 모든 일에 철저히 순종하며, 하나님의 섭리에 관한 한 모든 것이 옳다고 느끼는 것이 참된 순종입니다.

(2) 참 순종에는 하나님의 도덕적 율법의 교훈을 순순히 따르는 것이 포함됩니다.

일반적인 하나님의 도덕률 교훈은 "네 마음을 다하며 목숨을 다하며 힘을 다하며 뜻을 다하여 주 너의 하나님을 사랑하고 또한 네 이웃을 네 자신같이 사랑하라"는 것입니다(눅 10:27). 어떤 사람은 "나는 이 교훈을 순종하여 따르며, 이것이 옳다고 느끼며, 이 법에 반대하지 않는다"라고 말할 것입니다. 여기에서 하나님의 율법을 본성적으로 찬성하는 것과 실제로 그것에 순종하여 따르는 것을 구별해야 합니다. 본성적으로, 그리고 옳고 그름을 판단하는 상식에 의해서 이 율법을 인정하지 않는 사람은 없습니다. 지옥에 있는 마귀라도 이것을 인정해야 합니다. 하나님이 인간의 본성을 그렇게 만드셨으므로 도덕적 행위자로서 하나님의 율법을 인정하지 않는다는 것은 있을 수 없습니다. 그러나 그것은 지금 내가 말하는 순종이 아닙니다. 사람은 진정으로 율법에 순복하지 않으면서도 그것을 인정하여 기쁨을 느끼기도 합니다. 진정한 순종에는 두 가지 개념이 포함되어 있습니다.

첫째, 하나님의 도덕률에 복종하는 것에는 실질적인 순종이 포함됩니다. 어린아이가 아버지의 명령에 순종하지 않으면서 순종하는 척하는 것은 헛된 일입니다. 시민이 법에 순종하지 않는다면 아무리 그 나라의 법에 순복하는 척해도 헛된 일입니다.

둘째, 순복의 주요 개념은 논쟁의 주안점이 되었던 것을 포기하는 것입니다. 그것을 다음과 같이 설명할 수 있습니다. 사람들은 하나님과 그의 나라에 대한 지극한 사랑을 거두고 사리사욕을 최고의 관심 목표로 세웁니다. 그들은 선을 행하기 위해서 하나님이 요구하시는 대로 자기를 버리지는 않고 거꾸로 "사랑은 집에서부터 시작된다"는 격언을 채택합니다. 이것이 하나님과 죄인의 논쟁점입니다. 죄인은 자기의 유익 증진을 최고의 목표로 삼습니다. 그런데 순복에 내포된 첫째 개념은 이런 생각을 버리는 것입니다. 자기의 유익을 최고의 위치에 두는 것을 중지하고, 하나님과 그의 나라의 유익에 대한 사랑이 우리 자신의 유익에 대한 사랑을 능가하게 되어야 합니다. 그것들의 참된 가치는 우리의 가치보다 훨씬 크기 때문입니다. 이렇게 하지 않는 사람은 하나님께 반역하는 자입니다.

국가의 통치자가 국가의 전반적인 행복을 증진시킬 목적으로 법을 현명하게 시행하고 모든 자본을 투자한 후에 국민들에게도 똑같이 행하기를 요구했다고 가정해 보십시오. 그런데 어떤 사람이 국가 전반의 유익을 거슬러 개인적인 유익을 추구한다면 정부에 반역하는 것이며, 정부가 증진시키려는 모든 유익을 거스르는 것입니다. 이런 경우에 이 반역자가 정부에 복종하여 해야 할 첫째 일은 자신이 추구하던 것을 버리고 대중의 행복을 위해 통치자 및 순종하는 국민들과 화합하는 것입니다. 하나님의 율법은 우리의 행복을 하나님의 영광과 온 세상의 행복에 종속시키기를 요구합니다. 그렇게 하지 않는 한 우리는 하나님과 세상의 원수이며 지옥의 자식입니다.

복음도 율법과 동일한 요구를 합니다. 최근 몇 년간 많은 사람들은 "사람은 자기의 구원을 직접적인 목표로 삼으며, 가장 소중히 여겨 추구해야 할 대상은 자기의 행복이다"라고 주장하고 있습니다. 그러나 하나님의 율법은 사람들이 하나님의 유익을 가장 소중히 여기기를 요구합니다. 복음도 율법과 동일한 것을 요구합니다. 만일 그렇지 않았다면 예수 그리스도는 죄의 사자로서 하나님의 통치에 대항하여 무장하기 위해 이 세상에 오셨을 것입니다.

　복음도 율법과 같이 하나님과 인간에 대한 공평한 자비와 사랑을 요구한다는 것은 성경을 통해 쉽게 증명됩니다. 이를 위해 먼저 인용할 말씀은 "너희는 먼저 그의 나라와 그의 의를 구하라"(마 6:33)입니다. 이것은 무엇을 의미합니까? 최근 어느 작가는 자기의 구원이나 행복을 먼저 구하며 그것을 중요한 목적으로 삼는 것이 옳다는 것을 증명하기 위해서 이 말씀을 인용한 적이 있습니다. 그러나 이것은 그런 의미가 아닙니다. 이것은 모든 사람이 하나님 나라의 발전을 자기의 큰 목표로 삼기를 요구합니다. 나는 이것이 행복이 아닌 성화(聖化)를 목표로 하라는 명령이라고 생각합니다. 행복은 성결과 연결되어 있지만 같은 것은 아닙니다. 하나님께 대한 순종이나 성결을 추구하며 하나님의 영광을 구하는 것은 우리 자신의 행복에 지대한 관심을 두는 것과는 전혀 다른 일입니다.

　또 다른 말씀을 예로 들겠습니다. "너희가 먹든지 마시든지 무엇을 하든지 다 하나님의 영광을 위하여 하라"(고전 10:31). 이것은 무슨 뜻입니까? 우리 자신을 기쁘게 하기 위해 먹거나 마시지 말라는 뜻입니까? 그렇습니다. 우리는 음식을 먹고자 하는 식욕을 만족시키려 하지 말고, 그것을 하나님의 영광에 종속되는 것으로 여겨야 합니다. 이것이 복음이 요구하는 것입니다. 왜냐하면 이것은 사도 바울이 고린도 교회에 보낸 편지이기 때문입니다.

그밖에 "누구든지 자기의 유익을 구하지 말고 남의 유익을 구하라"는 말씀도 있습니다(고전 10:24). 이것을 가르치는 말씀을 모두 다 인용할 필요는 없을 것입니다. 성경 곳곳에서 자기의 유익을 구하지 말고 다른 사람의 유익을 구하라는 의미를 지닌 말씀을 쉽게 발견할 수 있습니다.

주님은 "자기 목숨을 얻는 자는 잃을 것이요 나를 위하여 자기 목숨을 잃는 자는 얻으리라"고 말씀하셨습니다(마 10:39). 즉 사람이 자기의 유익을 목표로 하면 자기의 유익을 잃을 것이요, 자기 영혼의 구원을 최고의 목표로 삼는다면 자기 영혼을 잃을 것입니다. 자기를 버리고 다른 사람의 행복을 최고의 목표로 삼아야 하며, 그렇지 않으면 버림을 받습니다.

또 주님은 "나와 복음을 위하여 집이나 형제나 자매나 어머니나 아버지나 자식이나 전토를 버린 자는 현세에 있어 집과 형제와 자매와 어머니와 자식과 전토를 백 배나 받되 박해를 겸하여 받고 내세에 영생을 받지 못할 자가 없느니라"(막 10:29-30)고 말씀하십니다. 이 말씀을 잘못 이해한 사람은 여기에는 상급이 동기로 제시되어 있다고 합니다. 당신은 상급을 얻기 위해 자기를 버립니까? 그렇게 해서는 안 됩니다. 그리스도와 그의 복음을 위하여 자기를 버려야 합니다. 그렇게 하면 본문에 기록된 것과 같은 결과를 얻을 것입니다. 여기에 중요한 특성이 있습니다.

사도 바울이 고린도전서 13장에서 이 사심 없는 사랑을 자세히 묘사하는데, 이런 사랑이 없는 사람은 믿는 사람이라고 할 수 없습니다. 그는 사람이 수많은 일을 해도 사랑이 없으면 아무것도 아니라고 기록했습니다.

"내가 사람의 방언과 천사의 말을 할지라도 사랑이 없으면 소리 나는 구리와 울리는 꽹과리가 되고 내가 예언하는 능력이 있어 모든 비밀과 모든 지식을 알고 또 산을 옮길 만한 모든 믿음이 있을지라도 사랑이 없으면 내가 아무 것도 아니요 내가 내게 있는 모든 것으로 구제하고 또 내 몸을 불사르게 내줄지라도 사랑이 없으면 내게 아무 유익이 없느니라 사랑은 오래 참고 사랑은 온유하며 시기하지 아니하며 사랑은 자랑하지 아니하며 교만하지 아니하며"(고전 13:1-4).

복음적인 사랑은 다음과 같은 특성을 지닙니다.

"사랑은 오래 참고 사랑은 온유하며 시기하지 아니하며 사랑은 자랑하지 아니하며 교만하지 아니하며 무례히 행하지 아니하며 자기의 유익을 구하지 아니하며 성내지 아니하며 악한 것을 생각하지 아니하며 불의를 기뻐하지 아니하며 진리와 함께 기뻐하고 모든 것을 참으며 모든 것을 믿으며 모든 것을 바라며 모든 것을 견디느니라"(고전 13:4-7).

"자기의 유익을 구하지 아니하며"에 주목하십시오. 그것은 이기적인 목적을 갖지 않고 다른 사람의 행복을 가장 큰 목표로 구하는 것입니다. 이러한 사랑이 없으면 신앙의 지극히 작은 부분도 알지 못합니다. 이밖에도 사심 없는 사랑 안에 순수한 신앙이 존재한다는 것을 나타내는 말씀들은 상당히 많습니다.

이제 우리가 품을 수 있는 몇 가지 반론에 대해 언급하려 합니다. 이렇게 하는 까닭은 우리 중에 어떤 이들이 이 부분에서 걸려 넘어지며, 결국 신앙은 자기의 구원을 최고의 목표로 삼는 데 있다는 생각을 하기 때문입니다.

① "만일 장차 임할 진노에 대한 두려움의 영향을 받는 것이 이기적인 신앙이라면 왜 하나님은 경고의 말씀을 우리에게 주셨습니까?"

이 반론에 대해 많은 대답을 할 수 있습니다.

인간은 존재의 법칙에 의해 고통을 두려워하는 본성을 지니고 있습니다. 그러므로 성경에 기록된 경고의 말씀들은 많은 목표를 지니고 있습니다. 첫째, 이기적인 사람의 주의력을 사로잡아 하나님을 사랑하고 순종해야 할 이유들을 조사해 보게 하려는 것입니다. 성령은 죄인의 주의력을 사로잡은 후에 그의 양심을 깨워 하나님께 순복하는 것이 자신의 의무이며 합리적인 일이라는 것을 생각하고 깨닫게 해주십니다.

② "하나님은 우리에게 즐거움과 고통을 느낄 수 있는 감정들을

주셨습니다. 그런데 우리가 그것의 영향을 받는 것이 옳지 않다는 말입니까?"

그것은 옳은 일도 그른 일도 아닙니다. 이러한 감정들은 도덕적 특성을 지니고 있지 않습니다. 우리의 품행 안에는 신중한 생각의 지배를 받는 일련의 행동들이 있습니다. 예를 들어, 어떤 사람이 높은 절벽 위에 서있다고 가정해 보십시오. 만일 그곳에서 떨어지면 목이 부러져 죽습니다. 이미 위험에 대한 경고를 받았음에도 불구하고 그 경고에 관심을 기울이지 않고 절벽에서 몸을 던져 목숨을 잃는다면 그것은 "죄"입니다. 그렇다고 해서 그 경고에 관심을 기울이는 것이 "덕"은 아닙니다. 그것은 신중한 행동에 불과합니다. 때로 위험을 피하지 않는 것이 죄가 될 수 있지만, 그렇다고 해서 위험을 피하는 것이 덕이 되지는 않습니다. 인간이 하나님의 진노를 무시하는 것은 죄입니다. 그러나 절벽에서 떨어져 목이 부러질 것을 두려워하는 것이 거룩한 일이 아닌 것처럼 지옥을 두려워하는 것도 거룩한 일은 아닙니다. 그것은 본성의 명령에 불과합니다.

③ "성경에서는 행복을 추구하는 것을 우리의 직접적인 의무로 만들지 않았습니까?"

자신의 행복을 추구하되 그 행복의 참된 가치에 따라 추구하는 것은 죄가 아닙니다. 오히려 그렇게 하는 것이 의무입니다. 그 일을 소홀히 하는 것은 죄를 짓는 것입니다. 또 한 가지의 대답을 드리자면 다음과 같습니다. 물론 자기의 행복을 추구하는 것은 옳은 일이고, 마음의 본성적인 법칙도 우리 자신의 행복을 중히 여기라고는 요구하지만, 우리의 본성은 우리 자신의 행복을 최고의 선으로 추구하는 것이 옳다고 지적하지 않습니다. 가령 우리의 본성이 음식을 요구한다고 해서 음식을 최고의 선으로 추구하는 것이 옳다고 주장한다면, 과연 옳은 주장입니까? 그렇지 않습니다. 왜냐하면 성경에서는 그와 같은 일을 금하고 있기 때문입니다.

"너희가 먹든지 마시든지 무엇을 하든지 다 하나님의 영광을 위하여 하라"(고전 10:31).

④ "각 사람의 행복은 각자의 능력 안에 놓여 있습니다. 그리고 만일 모든 사람들이 각기 자기의 행복을 추구한다면 전체의 행복이 최대로 확보될 수 있을 것입니다."

이 반론은 그럴듯해 보이지만 논리적으로 옳지 않습니다. 그 이유는 다음과 같습니다.

첫째, 인간의 마음의 법칙들은 자기의 행복을 최고의 목표로 삼고 추구하는 한 결코 행복하지 못하게 되어 있습니다. 행복은 고결한 욕망들의 충족에 있습니다. 만족을 얻으려면 "바라던 것"을 얻어야 합니다. 그러므로 우리가 행복하려면 충족되어진 욕망들이 올바른 것들, 즉 사심 없는 욕망이어야 합니다. 만일 당신의 욕망들이 자신에게 한정된 것들이라면, 예를 들어 당신 자신의 행복을 증진시키기 위해 죄인의 회심을 원한다면, 죄인들이 회심할 때에 행복을 느끼지 못할 것입니다. 이는 그것이 욕망의 종착점이 아니기 때문입니다. 인간의 마음이 그렇게 되어 있으므로 자기의 행복을 추구하는 사람은 결코 그것을 얻지 못합니다.

보다 분명하게 설명하자면, 참된 행복에 필요한 것이 두 가지 있습니다. 먼저 고귀한 욕망이 필요합니다. 만일 욕망이 고귀하지 못하다면 양심이 그것에 항의할 것이며, 따라서 그 욕망의 충족에는 고통이 수반될 것입니다. 다음으로 이 욕망은 그 목표를 달성함으로써 충족되어야 하며, 목표 자체가 욕망의 목적이 되어야 합니다. 만일 그렇지 못하면 비록 목표가 달성된다고 해도 완전한 만족을 느끼지 못할 것입니다. 만일 최종 목표에 도달하기 위한 수단으로 그 목표를 바란다면, 이 수단에 의해 최종 목표를 달성할 때에 만족을 느낄 것입니다. 우리가 최종 목표로서 어느 사물을 바란다면 그것을 얻을 때에 순수한 만족감을 느낄 것입니다. 그러므로 우리는 자신의 행복을 바라서는 안 됩니다. 그렇게 해서는 결코 행복을 얻을 수 없습니다. 그러나 어떤 목표를 순수한 목적으로 삼아 갈망한다면 그것을 얻을 때에 만족을 느끼게 되며, 결국 행복을 얻을 것입니다.

둘째, 만일 각 사람이 자기의 행복만 최고도로 추구한다면 다른 사람들의 유익은 산산조각이 나게 되고, 모든 사람들의 행복이 파괴될 것입니다. 오늘날 세상에서 이런 현상을 볼 수 있습니다. 이것이 이 세상과 지옥에 온갖 사기, 폭력, 압제, 악이 성행하는 까닭입니다. 우리 자신의 행복을 확보하는 참된 방법은 자신의 행복을 최종 목표로 추구하지 않고, 우리에게 완전한 만족감을 줄 수 있는 것-하나님의 영광과 온 세상의 행복-을 추구하는 것입니다. 문제는 우리 자신의 행복을 추구하는 것이 과연 옳은 일이냐가 아니라 우리 자신의 행복을 최종 목표로 삼는 것이 옳으냐에 있습니다.

⑤ "행복은 고귀한 욕망을 충족시키는 데 존재합니다. 내가 목표하고 있는 것은 고귀한 욕망의 충족입니다. 그렇다면 그것은 나의 행복을 목표로 하는 것이 아닙니까?"

우리 마음은 욕망의 충족을 목표로 하는 것이 아니라 바라던 일의 성취를 목표로 합니다. 가령 당신이 거지에게 빵 한 덩이를 주었다고 가정해 보십시오. 당신은 그 거지를 구제하는 것을 목표로 하고 있습니다. 그것이 당신이 원하는 목표이기 때문에 그 일을 행함으로써 당신의 욕망이 충족되고 행복을 느낍니다. 그러나 만일 당신이 그 거지에게 구제하면서 자신의 행복을 목표로 했다면 거지에게 구제한 행위가 그 욕망을 충족시키지 못할 것이며, 그것을 충족시킨다는 것은 불가능한 일이 될 것입니다.

그러므로 복음과 율법은 인간의 행복의 유일한 조건으로 공평무사한 사랑을 요구합니다.

⑶ 참된 순복에는 하나님의 율법에 따른 불이익에도 묵묵히 순종하는 것이 함축되어 있습니다.

앞에서 언급했던 특성을 다시 언급하겠습니다. 이 세상에서 우리는 율법의 지배 하에만 있는 것이 아닙니다. 이 세상은 하나님의 통치와 특별한 관계를 맺고 있는 하나님 나라의 한 지방입니다. 그런데 이 세상이 배반하였으므로 하나님은 새롭고 특별한 섭리를 통하여 우리에게 자비를 베푸셨습니다. 그것은 우리가 율법의 교훈들에 순종하며 공의로운 형벌에 순종한다는 조건 하에서입니다. 그것은 복음이 첨가된 율법의 통치입니다.

복음도 율법과 마찬가지로 순종을 요구합니다. 그것은 죄의 응보를 주장하며 죄인들이 공의의 형벌에 순종할 것을 요구합니다. 만일 죄인이 오직 율법 아래에만 놓여 있다면 그는 형벌의 고통에 복종해야 합니다. 그러나 인간은 타락한 이후로 율법의 지배 하에만 있는 것이 아니라 항상 자비가 제공되고 있다는 것을 다소 분명히 알고 있습니다. 그러므로 인간에게 기꺼이 처벌을 받아야 한다는 요구를 한 적이 없습니다. 이런 관점에서 복음적 순종과 율법적 순종에는 차이가 있습니다. 율법 하에서의 순종은 기꺼이 형벌을 받는 것입니다. 이 세상에서의 순종이란 형벌의 정의에 묵묵히 순종하며 스스로 하나님의 영원한 진노를 받아 마땅한 사람이라고 여기는 것입니다.

(4) 참된 순복은 하나님의 주권에 묵묵히 순종하는 것을 의미합니다.

주권자들에게는 백성들이 통치에 복종하는지를 살펴보아야 할 의무가 있습니다. 각 사람들이 순종할 때에 최고도의 대중의 행복을 산출하게 되는 법률을 제정하는 것이 그의 의무입니다. 만일 누군가 순종하기를 거부할 때에는 무력이라도 그 불순종한 백성에게 가장 합당한 방법을 사용하여 그로 하여금 대중의 유익을 촉진시키게 만들어야 합니다. 만일 그가 자발적으로 대중의 행복에 기여하지 않는다면 억지로라도 그렇게 하게 만들어야 합니다. 정부는 그를 교수형에 처하거나 감옥에 가두거나 그밖에 다른 방법을 사용하여 고난의 본보기로 만들어야 합니다. 또한 만일 대중의 행복이 자비를 허용한다면 정부는 전반적인 유익을 촉진시킬 수 있는 방법으로 자비를 베풀어야 합니다.

하나님은 지고한 통치자이시며 마땅히 요구해야 할 순복만을 요구하십니다. 만일 그것을 요구하시지 않는다면 하나님은 의무를 등한히 하시는 셈이 됩니다. 그런데 당신은 이 요구에 순종하기를 거부하였으므로, 이제 당신 자신을 하나님의 손에 영원히 맡겨 하나님이 당신을 하나님의 뜻대로 처리하셔서 온 세상의 유익을 증진시키게 해야 합니다. 당신은 이 세상의 행복이나 하나님의 은총 중에서 일부를 자기 것으로 주장할 수 있는 권리를 상실했습니다. 과거에 순종하지 않았으므로 이제 당신에게 요구되는 것은 하나님의 율법의 공의를 인정하며 미래의 운명을 무조건, 영원히 그리고 완전히 하나님의 처분에 맡기는 것입니다. 당신이 가지고 있는 모든 것과 존재 전체를 하나님께 복종시켜야 합니다. 당신은 모든 것을 상실하였으며, 이제 하나님 나라의 유익을 증진시키기 위해 하나님이 요구하실 때에는 모든 것을 포기해야 합니다.

(5) 마지막으로 그것은 복음의 조건들에 순복할 것을 요구합니다. **복음의 조건들은 다음과 같습니다.**

① 회개, 죄로 인해 마음에서 우러난 슬픔, 하나님이 하시는 일을 옳다고 인정하며 자신을 거슬러 하나님의 편을 들 것.

② 당신의 몸과 영혼, 당신이 가진 모든 것과 존재 자체를 완전히 하나님의 손에 맡겨 하나님이 선하다고 생각하시는 대로 처리하시게 하는 완전한 신뢰와 확신, 믿음.

③ 성결, 또는 사심 없는 사랑.

④ 구원은 순수한 은총으로서 그것에 대해 우리는 공의를 근거로 하여 권리를 주장할 수 없음을 인정해야 합니다.

⑤ 그리스도는 우리의 중보자와 변론인, 대속제물, 통치자, 교사이시며, 또 그의 모든 직무는 하나님의 말씀에 따라 우리에게 제공된 것임을 인정해야 합니다. 요컨대 우리는 하나님이 정하신 구원의 방법에 순종해야 합니다.

결론

(1) 교회 안에 많은 거짓 소망들이 있는 이유를 알 수 있습니다.

그것은 많은 사람들이 율법에는 순종하지 않고 스스로 복음이라고 여기는 것을 신봉하기 때문입니다. 그들은 율법을 두려워하며 복음을 율법을 모면할 수 있는 도구로 여기고 있습니다. 인간에게서는 항상 이러한 경향들이 나타납니다. 어떤 사람은 복음을 지지하고 율법을 배격합니다. 반면에 또 어떤 사람은 율법을 옹호하고 복음을 소홀히 합니다. 도덕률 폐기론자들은 율법을 완전히 제거해야 한다고 생각합니다. 그들은 삶에 있어서 복음의 규칙은 율법과 전혀 다른 것이라고 생각합니다. 그러나 실상 삶에 관한 율법과 복음의 규칙들은 동일하며, 양자 모두 사심 없는 사랑을 요구합니다. 만일 어떤 사람이 복음 아래에서는 하나님의 영광을 최고 목표로 삼지 않아도 된다고 생각하여 마음과 뜻과 힘을 다하여 하나님을 사랑하지 않고 자기의 구원을 최고의 목표로 삼는다면 그의 소망들은 거짓된 것들입니다. 그는 다른 복음을 신봉하고 있는데, 그것은 결코 복음이라고 할 수 없습니다.

(2) 이 주제는 그리스도에 대한 믿음에는 우리 자신의 구원을 목표 또는 동기로 삼는 것이 포함된다는 보편적인 반론에 흔히 접하게 된다는 것을 보여줍니다.

신앙이란 무엇입니까? 그것은 구원 받는다는 것을 믿는 것이 아니라 하나님의 독생자에 관한 하나님의 말씀을 믿는 것입니다. 성경 어느 곳에도 당신이 구원을 받을 것이라고 계시된 곳은 없습니다. 하나님은 예수 그리스도께서 죄인들을 구원하기 위해 오셨다는 사실을 계시하셨습니다. 소위 우리가 신앙이라고 부르는 것은 보다 적절히 말하자면 소망이라고 해야 할 것입니다. 당신이 구원을 얻을 것이라는 확신에 찬 기대는 신앙의 행위로부터 비롯된 추론입니다. 즉 당신이 율법에 순종하고 복음을 믿는다는 것을 의식할 때에 권리를 소유하게 된다는 추론입니다. 다시 말해서 율법과 복음에서 요구하는 감정들을 발휘할 때에 당신은 자신의 구원을 위하여 예수 그리스도를 신뢰할 권리를 소유하게 됩니다.

⑶ 하나님의 자비를 포기하고 절망하는 것이 참된 순복의 필수 요소라고 가정하는 것은 잘못된 일입니다.

복음 아래서는 사심 없는 사랑을 발휘하고 모든 영혼이 구원을 얻는 것이 하나님의 뜻임을 모든 사람이 알고 있다는 사실에 비추어 볼 때 이것은 명백한 사실입니다. 어떤 사람이 "구원을 얻으려면 무엇을 해야 합니까?"라고 물었는데, "구원받기를 기대한다면 구원받기를 포기해야 한다"고 대답한다면 그는 어떻게 생각하겠습니까? 일찍이 영감을 받은 성경 기자가 이러한 명령을 한 적이 있었습니까? 그렇지 않습니다. 그는 "주 너의 하나님을 마음을 다하여 사랑하라", "회개하라", "복음을 믿으라" 등의 말을 할 것입니다. 여기에는 절망이나 자포자기를 암시하는 것이 전혀 없습니다.

  죄인들은 참된 평화를 얻지 못할 때에 절망합니다. 그 이유는 무엇입니까? 참된 평화를 얻는 데 절망이 꼭 필요해서 그런 것은 아닙니다. 그것은 그들의 무지나 잘못된 교훈, 진리를 잘못 이해한 데서 비롯된 것입니다. 많은 죄인들은 스스로 은혜의 날을 허비했다거나, 용서받지 못할 죄를 범했다거나, 또는 자기의 죄가 특별히 가중되어 복음의 섭리가 자기에게 이르지 못한다는 그릇된 느낌을 갖기 때문에 절망합니다. 때로는 자비가 예비되어 있어 그 조건들에 응하기만 하면 그 순간에 그들에게 주어질 수 있는 것을 알면서도 참된 순복에 대한 자신의 모든 노력이 헛되다는 것을 발견하고는 낙망합니다. 그들은 자신이 교만하고 완고하기 때문에 구원의 조건에 스스로의 동의를 얻어낼 수 없다는 것을 발견합니다. 실제로 순복하는 대부분의 사람들은 모든 것을 잃어버린 것으로 여겨 포기해야 하는 시점에 이를 것입니다. 그러나 과연 그것이 필요합니까? 이것이 문제입니다. 그들은 제공된 자비를 받아들이려 하지 않습니다. 그들의 절망은 복음 아래서의 순종에 필요한 것이 아니며 복음과 일치하지 않습니다. 이런 상태에 있는 사람들은 복음을 받아들이지 않습니다. 그러므로 그들의 절망은 지독한 불신앙이며 죄입니다. 그리고 참된 순복에 절망이 필요하다고 말하는 것은 마치 순복에 죄가 반드시 필요하다고 말하는 것과 같은 일입니다.

⑷ **참된 순복은 모든 하나님의 통치에 묵묵히 순종하는 것입니다.**

그것은 하나님의 섭리적인 통치, 도덕적 통치, 율법의 교훈, 율법의 형벌에 묵묵히 순종하며, 스스로 지극히 크고 영원한 저주를 받아 마땅하다고 여기며 복음 안에서의 구원의 조건들에 순복하는 것입니다. 복음 아래 있는 사람에게는 기꺼이 저주를 받아야 할 의무가 없습니다. 기꺼이 저주를 받으려는 것은 인간의 의무에 어긋나는 일입니다. 율법에 순복하여 저주받는 데 동의하는 사람은 하나님께 반역하는 것과 같습니다. 왜냐하면 하나님은 그가 복음에 순종하기를 요구하시기 때문입니다.

⑸ **죄인이 기꺼이 형벌을 받아야 한다고 하는 것은 몇 가지 근거로 볼 때 커다란 잘못입니다.**

그것은 복음을 버린 죄인을 현재 존재하고 있는 것이 아닌 다른 통치 아래 두는 것입니다. 그것은 죄인을 하나님의 속성에 대한 부분적인 판단 아래 두고서 그것에 순복하기를 요구하는 것입니다. 그것은 순복하게 만드는 참된 동기들을 억제하는 일입니다. 그것은 참되고 진정한 하나님이 아닌 전혀 다른 존재를 제시하는 것입니다. 그것은 하나님이 죄인의 저주를 원하시며, 죄인은 그것에 순복해야 한다는 사상을 제시하여 그를 미혹케 하는 행위입니다. 왜냐하면 하나님은 악인의 죽음을 원하시는 것이 아니라 그들이 악에서 돌이켜 생명 얻기를 원하신다고 엄숙히 맹세하셨기 때문입니다. 그러므로 그것은 하나님께 대한 중상이며 새빨간 거짓말로 하나님께 도전하는 일입니다. 복음 아래 있는 사람들은 하나님이 죄인의 구원을 원하신다는 것을 알고 있으며, 그 사실을 숨길 수 없습니다. 구원의 참된 토대는 자기의 구원을 추구하지 않고 하나님의 영광을 추구하며, 하나님이 죄인이 지옥에 가기를 원하시거나 그렇게 하실 의도를 가지고 계시다는 사상을 제시하지 않는 것입니다.

죄인들이 구원을 얻으려면 어떻게 해야 하느냐고 물었을 때에 사도들은 뭐라고 대답했습니까? 베드로는 오순절에 무엇을 말했습니까? 바울은 감옥의 간수에게 뭐라고 했습니까? 이기심을 버리고 회개하고 복음을 믿으라고 말했습니다. 인간이 구원을 얻기 위해 해야 할 일은 바로 이것입니다.

이런 방법으로 사람들을 회심시키려 하는 데에는 또 하나의 문제점이 있습니다. 그것은 복음은 제쳐두고 율법에 의해 회심시키려 하는 것입니다. 그들이 성결하게 될 수 있도록 적절한 감화를 주지 않고서 성결케 하려는 것입니다. 바울은 이 방법을 철저히 시도해 보았으며 그것이 도움이 되지 못한다는 것을 알게 되었습니다. 그는 로마서 7장에서 자기가 얻은 결론을 제시했습니다. 그는 율법은 거룩하고 선하며 그것에 순종해야 한다고 고백하면서 번민하며 외치기를 "내가 원하는 바 선은 행하지 아니하고 도리어 원하지 아니하는 바 악을 행하는도다"라고 했습니다. 율법이 그를 회심시키지 못했으므로 그는 "오호라 나는 곤고한 사람이로다 이 사망의 몸에서 누가 나를 건져내랴"고 외쳤습니다. 여기에서 독생자 예수 그리스도를 보내신 하나님의 사랑이 그의 마음에 소개되어 그 역할을 했습니다. 그는 로마서 8장에서 그것을 다음과 같이 설명하여 말했습니다.

> "율법이 육신으로 말미암아 연약하여 할 수 없는 그것을 하나님은 하시나니 곧 죄로 말미암아 자기 아들을 죄 있는 육신의 모양으로 보내어 육신에 죄를 정하사 육신을 따르지 않고 그 영을 따라 행하는 우리에게 율법의 요구가 이루어지게 하려 하심이니라"(롬 8:3-4).

성경은 죄인들을 율법에 순종케 할 수 있게 만드는 것은 복음의 감화뿐이라고 증언합니다. 율법은 결코 그 일을 할 수 없습니다. 복음에서 비롯된 일련의 동기들을 제거한다면 결코 죄인을 회심시킬 수 없을 것입니다.

어떤 사람은 자기가 이런 방법으로 회심하였으며 전혀 복음의 영향을 받지 않고 완전히 율법에 순복했다고 생각합니다. 그러나 그리스도께서 죄인들을 위하여 죽으셨으므로 회개하고 믿기만 하면 구원 받는다는 사실을 한 순간이라도 그들에게 감춘 적이 있습니까? 분명히 이 동기들이 그들에게 영향을 미쳤을 것입니다. 왜냐하면 그들은 스스로 적나라한 율법을 바라보고 있다고 생각하는 순간에도 믿기만 하면 구원을 받는다는 기대를 갖고 있기 때문입니다.

복음이 없이 오직 율법에 의해서 죄인을 회심시키려 하는 일의 오류는 바로 여기에 있습니다. 고대 어떤 사람들은 사람이 구원을 얻으려면 반드시 저주를 받아야 한다고 주장했습니다. 이것은 이 세상이 아담의 타락 이후 항상 자비의 세대에 속하고 있다는 사실을 무시한 생각입니다. 만일 우리가 오직 율법의 지배 아래에만 놓여 있다면 하나님께 대한 참된 순복에는 율법이 요구될 것입니다. 그러나 인간은 이런 의미에서 결코 율법 아래 있지 않으며, 율법 아래 있었던 적도 없습니다. 왜냐하면 아담의 타락 이후 하나님은 즉시 아담에게 자비를 계시하셨기 때문입니다.

이 점에 대해서 사람들은 다음과 같은 반론을 제기할 수도 있습니다: "복음에서 자비를 제공하는 것은 이기적인 신앙심을 산출해 내기에 적합한 일이 아닙니까?"

다른 모든 선들이 악용될 수 있듯이 자비도 악용되어 이기적인 신앙심을 일으킬 수 있습니다. 하나님도 복음을 계시하실 때에 그렇게 될 수도 있다는 것을 알고 계셨습니다. 그러나 하나님이 자비를 베푸심으로 사랑을 나타내시는 이 일에 의하지 않고서는 결코 인간의 패역한 마음의 정복을 기대할 수 없습니다.

어느 아버지에게 패역한 아들이 있었습니다. 아버지는 오랫동안 징계를 통해 아들을 바로잡아 보려고 애썼습니다. 그는 아들을 사랑했고 그가 덕망 있고 순종하는 사람이 되기를 갈망했습니다. 그러나 거듭된 노력에도 불구하고 아들의 마음은 더욱 완악해지는 것

같았습니다. 마침내 아버지는 낙심하여 눈물을 흘리며 말했습니다. "내 아들아! 내가 어찌하여야 하겠느냐? 내가 너를 구원할 수 있겠느냐? 나는 너를 구원하기 위해 할 수 있는 일은 모두 다 해왔다. 이제 무엇을 더 할 수 있겠느냐?" 아들은 눈살을 찌푸리고 회초리를 바라보았습니다. 그러나 아버지의 주름진 얼굴로 흘러내리는 눈물과 그의 늙은 가슴에서부터 복받쳐 나오는 고통스러운 흐느낌을 들을 때에 아들도 눈물을 흘리며 소리쳤습니다. "아버지, 나를 때려 주세요! 마음껏 때려 주세요. 그러나 울지는 마세요." 이제 아버지는 고집센 아들의 마음을 다스릴 방법을 발견해 낸 것입니다. 율법이라는 가혹한 조처 대신 자신의 마음을 열어 보여 주었습니다. 그 결과는 어땠습니까? 그를 때려 위선적으로 복종하게 만들었습니까? 그렇지 않습니다. 그것은 회초리가 행하는 일입니다. 아버지의 복받쳐 오르는 사랑의 눈물이 아들의 마음을 녹여 아버지의 뜻에 진실로 순종하게 만들었습니다.

  죄인에게 있어서도 마찬가지입니다. 죄인은 전능하신 하나님의 진노를 무시하며 스스로 완악해져서 하나님의 중한 징계를 자초합니다. 그러나 그가 하늘 아버지의 사랑을 보게 될 때, 하나님이 인간의 본성을 취하시고 육신을 입으시고 십자가에 달려 피땀을 흘리시고 죽으신 것을 볼 때에 그는 자신을 혐오하고 비난하게 될 것입니다. 이것이 위선자를 만드는 일이라고 생각합니까? 그렇지 않습니다. 죄인의 심령은 녹아져서 "무슨 일을 하여도 나는 그것을 참고 견디겠습니다. 복되신 예수 그리스도의 사랑이 나를 압도합니다"라고 고백합니다. 인간의 마음은 본질적으로 이렇게 감화를 받게 되어 있습니다. 그러므로 죄인들에게 하나님의 사랑을 보여주기를 두려워하지 마십시오. 그것만이 그들을 진실로 순종하고 자비하게 만드는 유일한 길입니다. 율법은 위선자들을 만들어 내지만, 복음은 참 사랑 안에서 죄인들을 하나님에게로 인도해 냅니다.

제10장

사랑

> "사랑은 이웃에게 악을 행하지 아니하나니 그러므로 사랑은 율법의 완성이니라"
> - 롬 13:10 -

이 말씀을 토대로 다음과 같은 다섯 가지를 말하려 합니다.

1. 사랑의 본질은 무엇입니까?
2. 사랑은 신앙의 완성입니다.
3. 완전한 사랑에 꼭 필요치 않은 것은 무엇입니까?
4. 완전한 사랑에 꼭 필요한 것은 무엇입니까?
5. 완전한 사랑의 결과는 무엇입니까?

1. 사랑의 본질은 무엇입니까?

(1) 사랑에는 여러 가지 형태가 있습니다.

신앙과 관련된 두 가지 중요한 사랑의 형태는 박애(benevolence)와 사근사근함(complacency)입니다. 박애는 마음의 애정, 또는 의지의 행위입니다. 그것은 선을 원하거나 그 대상의 행복을 증진시키기 원하는 욕망입니다. 사근사근함은 대상의 특성에 대한 존경심이나 인정을 의미합니다. 박애는 상대방의 도덕적 특성과는 상관없이 모든 존재를 향해 발휘됩니다. 그러나 사근사근함은 선하고 거룩한 사람들만을 대상으로 합니다.

(2) 사랑은 애정 또는 감정(emotion)의 형태로 존재합니다.

애정은 자발적인 것이며, 의지의 행위 속에 존재합니다. 그러나 감정은 무의식적인 것입니다. 소위 감정이나 정서라는 것들은 모두 무의식적인 것들입니다. 그것들은 의지에 직접적으로 의지하거나 의지의 행위에 의해 통제되지 않습니다. 사랑이 애정의 형태를 취할 때 사랑의 덕은 가장 극대화되며, 감정의 형태를 취할 때 사랑의 행복은 극대화됩니다. 애정이라는 사랑이 강하면 그것은 고도의 행복을 산출해 내지만, 거룩한 사랑이라는 감정은 행복 자체입니다.

앞에서 사랑이라는 감정은 자발적이 아니라 무의식적이라고 했습니다. 그것은 의지가 사랑이라는 감정과 전혀 관계를 갖지 않는다는 의미가 아니라 단순하거나 직접적인 의지의 행위의 결과가 아니라는 의미입니다. 사람은 자신이 원한다고 해서 사랑의 감정을 발휘할 수 없습니다. 감정은 의지와 상관없이 존재할 수 있습니다. 사람들은 종종 마음속에서 옳지 않다고 생각되는 감정들이 일어나며 느끼는 경우가 있는데, 직접적인 의지의 작용에 의해 그것들을 마음에서 쫓아내려고 노력해도 쫓아낼 수 없다는 것을 발견합니다. 따라서 그들은 이러한 감정들을 제어할 수 없다고 결론짓습니다. 그러나 이러한 감정들은 간접적인 방법으로 의지의 통제를 받을 수 있습니다. 우리는 적절한 대상에 충분한 주의를 기울임으로써 자신이 선택하는 감정들을 일으킬 수 있습니다. 의지가 주의를 기울일 대상을 올바르게 선정하기만 한다면, 주의를 기울이는 정도에 비례하여 그러한 감정들을 일으킬 수 있습니다. 적당치 못하거나 불쾌한 감정들의 경우도 마찬가지입니다. 대상으로부터 주의를 완전히 돌려 그것에 대해 생각하지 않음으로써 그런 감정들을 마음에서 제거할 수 있습니다.

(3) 일반적으로 하나님을 향한 사랑의 감정은 우리가 하나님을 향해 애정의 형태로 사랑을 발휘할 때 경험됩니다.

그러나 항상 그렇게 되는 것은 아닙니다. 때로 우리가 어떤 대상을 향해 선한 의지를 발휘하지만 사랑의 감정을 느끼지 못할 수도 있습니다. 예수 그리스도께서 항상 하나님을 향한 사랑을 감정의 형태로 느끼셨는지는 분명치 않습니다. 우리가 아는 마음의 본질에 따르면, 사람은 애정을 발휘하고 항상 모든 행동에 있어서 그 애정의 인도함과 지배를 받으면서도 그 당시에는 그 대상을 향한 사랑의 감정을 전혀 느끼지 못합니다. 가정의 가장은 가족들의 행복을 위하여 노력하며 그의 생활 자체가 그들을 위한 애정에 의해 통제됩니다. 그러나 그의 생각이 가족들에 대해 지각할 수 있는 사랑의 감정들을 느낄 수 있을 만큼 그들에게 묶여 있지는 않습니다. 그가 좋아하고 있는 일들이 그의 마음을 사로잡고 있기 때문에 가족들에 대한 생각은 거의 하지 않으며 그들을 향한 감정은 느끼지 못할지라도 그는 항상 그들을 위한 애정에 의해 지배되고 인도되는 것입니다. 여기에서 나는 에드워즈 학장이 『의지에 대한 논문』(Treatise on the Will)에서 설명했던 의미에서의 "애정"이라는 용어를 사용하고 있습니다. 그의 논문에서 "애정"이란 의지의 행위를 말합니다.

(4) 이웃을 향한 사랑은 하나님에 대한 사랑이 존재함을 의미하며, 하나님에 대한 사랑에는 이웃에 대한 사랑이 함축됩니다.

동일한 내용이 로마서 13장 8-9절에 선포되어 있습니다.

"피차 사랑의 빚 외에는 아무에게든지 아무 빚도 지지 말라 남을 사랑하는 자는 율법을 다 이루었느니라 간음하지 말라, 살인하지 말라, 도둑질하지 말라, 탐내지 말라 한 것과 그 외에 다른 계명이 있을지라도 네 이웃을 네 자신과 같이 사랑하라 하신 그 말씀 가운데 다 들었느니라."

여기에서는 이웃 사랑이 하나님 사랑을 함축한다는 것을 당연하게 여기고 있습니다. 그렇지 않다면 "남을 사랑하는 자는 율법을 다 이루었느니라"고 말할 수 없습니다. 야고보도 동일한 원리를 깨닫고 "너희가 만일 성경에 기록된 대로 네 이웃 사랑하기를 네 몸과 같이 하라 하신 최고의 법을 지키면 잘하는 것이니라"고 말했습니다. 이것은 이웃을 사랑하면 모든 율법을 순종하는 것이라는 말입니다. 박애, 즉 이웃을 향한 선한 의지는 하나님 사랑을 함축합니다. 그것은 존재의 행복에 대한 사랑입니다. 따라서 거룩한 존재들에 대한 사근사근함도 무한히 거룩하신 하나님께 대한 사랑을 함축합니다.

2. 사랑은 신앙의 완성입니다.

하나님이 인간에게 요구하시는 것은 모두 사랑 안에 다양한 형태와 다양한 결과로 존재합니다. 사랑은 모든 것의 총체입니다.

(1) 이에 대한 첫째 증거로 본문(롬 13장)에서 그 감정을 가르치고 있으며, 성경의 다른 많은 부분에서도 가르치고 있습니다.

사랑은 율법과 복음에서 요구하는 모든 것들의 총체임을 성경은 가르쳐 줍니다. 구세주께서는 "네 마음을 다하며 목숨을 다하며 힘을 다하며 뜻을 다하여 주 너의 하나님을 사랑하고 또한 네 이웃을 네 자신같이 사랑하라"는 큰 계명이 율법과 선지자의 강령이며, 성경과 율법과 복음이 요구하는 것들을 모두 함축하고 있다고 말씀하셨습니다.

(2) 하나님은 사랑이시며, 사랑한다는 것은 하나님처럼 되는 것이며, 사랑 안에서 온전케 되는 것은 하나님처럼 온전하게 되는 것입니다.

하나님의 모든 도덕적 속성들은 사랑 안에 존재하면서, 특정의 상황 하에서 특정의 목표를 위해 활동합니다. 악인들을 벌하시는 하나님의 공의, 죄에 대한 진노 등은 모두 하나님 나라의 전반적인 행복을 위한 하나님의 사랑의 발휘에 불과합니다. 인간의 경우도 이와 동일합니다. 인간의 내면에 있는 모든 선은 사랑의 변형입니다. 죄에 대한 증오는 덕에 대한 사랑으로서 덕을 대적하는 것들을 향해 발휘됩니다. 마찬가지로 참 신앙도 사랑을 포함합니다. 사랑을 포함하지 않는 신앙이나 사랑으로 역사하지 않는 신앙은 기독교적 신앙이라 할 수 없습니다. 기독교적 신앙은 하나님께 대한 자애로운 신뢰입니다. 사랑이 없이 하나님을 믿는 신앙이 있습니다. 마귀가 그런 신앙을 가지고 있습니다. 양심의 가책을 받으면서도 회개하지 않는 죄인들도 그런 신앙을 가지고 있습니다. 혹 기적적으로 신앙이 생긴다고 해도 그 안에 사랑이 없으면 그것은 무가치한 것입니다. 사도 바울은 사랑에 대해 이렇게 말했습니다.

"내가 예언하는 능력이 있어 모든 비밀과 모든 지식을 알고 또 산을 옮길 만한 모든 믿음이 있을지라도 사랑이 없으면 내가 아무것도 아니요"(고전 13:2).

회개도 마찬가지입니다. 사랑이 없는 회개는 "하나님을 향한 회개"가 아닙니다. 참된 회개는 사랑의 율법에 대한 순종과 죄를 대적함이 포함됩니다.

3. 완전한 사랑에 반드시 필요하지 않은 것은 무엇입니까?

(1) 완전한 사랑에 고도의 감정이 꼭 필요하지는 않습니다.

예수 그리스도는 고도의 사랑의 감정을 소유하신 일이 거의 없으셨지만 항상 완전한 사랑을 가지고 계셨습니다. 주님은 일반적으로 극도의 감정이나 흥분 등을 나타내지 않으셨습니다. 흥분은 감정 속에 존재하며, 감정의 강도에 비례하여 흥분도 강화됩니다. 주님은 대체로 평정을 지키셨습니다. 때때로 인간들의 완악한 마음에 대한 주님의 분노나 슬픔이 강하게 나타난 적도 있으며, 영적으로 기뻐하신 일도 있습니다. 그러나 주님은 대체로 평온하셨으며 고도의 감정을 드러내지 않으셨습니다. 그러므로 완전한 사랑에 사랑의 감정이 반드시 고도로 존재해야 하는 것은 아닙니다.

(2) 완전한 사랑은 사랑 안에서 증가하고 은혜 안에서 성장한다는 사상을 배제하지 않습니다.

영혼에 대한 인간의 지식은 영원히 성장할 것이며, 여기에는 영원한 사랑의 성장이 함축된다고 생각합니다. 주 예수 그리스도는 인간적 본성 안에서 성장하여 하나님과 사람의 사랑을 받으셨습니다. 물론 어린 시절 주님의 지식은 자랐으며, 지식이 자라남에 따라 하나님의 사랑을 받았고 하나님을 향한 사랑도 자랐습니다. 어린 시절 주님의 사랑도 완전한 사랑이었습니다. 그러나 그가 장성하여 어른이 되었을 때 그 사랑은 더욱 큰 사랑이 되었습니다. 한 인간으로서 주님의 하나님께 대한 사랑은 평생 계속 증가했을 것입니다. 인간의 마음의 본질에 비추어 볼 때 영광 중에 있는 성도들의 경우도 마찬가지일 것입니다. 따라서 그들의 사랑은 영원히 증가할 것이며, 그 사랑은 언제나 완전할 것입니다.

(3) 완전한 사랑이라고 해서 모든 사람들에게 똑같은 사랑을 발휘해야 하는 것은 아닙니다.

우리는 한꺼번에 모든 사람을 생각할 수 없습니다. 한 번에 우리가 알고 있는 모든 사람들을 생각할 수 없습니다. 각 사람을 향해 발휘되는 사랑의 분량은 그 사람에 대해 얼마나 관심을 갖느냐는 사실에 의존합니다.

(4) 완전한 사랑이라고 해서 모든 사람들을 위해 행하는 기도의 정신이 동일해야 하거나 항상 동일한 사람을 위해 기도해야 하는 것은 아닙니다.

순수하고 완전한 사랑에 기도의 영이 항상 필요한 것은 아닙니다. 하늘나라에 있는 성도들은 모든 존재들을 향한 순수하고 완전한 사랑을 가지고 있습니다. 그럼에도 불구하고 그들이 어떤 사람을 위한 기도의 영을 소유하고 있는지 우리는 알지 못합니다. 어떤 사람을 지극히 사랑하면서도 그를 위해 기도하는 영을 갖지 않을 수 있습니다. 다시 말해서 하나님의 영이 우리로 하여금 그 사람의 구원을 위해 기도하도록 인도하시지 않을 수도 있습니다. 우리는 지옥에 있는 악인들을 위해서 기도하지 않습니다. 기도의 영은 성령의 감화에 의존하는 것으로서 우리의 마음으로 하여금 하나님의 뜻에 합당한 대상들을 위해 기도하도록 인도해줍니다. 우리는 모든 인류를 위해 동일한 정열과 믿음을 지닌 영으로 기도할 수는 없습니다. 예수 그리스도는 자신이 모든 인류를 위해 기도하지 않는다고 말씀하셨습니다: "내가 비옵는 것은 세상을 위함이 아니라"(요 17:9).

기도의 영에 대해 이제까지 커다란 오해를 해오고 있었습니다. 어떤 사람들은 이 세상에 죄인이 있는 한 기독교인들이 모든 사람을 위해 믿음으로 기도하지 않는 것은 의무를 다하지 못하는 것이라고 생각합니다. 그렇다면 예수 그리스도도 자기의 의무를 다하지 못하신 셈입니다. 왜냐하면 주님은 그렇게 행하지 않으셨기 때문입니다. 하나님은 주님이 모든 인류를 구원하실 것이라고 믿을 근거를 주시지도 않았습니다. 그런데 어찌 우리가 모든 사람들의 구원을 위해 믿음으로 기도할 수 있겠습니까? 그렇다면 그 믿음은 무엇에 의지하는 믿음입니까?

(5) 완전한 사랑이 피로나 건강의 악화로 인해 나타나는 권태감이나 신체적인 쇠약함 등과는 조화를 이루지 못한다고 생각해서는 안 됩니다.

우리가 흥분하게 되면 능력이 소진되게 마련이지만 그럼에도 불구하고 사랑은 완전할 수 있습니다. 어떤 사람이 기도하기보다는 누워서 잠을 자려 하지만 그의 사랑은 완전할 수 있습니다. 예수 그리스도는 종종 마음은 원이지만 육신이 연약할 때에 이런 피로와 기진맥진함을 느끼셨습니다.

4. 완전한 사랑에 필요한 것은 무엇입니까?

(1) 마음에 사랑과 조화를 이루지 못하는 것이 없어야 합니다.

순수하고 완전한 사랑과 조화되지 못하는 미움, 악의, 진노, 탐심 등의 악한 감정이 없어야 합니다.

(2) 생활 속에 사랑과 조화되지 못하는 것이 없어야 합니다.

모든 행동, 말, 생각 등이 항상 완전하고 온전한 사랑의 통제 하에 있어야 합니다.

⑶ 하나님을 향한 사랑이 최고의 위치에 있어야 합니다.

하나님을 향한 사랑은 모든 다른 대상들을 향한 사랑보다 완전히 우위에 있는 지고한 것이므로 하나님과 비교하여 다른 것들을 사랑해서는 안 됩니다.

⑷ 하나님을 향한 사랑은 사심 없는 사랑입니다.

있는 그대로의 하나님을 사랑해야 합니다. 하나님과 우리의 관계 때문에 사랑하는 것이 아니라 하나님의 탁월한 성품 때문에 사랑해야 합니다.

⑸ 이웃에 대한 사랑이 공평해야 합니다.

이웃의 유익과 행복을 우리 자신의 행복과 동등하게 여겨야 하며, 그에 따라 이웃과 그들의 유익을 다루어야 합니다.

5. 완전한 사랑의 결과는 무엇입니까?

⑴ 하나님과 인간에 대한 완전한 사랑의 결과 중 하나는 하나님 나라의 유익을 증진시키고, 죄인들을 구원하기 위하여 자기를 부인하는 것입니다.

자애로운 부모들은 자녀의 행복을 증진시키기 위해 기꺼이 자기를 부인합니다. 아버지는 가족의 행복을 증진시키기 위해 평생, 매년, 매일 지치도록 일하며 아침 일찍 일어나고 조심스러운 생활을 했습니다. 그는 이런 자기부인과 수고를 짐스럽게 여기거나 슬퍼하지 않고 기뻐했습니다. 왜냐하면 가족들을 사랑하고 있기 때문입니다.

저 어머니를 보십시오. 그녀는 아들을 대학에 보내고 싶어 합니다. 그녀는 밤늦게까지 부지런히 일하는 것을 고통스럽게 여기지 않고 오히려 즐겁게 여깁니다. 이는 그녀가 아들을 진정으로 사랑하기 때문입니다. 이처럼 부모들은 자녀에게서 선물을 받는 것보다 오히려 자녀들에게 선물을 줄 때에 더욱 기뻐합니다. 부모는 한 조각의 과일을 자기가 먹기보다는 자녀에게 줄 때 더 기뻐할 것입니다.

주 예수 그리스도는 모든 성도들이 주님이 베푸시는 은총을 받는 데서 누리는 만족감보다 더 큰 만족감을 인류를 위해 구원을 성취하는 데서 누리셨습니다. 주님은 주는 것이 받는 것보다 더 복된 일임을 증명하셨습니다. 바로 이 기쁨을 누리기 위해 주님은 십자가에 달리시고 수치를 당하셨습니다. 인류를 위한 주님의 사랑이 컸기 때문에 주님은 이 사역을 맡으셔서 끝까지 이루어내신 것입니다.

사도 바울은 복음을 전파하고 영혼을 구원하기 위해 이리저리 쫓겨 다니고 감옥에 갇히고 매를 맞고 돌에 맞고 만물의 찌꺼기처럼 여김을 당하는 것을 슬픔이나 고난으로 여기지 않았습니다. 그것은 그의 기쁨이었습니다. 그는 그리스도의 사랑의 강권을 받았고 선을 행하기를 갈망하였으므로 그 목적을 위해 제단 위에 놓인 희생제물이 되는 것이 최고의 기쁨이었습니다. 다른 사람들도 사도 바울과 같은 마음을 가지고 있었습니다. 그들은 선을 행하여 하나님의 나라를 확장하고 인간의 영혼을 구원할 수 있다면 수천 년 또는 영원히 살려고 하며, 자기가 사랑하는 대상의 유익을 위해서라면 잠도 자지 않고 음식도 먹지 않으려는 사람들입니다.

(2) 완전한 사랑은 율법적 동기의 속박에서 영혼을 구해 냅니다.

완전한 사랑은 사람들로 하여금 하나님의 진노가 두려워서, 또는 일을 행한 데 대한 보상을 바라서 하나님께 순종하는 것이 아니라 하나님을 사랑하며 하나님의 뜻대로 하기를 사랑하기 때문에 순종하게 만듭니다. 이에 대해 두 가지 극단적인 주장이 있습니다. 첫째 주장은 덕은 하나님의 뜻이나 하나님의 영향력과는 관계없이 단순히 옳은 일을 하는 것이라는 주장입니다. 둘째 주장은 덕은 통치자이시며 율법을 주신 분인 하나님의 권위와는 관계없이 사랑에서 비롯된 행위라는 주장입니다. 이것들은 모두 잘못된 주장입니다. 하나님에 대한 사랑에서 우러나서 행하는 것이 아니라 단지 스스로 옳다고 생각하기 때문에 일을 행하는 것은 덕이 될 수 없습니다. 또한 하나님의 뜻과는 상관없이 자신이 하고 싶기 때문에 일을 하는 것도 덕이 아닙니다.

부인들은 남편이 기뻐하리라는 것을 알기 때문에 어떤 일들을 행합니다. 그러나 만일 똑같은 일을 하더라도 남편의 뜻은 전혀 고려하지 않고 자기가 원하기 때문에 행한다면 그것은 남편이 볼 때에 덕이 되지 못합니다. 하나님을 사랑하는 사람은 하나님의 뜻이 무엇인지를 알면 곧 그 일을 하려 할 것입니다. 왜냐하면 그것이 하나님의 뜻이기 때문입니다. 완전한 사랑은 우리를 보편적인 순종으로 이끌어 모든 일에 있어서 하나님의 뜻대로 행하도록 인도하는데, 그것이 하나님의 뜻이기 때문입니다.

(3) 완전한 사랑을 발휘하는 사람은 세상에 대해서 죽습니다.
　이것은 그가 세속적인 생각들의 영향력에서 벗어난다는 의미입니다. 완전한 사랑은 이기심을 멸절시키기 때문에 그는 자기의 뜻이 아니라 하나님의 뜻만 소유하며, 자기의 유익이 아니라 하나님의 영광만 추구합니다. 그는 여론의 영향을 받지 않으며, 다른 사람들의 말이나 생각에도 영향을 받지 않을 것입니다.
　저 부인을 보십시오! 그녀의 행동은 남편에 대한 본성적인 사랑에서 비롯된 것이 아닙니까? 그녀는 친구들을 멀리하여 그들의 말에 관심을 기울이지 않고, 그들이 제공할 수 있는 부와 명예와 기쁨 등도 마다하고 오직 사랑하는 사람과 연합하여 가난하고 수치스러운 유배생활을 하고 있습니다. 그녀의 사랑이 극진하기 때문에 이런 생활을 즐거워하고 남편과 함께라면 오두막이나 동굴에라도 기꺼이 가려 하며 완전한 행복을 느낍니다. 친구들이 남편을 헐뜯는 비방은 그녀의 마음에 조금도 영향을 주지 못하고 오히려 더욱 그를 사랑하게 만듭니다. 이 철저한 사랑으로 말미암아 과거에 그녀에게 영향을 주었던 모든 것들이 이제는 영향을 미치지 못하게 되었습니다. 그런 일로 그녀에게 감화를 주려는 것은 헛된 일이 되고 맙니다. 그녀의 마음에 접근할 수 있는 길은 하나뿐입니다. 즉 그녀의 사랑의 대상을 통해서 그녀의 마음에 접근할 수 있습니다.

마음의 원리에 관한 한 하나님의 완전한 사랑도 이와 동일한 방법으로 작용합니다. 완전한 사랑이 가득한 마음은 그 사랑이 발휘되고 있는 한 결코 하나님에게서 벗어나 다른 대상을 향하지 못합니다. 세상의 재산, 친구, 명성, 자녀들을 빼앗고 감옥에 가두고 채찍으로 때리고 말뚝에 묶어 화형에 처한다고 해도 하나님만 남아 있으면 그는 행복합니다. 하나님을 향한 사랑이 강렬하기 때문에 다른 모든 것에 대해 무감각하게 되는 것입니다. 그는 하나님을 제외한 모든 세상에 대해서는 마치 죽은 사람과 같습니다. 순교자들은 자기의 몸이 불에 타고 있어도 하나님 안에서 완전한 행복을 느끼기 때문에 고통을 느끼지 않습니다. 이런 사람은 지옥의 불못에 빠져도 하나님을 향한 사랑 및 그를 향하신 하나님의 사랑이 그의 영혼을 채우고 있는 한 행복을 느낍니다.

세상의 모든 것에 대해서 죽고 사랑하는 대상만을 위해 사는 경지에 이른 사랑의 이야기를 듣거나 직접 목격한 사람들이 있을 것입니다. 종종 외아들만을 위해 살아오던 부모가 아들이 죽으면 따라

죽고 싶어 하는 것을 볼 수 있습니다. 부부간에도 서로에 대해 이처럼 지극한 사랑을 가지고 있어서 남편이 먼저 죽으면 아내도 남편을 그리워하다가 죽고 맙니다. 삶의 목표였던 사랑하는 대상이 없어졌으니 더 이상 무슨 까닭으로 살려 하겠습니까? 마찬가지로 완전한 하나님의 사랑으로 가득한 사람은 하나님만 사랑하고 섬기기를 원합니다. 그는 세상에 대해 죽고 자기의 명성에 대해 죽으며, 이 세상에서나 하늘나라에서나 우주 어느 곳에서라도 하나님을 영화롭게 하는 일을 위해서만 살려 합니다. 그는 하나님을 영화롭게 하는 일이라면 이 세상이나 다른 곳에서 천 년, 아니 영원토록 고난받으며 수고하려 합니다.

내 친구 한 사람은 종종 이렇게 말하곤 했습니다. "나는 지옥에 똑바로 뛰어들 생각을 하지 않습니다. 또 한 순간도 하나님을 영화롭게 하려는 것 이외의 다른 목적을 생각해 본 일이 없습니다." 그의 말은 신중하고 진지했으며, 그의 삶은 이 말과 일치했습니다. 그는 총명하고 분별력이 있고 정직했습니다. 이것이 완전한 사랑이 아닙니까? 하늘의 천사도 그 이상의 일을 하지는 못할 것입니다. 천사들은 우리보다 강건하기 때문에 그들의 사랑의 분량이 이 사람의 사랑보다 클지도 모르겠습니다. 그러나 지극히 높은 천사라도 "나는 한 순간이라도 하나님을 영화롭게 하는 것이 아닌 다른 목적을 위해서 살기보다는 차라리 지옥에 뛰어들겠다"라고 진지하게 말한 이 사람보다 더 완전하게 사랑할 수는 없을 것입니다. 예수 그리스도도 이보다 더 큰 사랑의 말은 하실 수 없었을 것입니다.

(4) 완전한 기쁨과 평화는 완전한 사랑의 결과입니다.

여기에서 사도 바울이 고린도전서 13장에서 말한 사랑에 주의를 기울여야 합니다.

> "내가 사람의 방언과 천사의 말을 할지라도 사랑이 없으면 소리 나는 구리와 울리는 꽹과리가 되고 내가 예언하는 능력이 있어 모든 비밀과 모든 지식을 알고 또 산을 옮길 만한 모든 믿음이 있을지라도 사랑이 없으면 내가 아무것도 아니요"(고전 13:1-2).

기적을 행할 만큼 강한 믿음이 있어 예부터 굳건히 토대를 잡고 서 있었던 산들을 옮길 수 있다고 해도 사랑이 없으면 소용이 없습니다.

> "내가 내게 있는 모든 것으로 구제하고 또 내 몸을 불사르게 내줄지라도 사랑이 없으면 내게 아무 유익이 없느니라"(고전 13:3).

여기에서 우리는 사람이 사랑이 없이도 얼마나 많은 일을 할 수 있는지 알 수 있습니다.

> "사랑은 오래 참고…"(고전 13:4).

오래 참는다는 것은 압박과 박해를 받아도 온유한 것은 말합니다. 큰 도발을 받고서도 참고 인내하며 보복하거나 되받아 욕하지 않는 것은 사랑의 결과입니다. 사랑은 사람들과의 교제에 있어서 친절하고 자애로우며, 무례하거나 무자비하지 않으며, 어떤 사람에게라도 고통을 주지 않습니다. 사랑은 다른 사람들이 자기보다 더 환대를 받거나 더 잘 알려져 있거나 더 많은 영광을 받거나 또는 지식이나 행복, 경건에 있어서 더 많은 것을 얻었다고 해서 그들을 투기하거나 싫어하지 않습니다.

사랑은 교만하지 않고 항상 겸손하며 조심합니다. 사랑은 무례히 행치 아니하며 누구에게든지 예의 바르고 기분 좋은 태도를 취합니다. 완전한 사랑에 의해 움직이는 사람은 사회의 풍습들을 알지 못해도 항상 잘 적응해 나가며, 친절하고 온유하고 정중하게 행동합니다.

사랑은 자기의 유익을 구하지 않으며 이기심을 갖지 않습니다. 사랑은 쉽게 화를 내지 않습니다. 이것은 모두 사랑의 효과입니다. 어머니는 자식을 사랑하기 때문에 오래 참습니다. 만일 어떤 사람이 성을 잘 내고 심술궂으며 일이 잘못될 때에 걸핏하면 화를 낸다면, 혹시 그가 사랑을 가지고 있다고 해도 그것은 결코 완전한 사랑이 아닙니다. 쉽게 화를 내는 것은 교만하다는 증거입니다. 사랑이 가득한 사람이라면 그 사랑이 지속되고 있는 한 분노를 발휘하지 못합니다. 그는 천하고 그릇된 일에 대해서는 거룩한 천사들이 느끼는 것처럼, 그리고 하나님이 발휘하시는 것 같은 분노를 발휘합니다. 그러나 그것 때문에 화를 내지는 않습니다.

사랑은 악한 것을 생각하지 않습니다. 항상 다른 사람들의 행동의 동기를 의심하며 동료들의 말과 행동들을 악의로 해석하는 사람의 속에는 성령이 아니라 마귀가 들어 있는 것입니다. 그의 마음속에는 이웃을 악하게 생각하도록 하는 것이 들어 있습니다. 정직하고 순진한 사람은 결코 이웃을 악하게 생각하지 않습니다. 이런 사람들은 선한 의식의 결핍 때문이 아니라 사랑 때문에 야심 많은 사람들에게 이용당하기도 합니다. 그들은 외관상 정당하고 확고한 증거가 있을 때에는 악을 의심하지 않습니다.

사랑은 불의를 기뻐하지 아니하며 진리 안에서 기뻐합니다. 이웃이 타락할 때에 기뻐하거나, "내가 그렇게 말하지 않았더냐"라고 말하는 사람은 결코 완전한 사랑 안에 있는 사람이 아닙니다.

사랑은 모든 것, 즉 모든 도발과 해를 참으며 보복하지 않습니다. 이웃에 대해 우호적인 확신을 가지며 모든 것을 믿으며, 지극히 작은 증거만 있어도 가능한 선한 쪽으로 믿으려 합니다. 사랑은 모든 것을 바랍니다. 악한 것이 아닐까 의심해 볼 여지가 있어도 조그마한 희망이 있는 한 가능한 최선의 해석을 하여 그것을 희망합니다. 이런 정신을 갖지 않은 사람은 결코 진실한 사랑 안에 있지 않고 사랑을 모르는 사람입니다.

사랑은 이웃에게 악을 행하지 않습니다. 악을 행하지 않는다는 것에 유념하십시오! 완전한 사랑은 이웃에게 책략을 꾀하거나 속이거나 압제하거나 악을 행하지 않습니다. 완전한 사랑의 영향 아래 있는 사람이 이웃에게 술을 팔 수 있습니까? 그럴 수 없습니다. 마음을 다하여 하나님을 사랑하는 사람이 이웃을 노예로 삼을 수 있습니까? 사랑은 이웃에게 악을 행하지 아니합니다. 노예제도는 노예를 짐승처럼 취급하며, 임금을 착취하고 팔아 넘겨 가족들에게서 떼어놓으며, 성경도 빼앗습니다. 하나님을 사랑한다고 하면서 그런 일을 하는 것보다 더 큰 거짓과 위선은 있을 수 없습니다. 사람이 자기의 혈육을 미워할 수 있습니까? 이웃에게 해를 끼치며 미워하는 사람이 어떻게 하나님을 사랑할 수 있겠습니까?

완전한 사랑은 교회의 성화(聖化)와 영혼들의 구원을 위해 노력합니다. 이 둘 중 어느 하나라도 소홀히 하는 사람은 겉으로 사랑하는 체해도 결코 완전한 사랑 안에 있는 사람이 아닙니다.

결론

(1) "누구든지 스스로 경건하다 생각하며 자기 혀를 재갈 물리지 아니하고 자기 마음을 속이면 이 사람의 경건은 헛것이라"(약 1:26)는 야고보의 말이 왜 진실인지 알 수 있습니다.

이웃을 제 몸처럼 사랑한다고 하며 경건한 체하면서도 혀를 단속하지 않고 이웃을 비방하며 해를 끼치고 스스로 기만하는 사람이 있습니다. 이런 사람의 사랑은 이상한 사랑입니다.

(2) 사랑이 없으면서도 신앙심에 관한 많은 견해가 있을 수 있습니다.

경건에 대해 많이 알고 있어 사람들에게 그것을 전파하지만, 사랑의 정신에 의해 행동하지 않는 사람들을 종종 볼 수 있습니다. 그들은 입술에 대한 자비의 법을 갖지 못한 사람입니다.

⑶ **사랑이 없는 종교적 지식과 열정을 지닌 사람들은 대단히 위험하고 불쾌한 사람입니다.**

그들은 항상 남을 비판하고 교만하며 성급합니다. 그들은 혹시 강력한 인상을 주기도 하지만 진정한 신앙심을 만들어 내지 못합니다. 그들은 열정적으로 이웃에게 감동을 주려고 하지만 성공하지 못합니다.

⑷ **어떤 사람이 지니고 있는 열정의 추세가 그의 신앙심의 특성을 결정 짓습니다.**

그것은 그의 마음에 있는 빛이 사랑을 동반하는지 아닌지를 나타내줍니다. 만일 사랑을 동반하고 있다면 그의 열정은 파당적인 특성을 띠지 않을 것입니다. 자기의 종파에 속하지 않은 것들에 대해서 질투심으로 가득한 사람은 완전한 사랑과는 거리가 먼 사람입니다.

완전한 사랑은 남을 공격하거나 무자비하게 행하지 않습니다. 혹시 이웃의 허물에 대해 말해야 할 경우가 생기더라도 온유하고 아픈 마음으로 이야기합니다. 완전한 사랑은 이웃에게 말할 때나 이웃에 대해 말할 때 무례하고 모욕적인 태도를 취하지 않습니다. 완전한 사랑은 종교의 부수적인 면들을 지나치게 강조하거나 특별한 형태와 규칙들에 구애되지 않습니다. 많은 사람들은 새로운 조처나 일들에 대해 격렬하게 찬반 논쟁을 합니다. 그러나 사랑으로 충만한 사람은 그렇게 행하지 않습니다. 완전한 사랑의 지배를 받는 열정은 종교적 문제의 찬반논쟁, 또는 사소한 오류나 악을 공격하느라고 모든 것을 소진하지 않습니다. 사랑은 종교에 있어서 근본적인 것들을 강조하도록 인도해 줍니다. 완전한 사랑은 종파를 불문하고 따뜻한 마음을 지닌 기독교인들에게 집착하며, 그들을 사랑하고 그들과 함께 교제하기를 기뻐합니다.

완전한 사랑에서 비롯된 열정은 논쟁을 좋아하지 않습니다. 교회의 모임에 참여하기를 좋아하며 시대의 모든 논쟁에 참가하는 사람은 사랑이 충만한 사람이 아닙니다. 거룩한 사랑이 충만한 사람이 그러한 모임에 참석하여, 목회자들이 여러 당파로 나뉘어 책략을 꾀하고 간부 회의를 열고 엉터리 수작을 부려 주도권을 얻으려는 것을 본다면 고통을 느낄 것입니다. 신문 등을 통한 논쟁을 좋아하는 사람도 사랑이 충만한 사람이 아닙니다. 사랑이 충만한 사람이라면 자신을 변호하거나 보복하기 보다는 신문을 통해서 또는 직접 욕을 먹고 중상을 당하려 할 것입니다. 그는 욕을 욕으로 갚지 않고 오히려 축복으로 갚으려 할 것이며, 가능하다면 모든 사람들과 평화롭게 살려 할 것입니다.

(5) 세상에는 사랑이 없는 믿음이 많습니다.

경건한 행위라고 여겨지는 것들 중에 내면적인 사랑의 힘이 아니라 표면적인 동기와 영향력의 속박을 받는 것이 많습니다. 표면적으로는 기도와 찬양과 구제 등의 경건한 행동을 해도 사랑이 가장 주요한 동기가 되지 않은 행위 안에는 신앙이 없다는 것을 깨달아야 합니다. 흔히 사람들이 신앙이라고 여기는 감정적 흥분 상태 안에는 사랑이 없습니다.

또 신앙심이 없는 열정도 많습니다. 어떤 사람은 열정으로 가득했는데, 만일 그것으로 인해 꾸짖음을 당하면 사도 바울처럼 "너희 악마의 자식들아"라고 말하곤 했습니다. 그러나 만일 그가 완전한 사랑의 영향을 받는 사람이었다면 자신이 처해 있는 상황은 바울이 처했던 상황과는 대단히 다르기 때문에 그러한 정신의 발휘를 정당화할 수 없다는 것을 깨달았을 것입니다.

(6) 사랑의 정신 안에 있지 않은 종교적 흥분 상태는 신앙 부흥이 아닙니다.

때로 교회가 온유한 정신이 아닌 대단히 흥분하고 시끄러운 열정을 나타내며 북적거리는 경우가 있습니다. 사람들이 거만하고 무례한 마음을 가지고 돌아다니며 집집을 방문하여 말다툼을 일으키는 수도 있습니다. 내가 아는 어떤 청년은 자기의 목표가 사람들을 화나게 만드는 것이라고 했습니다. 그렇게 함으로써 사람들로 하여금 확신을 갖게 만들고 그리하여 회심하게 할 수 있다는 것이 이유였습니다. 만일 그가 면전에서 그들에게 무시무시한 저주를 하면 그들이 두려움에 질려 자신의 성품을 생각하게 되어 회심하는 경우가 있을지 모르겠습니다. 그러나 간혹 그러한 결과가 나타날 수도 있다는 근거에서 그의 행위를 옹호할 사람이 과연 어디에 있겠습니까?

혹시 이것이 종교적 흥분 상태의 특성을 지닌다고 해도 신앙의 부흥이 아닌 진노, 악의 및 모든 무자비함의 부흥일 것입니다. 이것은 때로 사람들이 분노로 가득하게 되는 것은 신앙의 부흥이 없다는 확실한 증거라는 의미에서 하는 말이 아닙니다. 그러나 그 흥분 상태에 이러한 특성이 우세하다면 그것은 진정한 신앙 부흥이 아닙니다. 그들 중 어떤 사람들은 사랑의 정신을 소유할 수도 있습니다. 그러나 지독하게 논쟁적인 열정을 가진 사람들은 경건한 사람이 아닙니다. 이런 경우에 있어서 어떤 사람들의 신앙이 부흥할 수도 있지만 대체로 그것은 무신앙의 부흥이라 할 수 있을 것입니다.

(7) 회심했다고 고백하지만 사랑이 주된 성품이 되지 못하는 사람은 참으로 회심한 사람이 아닙니다.

다른 면에 있어서 아무리 훌륭하게 보이고 분명한 견해를 지니고 있으며 심오한 감정을 가지고 있다고 해도 하나님과 인간에 대한 사랑의 정신을 갖지 못한 사람은 자기기만에 빠진 사람입니다. 그런 회심자들을 신뢰해서는 안 됩니다.

⑻ 인류 전체가 사랑의 정신에 의해 행동한다면 이 세상은 어떻게 될까요?

장차 해치거나 파괴하는 것이 없고 사랑의 정신이 널리 퍼질 날이 올 것입니다. 그때 이 사회는 얼마나 다르게 변할까요! 장차 모든 사람이 이웃을 제 몸처럼 사랑하고 이웃의 행복을 자기의 행복처럼 여기고 추구할 때에 사업의 방법, 인간 상호간의 교제 방법이 얼마나 변화될까요? 만일 오늘날의 성도가 그런 시대에 다시 태어난다면 모든 것이 너무나 변화하였으므로 과거 자기가 살았던 세상이라고 생각지 못할 것입니다. 아마 그는 이렇게 외칠 것입니다. "이것이 과거 싸움과 압제와 사기가 가득했던 그 지구입니까?"

⑼ 주 예수 그리스도께서 하시려는 일은 모든 인류를 사랑의 영향력 아래로 끌어들이는 것입니다.

이것은 가치 있는 목표입니다. 주님은 마귀의 역사를 멸하려고 이 세상에 오셨으며, 이것이야말로 그 목표를 이루는 방법입니다. 이 세상에 인간 예수 같은 사람이 가득하다고 가정하고 오늘날의 세상과 비교해 보십시오. 그러한 변화는 하나님의 아들에게 합당한 것이 아닐까요? 이 세상을 사랑으로 가득 채우는 것은 참으로 영광스러운 목표입니다!

(10) 무엇이 하늘나라를 이루는지 알기는 대단히 쉽습니다.

그것은 완전한 사랑입니다. 이 세상에서 사랑이 충만한 사람들의 내면에 하늘나라가 시작되게 만드는 것이 무엇인지도 쉽게 알 수 있습니다. 이런 사람들은 온유한 성품을 지니고 있으며, 그들과 함께 있는 것은 무척 즐거운 일이며, 그들과 함께 사는 것은 복입니다. 그들은 정직하고 자비하고 온유하며, 범죄하지 않으려 조심하며, 모든 일에 있어서 거룩할 정도로 온후(溫厚)합니다!

인간이 완전한 사랑을 얻을 수 있을까요? 이 세상에서 마음과 뜻과 힘과 목숨을 다하여 하나님을 사랑할 수 있을까요? 예수 그리스도의 영을 소유하고서 마귀의 정신을 나타내는 것이 과연 우리의 의무이며 특권입니까? 마음을 완전한 사랑 위에 놓으십시오. 우리의 마음에 사랑이 가득 찼다고 느낄 때까지, 그리고 우리의 모든 생각과 삶에 하나님을 향한 사랑과 인간에 대한 사랑이 가득 찰 때까지는 하나님을 쉬지 못하시게 하십시오. 오! 언제 교회가 이러한 기반에 이르게 될까요? 교회를 사랑으로 충만하게 하십시오. 그러면 교회는 달처럼 아름답고 태양처럼 분명할 것이고, 높은 곳에서나 낮은 곳에서 악인들에 대해 마치 깃발 아래 모인 군대처럼 무서운 존재가 될 것입니다.

제11장

여론

"그들은 사람의 영광을 하나님의 영광
보다 더 사랑하였더라"
- 요 12:43 -

　　　　　이 말씀은 주님이 서기관과 바리새인, 그리고 예루살렘의 주요 인사들에게 인기가 없었기 때문에 예수를 그리스도로 고백하기를 거부한 사람들에 대해 한 말입니다.

　자기애(自己愛), 즉 단순한 행복에 대한 갈망과 이기심에는 분명한 차이가 있습니다. 자기애, 즉 행복에 대한 갈망과 불행에 대한 두려움은 본성적인 것으로서 하나님이 만드신 인간 성품의 일부분입니다. 그리고 하나님의 법의 테두리 안에서 그것에 빠지는 것은 죄가 아닙니다. 그러나 하나님의 법을 거슬러 그것에 빠지는 것은 죄가 됩니다. 행복에 대한 갈망과 불행에 대한 두려움이 주도적 원리가 되고 보다 중요한 유익보다 자기의 만족을 선호하게 되는 것이 이기심입니다. 우리가 고통을 피하고 행복을 확보하기 위해 보다 큰 유익들을 희생시키며 사심 없는 사랑이라는 위대한 법을 범하는 것은 합법적인 범위 내에서 행하는 자기애가 아니라 이기심입니다.

앞에서 소망이나 두려움 때문에 종교적 수행(修行)을 하는 신앙고백자들에 대해 설명한 일이 있습니다. 그들은 때로는 자기애나 이기심에 의해 움직입니다. 그들에게 최고의 목표는 하나님을 영화롭게 하는 것이 아니라 자기의 구원을 확보하는 것입니다. 이런 무리의 신자들도 앞서 설명했던 하나님과 인간의 참된 친구들과 여러 가지 면에서 일치합니다. 그들의 일치점만을 보고서는 차이를 구별하지 못합니다. 전자의 주요 의도가 하나님을 영화롭게 하는 것이 아니라 자기의 구원을 확보하는 것임을 파악하려면 세심하게 관찰해야 합니다. 그렇게 하면 그들의 최고 목표를 알 수 있으며, 또 그들이 표면적으로는 하나님을 영화롭게 하는 것을 최고의 목표로 삼는 사람들과 동일한 행위를 하지만 그 동기는 전혀 상이하며, 따라서 그 행위들 자체도 하나님이 보시기에 완전히 다른 성질의 행위라는 것을 알 수 있습니다.

세 번째 부류의 신자들, 즉 "하나님의 영광보다는 사람의 영광을 더 사랑하는 사람들"의 특성을 살펴보겠습니다.

이것은 이 부류의 신자들이 단지 명성을 얻으려는 의도에서 신앙을 고백한다는 의미가 아닙니다. 종교는 언제나 지극히 인기가 없었으므로 대다수의 사람들이 단지 명성을 얻기 위해서 신앙을 고백하지는 않습니다. 그러나 신자가 되는 것이 일반적으로 인기가 있고 많은 사람들이 그것을 좋아하게 되는 곳에서는 복합적인 동기-내세의 행복을 확보하고 이 세상에서 명성을 증가시키려는 소망-가 작용합니다. 그리하여 많은 사람들이 신앙을 고백하지만 자세히 관찰해 보면 그들의 주도적 목표는 동료들의 좋은 평가임을 발견하게 됩니다. 그들은 이러한 평가를 완전히 상실하느니 차라리 신앙을 고백하지 않으려 합니다. 그들의 신앙고백은 이에 따라 결정됩니다. 비록 그들이 성실한 기독교인이라고 고백하지만 그들의 행동을 살펴보면 사람들의 좋은 평판을 잃게 만드는 일은 하지 않으려 한다는 것을 알 수 있습니다. 그들은 세상에서 죄를 근절하기 위해 전념한다고 할 때에도 자신이 직면해야 하는 비난을 감당하려 하지 않습니다.

회개하지 않은 죄인들이 외관상 신앙생활을 하는 데 있어서 언제나 다음과 같은 두 가지 중 하나의 영향을 받는다는 점에 주의하십시오. 그들은 자기애와 연민 같은 본성적인 원리들-그들의 내면에 있는 본성적 원리들-이나 이기심에 대한 관심 때문에 경건을 행합니다. 그들은 자신의 내면에 있는 하나님에 대한 사랑이 아닌 본성적 원리들의 충족이나 행복 또는 명성에 대한 관심에서 경건을 행합니다. 그들은 "하나님의 영광보다 사람의 영광"을 더 사랑합니다.

겉으로는 하나님을 극도로 사랑한다고 고백하면서도 사람들의 영광을 우상으로 삼는 사람들의 참된 특성을 감지할 수 있는 사실들을 몇 가지 언급하겠습니다.

(1) 그들은 사도 바울의 시대에 어떤 사람들이 행했던 것처럼 행합니다. 그런 까닭에 그들은 참된 진리의 교훈을 알지 못합니다. 그들은 스스로를 자기의 기준에 따라 판단하며 자기들끼리 서로 비교합니다.

많은 사람들은 예수 그리스도를 비교의 기준으로 삼지 않고, 성경을 삶의 규칙으로 삼지 않습니다. 그들은 성경을 표준으로 삼는다는 것을 꿈에도 생각하지 않습니다. 그들이 가장 중요하게 생각하는 문제는 자신이 얼마나 많은 경건을 행하며, 다른 사람들과 그들 주위에 있는 교회만큼 경건할 수 있느냐 하는 것입니다. 그들의 목표는 훌륭한 신앙고백을 유지하는 것입니다. 그들은 성경이 실제로 요구하는 것이 무엇인지, 또는 이러저러한 상황에 처했을 때에 예수 그리스도라면 어떻게 행동하실 것인가를 진지하게 묻지 않습니다. 그들은 단순히 신앙을 고백하는 신자들의 일반적 관행을 바라보며, 자기의 명성을 위해 좋다고 생각되는 것을 행하는 것으로 만족합니다. 그들은 성경에서 신자들의 의무라고 제시한 것을 행하는 것이 아니라 대다수의 기독교인들이 행하는 것을 그대로 따라 행하는 것, 즉 옳은 일보다는 존경받을 만한 일을 행하는 것이 목표임을 나타냅니다.

(2) 이런 신자들은 경건의 표준 향상을 위해 애쓰지 않습니다.

그들은 교회 내의 일반적인 경건의 표준이 저급하여 죄인들을 인도하여 회개하게 할 수 없다는 사실에 대해 염려하지 않고, 현재의 표준으로 충분하다고 생각합니다. 그들은 언제나 그 당시의 표준이 무엇이든지 간에 그것에 만족합니다. 그러나 하나님과 인간의 참된 친구들은 교회의 경건의 표준이 너무 낮기 때문에 불평하며 교회를 깨워 경건의 경향을 진작시키려 애를 씁니다. 그러나 하나님의 영광보다 자신의 영광을 구하는 사람들이 볼 때에 그것은 비난하고 간섭하기를 좋아하는 불안정한 성향처럼 보이며, 그들 안에 있는 좋지 못한 정신을 나타내는 것으로 여겨집니다. 예수 그리스도께서 바리새인들과 서기관들과 그 밖의 중요한 인물들을 비난하셨을 때에 그들은 이렇게 말했습니다. "그는 마귀를 가지고 있습니다. 그는 우리의 신학박사들과 모든 훌륭한 사람들을 비난하고 있으며, 심지어 서기관들과 바리새인들을 위선자라고 하고, 우리의 의가 그들의 의를 능가하지 못하면 우리가 결코 하늘나라에 들어가지 못한다고 말하고 있습니다. 그는 분명히 악한 영을 가지고 있습니다."

오늘날도 대부분의 교회가 이와 동일한 정신을 소유하고 있습니다. 교회로 하여금 눈을 뜨게 하고, 기독교 신자들로 하여금 그들이 지극히 천하고 세속적이며 위선적이기 때문에 주님의 사역을 더 이상 진행할 수 없다는 것을 깨닫게 하려는 노력은 다 악의와 비난의 근거만 자극할 뿐입니다. 그들은 "그는 악한 마음을 나타내고 있다.

그것은 하나님의 아들의 온유하고 자비하고 사랑하는 마음이 아니라 비난하기를 좋아하고 불친절한 마음이다"라고 말합니다. 그들은 예수 그리스도께서 당시 가장 경건한 사람들이라는 명성을 가진 사람들을 대적하여 온 유대의 산들을 뒤흔들 만큼 저주를 쏟아 놓으셨던 것을 잊고 있습니다. 그들은 마치 예수께서 누구에게도 거친 말을 하신 적이 없으며 그들에게 아양을 떨고 그들이 주님의 나라에 들어간다고 위로하셨다고 생각하는 듯합니다. 그러나 주님이 주님의 영혼으로 하여금 분기하여 일어나고 분노하게 하는 신자들의 위선적인 정신에 대해 불같은 공격을 하셨다는 것은 누구나 다 알고 있습니다. 주님은 스스로를 경건의 표본인 양 내세우는 사람들에 대해 불평하시고, 그들을 위선자라고 하시면서 "너희가 어떻게 지옥의 판결을 피하겠느냐!"라는 무서운 말씀으로 그들을 내리치셨습니다.

많은 사람들이 하나님의 영광보다 사람의 영광을 사랑하기 때문에 진리를 말할 때에 흥분합니다. 그들은 현재 있는 그대로의 경건의 표준에 극히 만족하며 사람들이 주일학교, 선교사업, 소책자 발행 등을 위해 일하는 것을 볼 때에 모든 일이 잘되고 있다고 생각할 뿐 그들의 내면에 무엇이 있는지 알려 하지 않습니다. 그들의 이러한 맹목성은 참 안타까운 일입니다! 그들은 신앙을 고백하는 일반 기독교인들의 모든 생활들이 예수 그리스도의 표준과 비교해 볼 때 마치 빛과 어둠만큼의 차이가 있다는 것을 알지 못하는 듯합니다.

(3) 그들은 대중의 여론에 의해 강력한 지지를 받는 하나님의 명령들과 그렇지 못한 것들을 구별합니다.

그들은 여론이 지지하는 요구는 세심하게 지키려 하지만, 지지하지 않는 것들은 무가치한 것으로 간주합니다. 이러한 예는 도처에서 찾아볼 수 있습니다. 한 예로 금주운동을 들 수 있습니다. 이 문제에 있어서 하나님이나 사람에게 복종하지 않던 많은 사람들이 대중의 의견에는 굴복합니다. 그들은 처음에는 사태가 어떻게 되어 가는지 관망하며 독한 술 끊기를 거부합니다. 그러나 금주운동이 널리 보급되고 다른 알코올성 음료를 마시고서도 잘 지낼 수 있다는 것을 발견하게 될 때에 금주를 단행합니다. 그들은 여론이 요구하는 것 이상의 일은 하지 않습니다. 그들은 금주협회에 가입하여 금주개혁운동을 성취함으로 폭음이라는 괴물을 없애는 것이 목적이 아니라 좋은 평판을 유지하는 것이 목표임을 나타냅니다. 그들은 "하나님의 영광보다 사람의 영광"을 더 사랑합니다.

많은 사람들은 하나님을 사랑해서가 아니라 그렇게 해야 존경받기 때문에 안식일을 지킵니다. 친지들과 함께 있을 때나 그들의 얼굴이 알려진 곳에 있을 때에는 안식일을 지키지만, 아무도 자신을 알아보지 못하는 곳에 가거나 안식일을 범하는 것이 대중적으로 수치스러운 일이 아닌 곳에서는 안식일을 지키지 않는 것을 보면 이것이 분명합니다.

이런 신자들은 여론의 비난을 받는 죄들은 철저히 금하지만, 악한 일이라도 여론의 비난을 받지 않는 일들은 그대로 행합니다. 그들은 여론에 의해 부과되는 의무는 행하지만 그렇지 않은 일들은 행하지 않습니다. 그들은 안식일의 공적인 예배에는 빠지지 않으려 합니다. 만일 그렇게 하면 경건하다는 평판을 유지할 수 없기 때문입니다. 그러나 그들은 하나님의 말씀 속에서 명령된 것들은 태만히 합니다. 하나님의 명령인 줄 알면서도 습관적으로 하나님의 명령에 불순종하는 사람이 표면적으로 하나님께 순종하는 척하는 것은 하나님의 권위나 사랑에 대한 배려가 아닌 다른 동기에서 비롯된 것입니다. 그는 실제로는 하나님의 어떤 명령에도 복종하지 않습니다. 야고보는 이 문제에 대해 "누구든지 온 율법을 지키다가 그 하나를 범하면 모두 범한 자가 되나니"(약 2:10)라고 말합니다. 하나님의 계명에 대한 순종은 순종하는 마음의 상태를 포함합니다. 따라서 하나님의 권위에 대한 배려를 포함하지 않는 행위는 순종이 될 수 없습니다. 마음이 올바른 사람이라면 무엇보다도 하나님이 명하시는 것을 더 중요하게 여길 것입니다.

하나님의 권위보다 더 우월하게 여기는 것은 우리의 우상입니다. 우리가 최고의 관심을 기울이는 것이 우리의 우상입니다. 즉 명성, 위안, 부, 명예 등 우리가 가장 큰 관심을 두는 것은 모두 우리의 우상이 됩니다. 사람이 하나님의 명령이라고 알고 있거나 그리스도의 나라를 확장하기 위해 필요하다고 알고 있는 것을 상습적으로 소홀히 여기는 이유가 무엇이든지 간에, 그가 이러한 세상적인 것들을 최고로 여기고 있다는 절대적인 증거는 다음과 같습니다. 그의 예배에는 하나님께서 기뻐 받으실 만한 것이 없습니다. 그는 자기의 신앙생활이 여론에 따른 생활이라는 사실에 안심합니다. 만일 그가 소홀히 하고 지나칠 수 있으며 여론도 명하지 않기 때문에 하나님의 율법에 의해 요구된 일을 소홀히 하거나 단지 여론이 요구한다는 이유 때문에 하나님의 율법에 어긋나는 일을 행한다면, 그는 모든 행동에 있어서 하나님의 영광을 고려하지 않고 대중의 의견에 순종하는 것입니다.

사랑하는 성도여, 당신은 어떻습니까? 당신은 여론이 주장하고 명하는 것이 아니라는 이유로 하나님의 명령을 상습적으로 등한시하고 있습니까? 만일 당신이 신앙을 고백한 사람이라면 여론이 강력히 요구하는 것을 등한히 하지 않을 것입니다. 그러나 그 밖의 다른 것들에 대해서는 어떻게 합니까? 당신은 어떤 의무들을 상습적으로 등한시하지 않습니까? 사람들 사이에서는 훌륭하지만 하나님의 율법에는 어긋난다고 알고 있는 관습들에 따라 생활하고 있지 않습니까? 만일 그렇다면 그것은 당신이 하나님의 판단보다는 인간의 견해를 더 중요하게 여기고 있다는 절대적인 증거입니다. 당신의 이름을 "위선자"라고 기록하십시오.

(4) 이런 부류의 신자들은 해외에 있을 때에는 국내에 있을 때 범하지 않던 죄에 쉽게 빠집니다.

고향에 있을 때에는 금주하던 많은 사람들이 먼 곳으로 여행을 하게 되면 브랜디를 단숨에 들이키고 식탁에서 침을 흘리며, 술집에 가서 거리낌없이 술을 청하고 좋지 않은 곳에 가기도 합니다. 내가 지중해의 메시나에 있을 때에 어떤 신사가 나에게 극장에 가지 않겠느냐고 물었습니다. 나는 "어떻게 목사가 극장에 갈 수 있습니까?"라고 대답했는데 그는 "어때요, 당신은 지금 외국에 있기 때문에 아무도 모를 텐데요?"라고 대꾸했습니다. 나는 "그러나 하나님은 아십니다"라고 말했습니다. 그는 내가 목사이지만 고국에서 떨어져 있으니 극장에 가도 괜찮을 것이라고, 사람들만 모른다면 하나님이 아시는 것은 상관없다고 생각했던 것입니다. 그가 그런 생각을 갖게 된 것은 목사들이 그렇게 행하는 것을 보았기 때문이 아닐까요?

(5) 이런 신자들의 또 다른 특성은 은밀한 죄에 빠진다는 것입니다.

당신이 아무도 모르게 은밀히 죄에 빠지더라도 하나님은 그것을 보시고 당신의 이름을 "위선자"라고 기록하신다는 것을 알아야 합니다. 당신은 하나님보다는 인간의 눈에 수치스럽게 보이는 것을 더 두려워합니다. 그러나 만일 당신이 하나님을 최고로 사랑한다면 당신의 죄를 사람들이 알게 되는 것은 하나님이 당신의 죄를 알게 되시는 것과 비교해 볼 때 사소한 일에 불과할 것입니다. 그래서 그러한 죄를 범하라는 유혹을 받을 때에 당신은 "하나님이 모든 것을 보고 계시므로 결코 범죄할 수 없다"고 외칠 것입니다.

⑹ 그들은 은밀하게 의무를 태만히 합니다. 그리고 그것을 다른 사람들이 알지 못하게 합니다.

그들은 은밀한 죄를 행하지 않으며 은밀한 부정행위를 하지는 않지만 의무를 등한히 할 수도 있습니다. 만일 그것을 소홀히 한 것이 알려지면 기독교인으로서의 평판에 불명예가 될 것입니다. 예를 들면 개인적인 은밀한 기도를 들 수 있습니다. 그들은 성찬에 참여하며 안식일에는 경건한 것처럼 행합니다. 그러나 기도의 밀실은 사람에게도 하나님에게도 알려져 있지 않습니다. 그들에게 있어서는 세상의 명성이 우상입니다. 그들은 하나님께 범죄하는 것보다 명성을 잃는 것을 더 무서워합니다.

당신은 어떻습니까? 당신은 습관적으로 은밀한 의무를 행하지 않으며 개인적인 의무보다 공적인 의무를 행하는 데 더 주의를 기울이고 있지는 않습니까? 그렇다면 당신은 어떤 특성을 지닌 신자입니까? "그들은 사람의 영광을 하나님의 영광보다 더 사랑하였더라."

⑺ 이런 신자들의 양심은 복음의 원리가 아닌 다른 원리에 기초를 둔 것처럼 보입니다.

그들은 널리 통용되고 있는 일들에 있어서만 양심을 가지고 있으며, 대중의 여론이 요구하지 않는 일들에 대해서는 전혀 양심을 가지고 있지 않은 것처럼 보입니다. 우리가 그들에게 의무를 분명하게 전파해 주고 증언하여 그것을 자기의 의무로 고백하게 만든다고 해도, 여론이 그것을 요구하지 않으며 명성에 관계되는 일이 아닌 한 그들은 전과 동일하게 행합니다. 그들에게 "주께서 이와 같이 말씀하시니라"라는 말씀을 보여주고 그들이 행하는 길이 기독교적인 온전함과 일치하지 않으며 그리스도의 나라의 유익에 반대가 된다는 것을 보여주어도 그들은 결코 변하지 않을 것입니다. 그들이 관심을 두는 것은 하나님의 요구가 아니라 여론의 요구입니다. 그들은 하나님의 영광보다 사람의 영광을 더 사랑합니다.

(8) 이런 신자들은 일반적으로 "광신적" 이라고 여겨지는 것을 두려워합니다.

그들은 종교의 으뜸 되는 원리, 즉 온 세상이 그릇되어 있다는 것을 알지 못하고 있습니다! 세상의 여론은 하나님을 거스르고 있으며 하나님을 섬기려는 사람은 무엇보다도 대중의 여론을 외면해야 한다는 것을 모르고 있습니다. 그들은 반역적인 세상의 여론이 그릇된 것임을 깨달아야 합니다. 그들은 이 세상이 그릇되었고 하나님의 길은 그들의 길과 반대가 된다는 근본적인 진리에 눈을 뜨지 못하고 있습니다. "예수 그리스도 안에서 경건하게 살고자 하는 사람들은 고난을 받을 것이다"라는 말씀은 과거에도 진리였고 지금도 진리입니다. 이 말씀대로 사는 사람들은 광신자, 미신가, 극단주의자 등이라는 말을 듣습니다. 온 세상이 그릇되어 있기 때문에 과거에도 그랬고, 지금도 그렇고, 미래에도 그럴 것입니다.

  이런 부류의 신자들은 세속적인 사람들의 견해와 일치하는 것 이상의 일은 하지 않습니다. 그리고 그런 사람들에게 영향을 미치려면 이것저것을 해야만 한다고 말합니다. 그러나 하나님과 인간의 참 친구가 되는 사람들이 행하는 길은 이것과 정반대입니다. 그들의 주요 목표는 세상의 질서를 역전시키고 온 세상을 뒤집어엎어 모든 사람들로 하나님께 순종하게 하며, 인간의 견해를 하나님의 말씀에 일치시키고 이 세상의 모든 제도와 관습을 복음의 정신에 일치시키는 것입니다.

(9) 이런 신자들은 세상적인 사람과 경건한 사람들 모두를 친구로 삼으려고 노력합니다.

  그들은 항상 중간의 길을 택합니다. 한편으로는 과도하게 의롭다는 평판을 피하려 하며, 또 한편으로는 나태하고 반종교적이라는 평판도 피하려 합니다. 수백 년 동안 사람들은 광신적이라는 평을 받지 않고도 신앙고백을 유지할 수 있었습니다. 그리고 경건의 표준이 아직도 너무 낮기 때문에 많은 개신교회들은 이 중간적 기초를 점유하려고 애쓰고 있습니다. 그들은 세상과 교회 양쪽의 친구들을 소유하려는 목적을 갖습니다. 한편으로는 버림받은 자로 여김을 받지 않으며, 또 한편으로는 광신자나 미신가로 여겨지지도 않습니다.

그들은 "일류" 기독교인들입니다! 그들은 두 가지 이유에서 일류 신자라고 불릴 것입니다. 한 가지 이유는 그들의 신앙생활의 형태가 대중적이고 유행을 따른다는 것입니다. 그들의 신앙생활의 목적은 세상이 싫어하는 일은 하지 않는 것입니다. 하나님이 요구하시는 것이 무엇이든 간에 그들은 세상의 비난을 초래하고 하나님의 적들을 화나게 하는 일을 하지 않으려 조심합니다. 그들은 하나님보다는 사람에게 더 많은 관심을 기울입니다. 만일 그들이 하나님께 범죄하는 것과 친구와 이웃을 불쾌하게 만드는 것 중 하나를 선택해야 하는 상황에 처한다면 하나님께 범죄하는 편을 택할 것입니다. 만일 대중의 의견이 하나님의 명령과 상충된다면 그들은 대중의 의견에 복종할 것입니다.

(10) 그들은 하나님의 칭찬보다는 사람의 칭찬을 받기 위해서 노력합니다.
이것은 그들이 여론의 지지를 받는 하나님의 명령에만 순종하는 사실에 의해 분명히 알 수 있습니다. 그들은 하나님의 칭찬을 받기 위해서는 자기부인을 실천하지 않지만 사람들의 칭찬을 받기 위해서는 자기부인을 실천하려 합니다. 여론이 독주를 끊어야 할 필요가 있다고 강력하게 요구한다면 포도주도 끊지만, 그렇지 않은 경우에는 술을 끊지 않을 것입니다.

(11) 그들은 자기에 대한 하나님의 의견을 알려 하기보다는 사람들의 의견을 알기 위해 안절부절못합니다.

이런 사람이 목사가 되어 설교한다면, 하나님이 그 설교를 어떻게 생각하실지 알려 하기보다 사람들이 어떻게 생각하는지 알려고 애씁니다. 그리고 혹시 실수를 했을 때에는 자신이 하나님의 영광을 가리고 영혼들의 구원을 방해했다는 사실보다는 사람들에게 부끄럽다는 생각을 열 배나 합니다. 이런 부류에 속하는 장로나 평신도들의 경우도 동일합니다. 그들은 모임에서 기도를 하거나 권면을 할 때에 그것이 하나님을 얼마나 기쁘시게 할지보다 사람들이 그것을 생각할지를 알려 합니다.

이런 사람은 은밀한 죄가 발각될 때에 그것이 하나님의 영광을 가렸기 때문이 아니라 자신이 수치를 당하게 되었기 때문에 번민합니다. 또 공공연한 죄에 빠지게 된다면 그 죄에 대한 생각보다는 세상적인 수치로 인해 배나 더 염려합니다.

그들은 하나님이 그들을 어떻게 보시는지가 아니라 사람들이 그들을 어떻게 보느냐를 염려합니다. 이런 특성을 지닌 여인들은 교회에 갈 때에 그들의 마음이 하나님께 어떻게 보일지 염려하기보다 그들의 육체가 사람들의 눈에 어떻게 보일지 염려합니다. 그래서 육체를 돋보이게 하기 위해 준비하는 데 일주일 내내 열중하지만,

하나님의 법정에 설 때 그녀의 마음이 하나님 보시기에 합당하도록 준비하기 위해서 밀실에서 반시간도 기도하지 않을 것입니다. 사람들은 이러한 신앙생활을 보는 순간 그것이 어떤 신앙인지 한 눈에 알 수 있습니다. 그런 남자나 여자의 이름이 "위선자"라고 말하기를 주저하는 사람은 없을 것입니다. 그들은 단정하고 점잖은 용모를 하고 하나님의 집에 들어가지만 그들의 마음은 마치 한밤중처럼 어둡습니다. 그들은 하나님이 보시기에 어떻든지 상관없이 사람들에게 훌륭하게 보이려 합니다. 자기의 마음이 어둡고 혼란하고 타락되어 있어도 사람들이 흠을 발견하지 못한다면 염려하지 않습니다.

(12) 그들은 하나님의 법이 요구하는 방법으로 죄 고백하기를 거부합니다. 그렇게 하면 사람들 사이에서 명성을 잃게 될까 두렵기 때문입니다.

만일 그들의 명성에 영향을 줄 일을 고백하라고 요구하면, 그들은 그것이 과연 하나님을 만족케 할 것인지 걱정하기보다는 자기의 명성에 얼마나 영향을 줄 것인지를 더 염려합니다.

각자의 마음을 살펴보십시오. 무엇이 자기 마음에 큰 영향을 주고 있는지, 하나님의 생각이 무엇인지를 알고자 하는지, 아니면 인간의 생각을 알고자 하는지 살펴보십시오. 자신의 명성을 해친다는 이유로 하나님이 요구하시는 것을 고백하기를 거부한 적이 있습니까? 하나님이 당신의 마음을 판단하시지 않겠습니까? 정직하게 대답해 보십시오.

(13) 이런 신자들은 종교의 목적과 인류의 행복에 해가 된다고 알고 있으면서도 세상적인 관습에 복종합니다.

이것을 보여주는 예를 새해 첫날을 보내는 방법에서 찾아볼 수 있습니다. 새해 첫날 포도주와 호화로운 케이크를 준비하고 값비싼 음식을 대접하며 마음껏 하루를 보내는 것이 돈의 낭비이자 건강과 영혼에 해로우며 종교의 유익에도 해롭다는 것을 모르는 사람은 없습니다. 그러면서도 사람들은 그렇게 행합니다. 해롭다는 것을 알면서도 그렇게 행하는 사람이 과연 하나님을 최고로 사랑하는 사람입니까? 그것은 옳지 못한 관습이며, 신자들은 그렇게 여겨야 합니다. 그렇게 행하지 않는 것이 옳다고 여기면서도 계속 그 관습을 고집하는 사람들은 하나님께 최고의 관심을 기울이는 것이 자신의 삶의 원칙이 아님을 나타내는 것입니다.

(14) 이런 신자들은 의심스러운 일이나 합법성이 의심스러운 일이라도 여론이 그렇다면 순종하여 그대로 행합니다.

의심스러운 일, 스스로 그 합법성에 대해 만족하지 못하는 일을 하는 사람들은 하나님 앞에서 정죄됩니다.

(15) 그들은 의무 행하기를 부끄러워합니다.

　그들은 너무나 부끄러운 나머지 그것을 행치 않으려 합니다. 하나님이 요구하시는 일을 부끄럽게 여겨 행하지 않으려 하는 것은 자기의 명성을 우상으로 삼는 것입니다. 많은 사람들은 예수 그리스도를 시인하기를 부끄럽게 여기며, 높은 곳이나 낮은 곳에서 범한 죄들을 책망하기를 부끄러워하며, 기독교가 공격을 받을 때에 용감하게 변호하기를 부끄럽게 여깁니다. 만일 그들이 하나님을 위해 최고로 관심을 갖는다면 이처럼 자신의 의무 행하기를 부끄러워할 수 있을까요? 비방을 받는 아내 변호하기를 부끄러워하는 남편이 있습니까? 자녀가 능욕 당하는 것을 볼 때에 그들의 편들기를 부끄러워하는 부모가 있습니까? 가족을 사랑하는 가장이라면 자녀나 아내 옹호하기를 부끄러워하지 않을 것입니다. 정부의 통치에 호의를 가지고 있는 사람이 정부의 정책을 비방하는 말을 듣는다면 정부를 옹호하기를 부끄럽게 여길까요? 그가 다른 이유들로 인해 그렇게 말하는 것이 적절하다고 생각하지 않을 수도 있을 것입니다. 그러나 만일 그가 진실한 정부의 지지자라면 어느 곳에서든지 정부의 편들기를 부끄러워하지 않을 것입니다.

　지금 언급되고 있는 부류의 신자들은 진리의 원수들 가운데 있을 때 진리를 행하는 데 대한 비난에 굴복하게 될 곳에서는 뚜렷한 태도를 취하지 않고, 진리를 옹호하는 사람들과 함께 있을 때에는 진리를 위해 담대하며 용기를 크게 나타내려 합니다. 그러나 그들이 시련을 당할 때에는 주 예수 그리스도를 팔아먹거나 원수들 앞에서 주님을 부인하며, 원수들의 악함을 꾸짖고 주님을 옹호하기보다는 주님을 공공연하게 모욕합니다.

(16) 그들은 자신의 방종이 공격당할 때 실질적인 문제에 관한 견해를 개진함으로써 대항합니다.

그들은 자기의 상습적인 방종에 방해가 되는 일과 금전을 기부해야 하는 새로운 제안 때문에 괴로워합니다. 이런 사람들은 많은 말과 설교보다는 새로운 여론을 창출해 냄으로써 설득시킬 수 있습니다. 우리가 사랑과 양심의 힘으로 사회의 많은 사람들을 개종시켜 그들로 하여금 기독교에 대해 호의적인 여론을 만들어 내게 한다면 그들은 우리의 새로운 제안을 채택할 것입니다. 그렇게 되지 않는 한 그것은 불가능합니다.

(17) 그들은 항상 소위 시대의 "극단주의"로 인해 괴로워합니다.

그들은 오늘날의 극단주의가 교회를 망하게 만들까 두려워합니다. 그들은 우리가 사태를 지나치게 극단으로 몰아가고 있으므로 그에 대한 반작용이 필요하다고 말합니다. 금주운동을 예로 들어 보십시오. 참으로 금주운동을 지지하는 사람들은 알코올이 들어 있는 음료수는 모두 동일하다고 생각하며, 세상을 구원하고 폭음을 추방하려면 모든 형태의 알코올성 음료수를 추방해야 한다고 알고 있습니다. 금주개혁운동의 위기는 아직도 해결되지 않고 있습니다.

이 사회에 속한 대다수의 사람들은 그 운동을 위해서 자기부인을 하라는 소명을 받고 있지 못합니다. 금주운동의 문제점은 과연 사람들이 악을 쳐부수기 위해 자기부인을 실천하느냐에 있습니다. 그들이 독주를 끊었다 해도 계속 포도주와 맥주를 마신다면 그것은 자기부인이 아닙니다. 그것은 단지 알코올 음료의 종류를 바꾼 것에 지나지 않는 것으로서 전처럼 마음껏 술을 마실 수 있기 때문입니다. 금주운동의 지지자들은 많은 사람들이 그 운동에 호응하는 것을 보고 승리했다고 생각합니다. 그러나 진정한 문제점은 아직 해결되지 않고 있습니다. 하나님과 인간의 친구들이 강력한 여론을 형성하여 술을 끊지 않으려는 성품을 깨뜨리지 않는 한 사람들은 결코 거기에 굴복하지 않을 것입니다.

신학박사들이나 교회의 중진들이 하나님의 명령이 아니고 사랑이 요구하는 바도 아니며, 영혼들을 구원하기 위해서나 인간성 상실에 대한 긍휼도 아니고 다만 스스로가 내세운 근거에서 포도주를 마시면서 또 그런 사람들을 감화시키는 것을 볼 수 있습니다. 그들이 명성을 상실하는 일이 있더라도 금주해야 한다는 강력한 여론이 형성되지 않는 한 그들은 그렇게 행할 것입니다. 이는 그들이 사람의 영광을 사랑하기 때문입니다.

오늘날처럼 교회 내의 경건이 저급한 상태에 있으며 신앙 부흥이 쇠퇴해 가고 있는 상황에서 과연 이런 일을 할 수 있을 만큼 강력한 여론이 형성될 수 있을지 의심스럽습니다. 그러나 그렇게 되지 못하면 우리는 퇴보하고 맙니다. 수문이 다시 열려 금주운동은 마치 모래성처럼 쓸려가고 세상은 비틀거리며 지옥으로 떨어져 갈 것입니다. 그런데도 대중의 존경을 받으며 동시에 자기 나름대로 즐기기를 원하는 많은 신자들은 마치 자기가 이 시대의 극단주의로 인해 크게 고통을 받고 있는 것처럼 아우성칩니다!

(18) 세상의 영광을 사랑하는 신자들은 자기가 인기 없고 비난받는 동안에는 사람들, 법, 또는 세태에 반항하지만, 유명해지고 인기를 얻게 되면 그들에게 동의합니다.

어떤 사람이 어느 종파에 속한 교회들을 다니면서 그들의 신앙을 일깨워 부흥시키고 있다고 가정해 보십시오. 사람들은 그가 잘 알려져 있지 않은 동안에는 그를 비방하기를 주저하지 않습니다. 그러나 그가 계속 부흥회를 인도하며 영향력을 얻게 되면 그에게 동의하며 그를 칭찬하고 자기가 그의 지지자라고 고백합니다. 예수 그리스도의 경우에도 그랬습니다. 주님은 십자가에 돌아가시기 전까지는 꽤 인기가 있었습니다. 주님이 거리를 지나가시면 많은 사람들이 뒤를 따르며 "호산나, 호산나"라고 소리쳤습니다. 그러나 그들은 인기가 있는 동안에만 따랐을 뿐 인기가 없다고 생각되자 더 이상 주님을 따르려 하지 않았습니다. 주님이 죄수로 잡히시자마자 그들은 주님에게서 등을 돌리고 "십자가에 못박으라"고 소리쳤습니다.

이런 사람들은 어떤 사람이 비난을 받을 때에는 시류를 좇아 그를 멀리하다가도 그가 영광을 받게 되면 다시 아첨을 합니다. 여기에 하나의 예외가 있습니다. 즉 지나치게 그 사람을 대적했다가 마음을 돌려 돌아올 때에 부끄러움을 느낀다는 것입니다. 그래서 그들은 침묵을 지킵니다. 그러나 다시 기회가 오게 되면 마음속에 사무치게 타오르던 불을 내쏟습니다. 어떤 교회에서 신앙 부흥이 시작되는 초기에는 신자들이 반대하는 경우가 흔히 있습니다. 그들은 그러한 일들이 진행되는 것을 싫어하지만 지나치게 동물적으로 흥분하는 것 등을 두려워합니다. 그리고 신앙 부흥의 역사가 진행됨에 따라 점차 대중과 일치하고 동의하게 됩니다. 그러나 부흥회가 끝나면 교회는 다시 냉랭해지고, 이런 신자들은 그 부흥회에 대해 새롭게 반대를 고집하며, 결국 교회로 하여금 부흥회를 반대하게끔 유도합니다. 이것이 오늘날 우리나라에서 사람들이 부흥회를 대하는 태도입니다. 그들은 부흥회가 성행할 때에는 여론에 압도되어 고개를 숙이지만, 부흥회가 점차 쇠퇴해짐에 따라 항상 마음에 두고 있었으면서도 부흥회가 인기가 있었기 때문에 억눌렸던 반대 의사를 나타냅니다.

선교운동에 대해서도 동일한 현상이 나타납니다. 만일 선교운동을 찬성하는 오늘의 강력한 여론을 깰 만큼 강력한 여론이 형성된다면 사람들은 태도가 표변하여 선교운동에 반대할 것입니다.

(19) 세상의 영광을 구하는 신자들은 신앙심을 진작시키기 위한 조치가 제기될 때 민감하게 반응하며, 인기가 없는 일을 하지 않으려고 신중을 기합니다.

도시에 사는 사람이라면 다른 교회에게 그러한 조치를 어떻게 생각하는지 물어볼 것입니다. 그리고 만일 다른 교회나 불신자들이 볼 때에 자기 교회나 목사에 대한 비난을 초래할 듯하면 그로 인해 번민합니다. 그 조치가 아무리 유익하고 많은 영혼을 구원할 수 있다고 해도 그들은 자기 교회의 명성을 해치는 일이 행해지도록 내버려두지 않습니다.

(20) 이런 부류의 사람들은 완전한 경건을 찬성하는 여론의 형성을 목표로 하지 않습니다.

하나님과 사람의 참 친구가 되는 신자들은 잘못된 여론을 바로 잡는 것을 목표로 합니다. 그들은 마음을 다하여 세상에서 악을 찾아내고 몰아내며 세상을 개혁하려 애씁니다. 그러나 세상의 영광을 구하는 신자들은 항상 여론을 좇으며 시류를 따르고, 여론을 거스르는 일을 하려 하지 않습니다. 그들은 여론의 흐름을 막고 그 흐름의 방향을 돌리려 하는 일, 그리고 그런 일을 행하는 사람들이 무모하고 신중치 못하다고 낙인찍는 일을 주저하지 않습니다.

제12장

자기부인

> "또 무리에게 이르시되 아무든지 나를
> 따라오려거든 자기를 부인하고 날마다 제
> 십자가를 지고 나를 따를 것이니라"
> - 눅 9:23 -

이 말씀을 이해하려면 먼저 "십자가를 지고 자신을 부인하는 것의 참된 의미"를 확실히 알아야 합니다.

이 말씀은 신자들에게는 향락을 요구하는 욕망과 성향이 존재한다는 사실을 전제로 하는데, 분명한 것은 때로 향락을 거부해야 할 경우가 있다는 의미입니다. 본문의 요점은 다음과 같습니다. 예수 그리스도를 따르려는 사람은 욕망의 충족을 부인해야 하는데, 사랑의 법이 금지하는 만큼 부인해야 합니다. 우리가 두려워하는 것들을 피하는 것이거나 사랑하는 것들을 찾는 것이거나 사랑의 법이 금지하는바 방종으로 흐르는 모든 충동은 철저히 거부되고 억제되어야 합니다. 본성적인 욕망을 하나님의 법이 허락하는 범위 내에서 충족시켜야 하며, 이 범위를 넘어서는 욕망은 부인해야 합니다. 하나님과 인간을 사랑하는 법에 어긋나는 욕망은 억제해야 합니다.

그리스도의 나라의 법이 요구하는 것은 우리가 욕망의 충족이라는 문제에 있어서 항상 그리스도의 뜻을 묻고 거기에 순종해야 한다는 것입니다. 즉 욕망에 순종하지 말고, 이기적인 사랑을 충족시키지 말며, 어떤 일에 있어서나 그리스도께 불순종하면서 자신의 쾌락을 찾지 말아야 합니다. 우리의 의무임을 알고 있으면서도 그것을 행하는 데 있어서 이런 식으로 행하여 하나님을 불쾌하게 해서는 안 됩니다. 왜냐하면 하나님은 우리의 모든 능력들을 합법적으로 다스리시기 때문입니다.

우리는 이 원리 하에서 동료들의 육체와 영혼을 위한 의무를 행해야 합니다. 이 의무와 상충되는 세속적 욕망과 기호를 부인하고 오직 예수 그리스도를 모범으로 삼아 본받으며 그의 뜻을 영원한 규칙으로 삼아야 합니다.

많은 사람들은 "왜 그리스도는 우리에게 자기부인을 요구하십니까?"라는 질문을 합니다. 우리가 고행하는 것을 하나님이 좋아하시기 때문입니까? 하나님은 우리에게 주신 즐거움에 대한 감각들을 못 박는 데서 즐거움을 느끼시기 때문입니까? 결코 그렇지 않습니다. 하나님은 우리를 이성적이고 도덕적인 존재로 지으셨습니다. 따라서 우리의 이성적인 기능이 의식적인 활동들을 지배해야 하며, 도덕적 본성은 우리로 하여금 하나님이 요구하시는 자기부인에 대한 책임을 느끼게 해주어야 합니다. 하등 피조물의 세계를 보십시오. 동물들은 원래 비이성적이며 도덕적 행동에 대한 책임을 느끼지 못하게 되어 있기 때문에 도덕적 책임을 회피합니다. 동물들에게 있어서는 그것들의 기호가 바로 법입니다. 왜냐하면 동물들은 그 외에 다른 법을 알지 못하기 때문입니다. 동물들은 육체의 법에 순종함으로써 최고의 행복을 진작시킬 수 있습니다. 그러나 인간은 동물들과는 달리 고귀한 법을 가지고 있으며 그것에 순종해야 합니다.

우리의 감각은 맹목적이므로 삶의 규칙이 될 수는 없습니다. 하나님은 우리 삶의 규칙으로 지성과 양심을 주셨습니다. 그러므로 욕망은 비이성적인 하등 동물들의 규칙이 될 수 있으며 그렇게 되어 있지만, 인간의 규칙이 될 수는 없습니다. 실제로 우리의 감각은 양심과 조화를 이루지 못하고 있으며, 때로는 이성과 양심이 금하는 쾌락을 요구하기도 합니다.

우리가 욕망과 무절제한 감각의 지배에 굴복한다면 잘못된 길에 빠지게 됩니다. 이 욕망들은 탐닉할수록 점점 악해집니다. 이것은 하나님이 그것들을 우리의 규칙으로 만드신 것이 아님을 나타내 줍니다. 때로는 극도로 위험한 성질의 결과를 초래할 인위적인 욕망들도 형성됩니다.

이런 까닭에 우리는 전투 상태에 놓여 있습니다. 우리의 내면에서는 욕망을 만족시켜 쾌락을 즐기게 해달라는 호소가 끊임없이 일어나는데, 이에 대항하여 하나님의 법과 우리의 이성은 우리에게 스스로를 부인하고 하나님께 순종함으로써 최고의 행복을 발견하라고 강권합니다. 하나님과 우리의 이성은 우리가 욕망의 요구에 단호하게 저항하기를 요구합니다. 여기에서 주의할 것은 우리가 이러한 갈등을 겪을 때에 하나님은 우리에게 아무런 도움도 주시지 않으면서 저항하라고 요구하시는 것이 아니라는 사실입니다. 아무리 거센 욕망의 저항도 주님의 이름으로, 그리고 양심의 요구 하에서 쉽게 극복될 수 있습니다. 인위적 욕망 중에서도 가장 난폭하고 요란한 욕망이 하나님의 도움과 양심의 요구 하에서 의지의 다스림을 받아 완전히 억제되어 마음의 평정을 유지하게 되는 경우가 종종 있습니다.

인간은 육체적인 본성은 물론 영적이고 도덕적인 본성도 소유하고 있다는 것을 알고 있습니다. 우리에게 양심이 있고, 세상적인 것들과 관련된 애정을 가지고 있는 것과 마찬가지로 하나님과 관련된 애정이 있습니다. 거룩한 아름다움이 있으며, 육체적인 기호와 관련된 것뿐만 아니라 영적인 기호와 관련된 것들도 있습니다. 비록 우리의 육체적 본성은 세속적인 대상들을 향하지만, 적절하게 노력하고 보살피기만 하면 하나님을 향한 종교적 본성이 발달될 수 있습니다.

우리는 세상적인 관계 속에서 사회적 존재입니다. 그러나 영적인 본성에 있어서도 그에 못지않게 사회적 존재입니다. 우리는 육체적으로는 물론 영적으로도 사회적입니다. 그러나 영적 사회성이 완전히 개발되고 계발되지 못해 왔기 때문에 그것을 깨닫지 못하고 있습니다. 우리는 하나님과의 거룩한 교제, 그리고 무한하신 창조주와의 사회적 교제를 필요로 합니다. 거듭나기 전에 이 도덕적 능력은 무용지물에 불과합니다. 인간은 양심을 가지고 있으며 그 사실을 알고 있지만 하나님을 향한 영적 애정을 가지고 있지 않기 때문에 종교가 무미건조한 것이라고 가정합니다. 그들은 하나님의 임재와 기도를 향유하는 방법을 알지 못합니다. 세상적인 교제와 우정에 대해서는 잘 알고 있지만 하나님과의 교제와 우정에 대해서는 죽어 있습니다. 그들은 인간을 향해서는 사랑을 품지만 하나님을 향해서는 사랑을 품지 않습니다. 그들은 본성적으로 거룩하신 아버지를 향한 자애로운 애정을 발전시킬 능력을 지니고 있다는 것을 알지 못합니다. 그러므로 신앙생활과 종교적 의무를 즐기는 방법을 알지 못합니다. 그것을 생각할 때에 그들의 영혼은 냉담함을 느낍니다.

우리는 영적 본성을 개발해야 합니다. 그것은 오랫동안 억제되고 억눌려 왔으므로 배양할 필요가 무척 큽니다. 이렇게 본성의 영적 측면을 발달시키려면 세속적인 면이 억제되고 분쇄되어야만 합니다. 왜냐하면 육은 은혜를 대적하는 위험한 원수이기 때문입니다. 세상적인 사랑과 거룩한 사랑 사이에는 조화가 있을 수 없고, 오직 반발과 적개심만 있을 뿐입니다. 따라서 육을 정복하지 않는다면 우리의 영은 죽을 수밖에 없습니다. 성령으로 말미암아 육체의 행위를 죽일 때에만 영혼이 살 수 있습니다.

과거 로마 가톨릭 교회는 표면적인 육체의 고행을 중시했습니다. 개신교는 이러한 고행에 대한 반발로 그 반대의 방향으로 치닫게 되었습니다. 나는 이제까지 개신교의 설교에서 십자가를 지거나 자기를 부인하라는 주제의 설교를 들어본 기억이 없습니다. 오늘날 개신교에서는 이 주제를 너무 소홀히 하고 있습니다. 로마 가톨릭 교회에 이러한 사상이 만연해 있었기 때문에 개신교회는 지레 놀라서 그에 대한 반동으로 극단으로 치우친 것입니다. 그러므로 우리는 이 경향에 맞서서 이성과 감성으로 성경으로 돌아오기 위해 특별한 노력을 기울여야 합니다.

나는 회심하기 전에는 나에게 종교적 애정이 있다는 사실을 알지 못했습니다. 심지어 나에게 하나님을 향해 자발적이며 심오한 감정을 발할 능력이 있다는 것도 알지 못했습니다. 이것은 어둡고 두려운 무지였습니다. 내 영혼이 참된 영적 기쁨을 알지 못하고 있었을 때에 내가 참된 기쁨을 거의 누리지 못했으리라는 것은 쉽게 짐작할 수 있을 것입니다. 이처럼 하나님에 대한 옳은 생각이 부재한다는 것은 결코 진기한 일이 아닙니다. 이것이 회심하지 않은 사람들의 일상적인 경험입니다.

우리는 자신의 동물적 본성을 충족시키는 것이 기쁨이라는 것, 최고로 고귀한 종류의 기쁨은 아니지만 그래도 일종의 기쁨이라는 것을 알고 있습니다. 그렇다면 고귀한 도덕적 사랑이 충족될 때에 우리는 얼마나 기쁘겠습니까? 영혼은 영적 사랑의 잔치에 참석할 때에 참된 행복-하늘나라의 행복과 같은 지복-을 보기 시작합니다! 많은 사람들은 성경에 기록된바 "복이 있다"는 말의 의미를 이해하지 못하고 있습니다.

우리 본성의 영적 측면은 사랑으로, 욕망들을 십자가에 못박음으로써 충족되고 개발될 수 있습니다. 다시 말해서 하나님과 동포를 향한 진정한 박애정신의 요구 하에서 욕망들을 거역할 때에 이루어질 수 있습니다. 이것이 우리의 목표가 되어야만 합니다. 만일 우리가 개인적인 행복을 목표로 삼는다면 하나님과의 참된 교제라는 고귀한 기쁨을 얻지 못합니다.

우리의 감각은 자기부인과 연관이 있어서 올바른 동기에서 자기를 부인하는 것은 영적 사랑을 발달시키는 자연적이고 필수적인 수단이 됩니다. 우리는 십자가를 지는 일에서부터 시작하여 한 걸음씩 방종과 자기만족을 억제하고, 점차 마음을 열어 하나님과 교제하며, 보다 풍성한 사랑을 체험하는 데로 나아갑니다.

우리가 자기를 부인해야 하는 또 한 가지 이유는 그것이 본질적으로 옳은 일이기 때문입니다. 저급한 욕망이 우리를 다스려서는 안 됩니다. 본성 중에서 보다 고귀한 법이 우리를 다스려야 합니다. 이것은 합리적인 존재로 피조된 인간은 이성을 사용해야 하며 스스로를 짐승의 수준으로 낮추어서는 안 된다는 것을 증명하는 증거가 됩니다.

또 다른 이유는 그렇게 함으로써 우리가 유익을 얻기 때문입니다. 우리가 방종의 욕망을 거역하고 부인하는 것은 좁은 의미에서 볼 때에 행복을 거스르는 것이지만 영적인 측면에서 볼 때에 잃는 것보다 얻는 것이 훨씬 더 많습니다. 진정한 자기부인에서 솟아오르는 만족은 대단히 귀한 것입니다. 그것은 질적으로 풍성하고 양적으로는 큰 바다처럼 깊고 넓은 것입니다.

많은 사람들은 쾌락을 발견하려면 직접 그것을 추구해야 한다고 생각하여 그것을 직접적 목표로 삼고 욕망의 충족에서 그것을 찾습니다. 이것 외의 다른 형태의 행복은 알지 못하는 듯합니다. 그들은 참으로 즐겁게 사는 유일한 길이 의(義)와 이성과 계시된 하나님의 뜻에 따라 충실히 자기를 부인하는 것이라는 생각을 하지 않습니다. 그러나 이것이야말로 진정한 행복을 위한 근본 법칙입니다. 십자가를 회피하기 시작하면 참 신앙이 사라집니다. 우리가 자기부인을 하지 않고서도 가정에서 기도할 수 있고 자신이 보기에 마땅치 않은 죄를 엄하게 책망할 수 있을지도 모릅니다. 그러나 방종한 태도로 사는 한 우리는 그리스도를 옹호할 수 없고, 어느 곳에서든 의무를 행할 수 없습니다. 특히 의무를 행함으로써 자신의 감정을 해치게 될 때에는 연약해질 수밖에 없습니다. 누구도 항상 그러한 위기를 피할 수 있기를 기대할 수는 없습니다. 조금도 빗나가지 않고 의무의 길을 행하며 진정한 삶과 복을 누리려 한다면 하나님과 우리의 이성이 요구할 때마다 자기를 부인하며 그 요구의 수준에 이르겠다고 결심해야 할 것입니다. 그렇게 한다면 잃는 것보다 얻는 것이 더 많을 것입니다. 결심이 굳고 확고할수록 우리는 쉽고 즐겁게 우리의 길을 갈 수 있습니다.

종종 어떤 기독교인의 감정이 방종으로 흐르는 경우가 있는데, 만일 그 감정에 자신을 맡긴다면 그의 영혼은 파선할 것입니다. 그러나 하나님은 그를 단순한 신앙으로 몰아가십니다. 그러므로 하나님의 인도하심을 따른다면 그는 승리할 것이며, 영혼은 "아비나답의 수레"처럼 될 것입니다.

언젠가 이곳에 살았던 분의 일이 생각납니다. 그는 얼마 동안 이곳에서 신앙생활을 하다가 다른 곳으로 이사한 후에는 하나님을 배반하여 거의 불신자처럼 되었습니다. 그는 스웨덴보리의 추종자가 되었고 또 대단한 부자가 되었습니다. 그런데 그가 스스로 이 세상 행복의 극치에 이르렀다고 생각하고 우리도 그렇게 생각할 때에 그는 완전히 불행해졌습니다. 그는 어쩔 수 없이 자신에게로 후퇴하였으며, "나는 하나님께로 돌아가 온전히 그의 뜻대로 행해야 한다. 그렇지 않으면 나는 완전히 멸망할 것이다"라고 말하게 되었습니다. 그는 "나는 모든 세속적인 애정을 꺼버리는 소화기를 설치하겠습니다. 한 순간도 하나님의 뜻과 어긋나는 것은 허용하지 않겠습니다"라고 말했습니다. 이 결심대로 실천하자마자 그의 경건한 생활과 즐거움이 되살아났습니다. 그의 아내와 이웃들은 그에 대해 "그는 진정 그리스도 예수 안에 있는 새사람이다"라고 말했습니다.

그날 이후로 하나님의 평화가 그의 마음에 물밀듯이 밀려들어 왔고 기쁨의 잔이 차고 넘치게 되었습니다. 이처럼 누구든지 자기를 부인할 수 있고, 그렇게 함으로써 마음을 열어 불멸의 생명과 평화를 얻을 수 있습니다. 이것이 참 행복을 얻는 유일한 방법입니다.

본문 말씀은 어쩌면 이상하게 보일 수도 있는 기독교인들의 체험을 설명해 줍니다. 가족들 앞에서는 기도하지 못하는 사람이 있습니다. 자세히 살펴보면 그가 종교적 의무를 전혀 즐기고 있지 않다는 것을 발견하게 될 것입니다. 더 자세히 살펴보면 그는 전혀 자기를 부인하지 않고 방종의 법 아래 살고 있음을 발견할 것입니다. 그는 불쌍한 사람입니다. 왜냐하면 그렇게 해서는 하나님을 기쁘시게 할 수 없기 때문입니다.

또 어떤 사람은 사람들 앞에 나서서 신앙을 고백하지 못합니다. 그는 전혀 자기를 부인하겠다고 결심하지 못할 것입니다. 그는 실제로는 그리스도를 부인합니다. 십자가를 멀리합니다. 그것은 하늘나라로 가는 길이 아닙니다. 그런 길로 가는 한 하나님과 교제할 수 없습니다. 그런 식으로는 수천 번 행해도 아무런 평화나 하나님과의 교제를 얻지 못할 것입니다.

본문에서는 "날마다 제 십자가를 지라"고 말합니다. 우리는 그 말씀대로 행해야 합니다. 이것만이 거룩한 생활을 하는 유일한 길입니다. 확고하고 엄하게 계속 이 일을 해야 합니다. 그것은 방종으로 흐르는 기호들을 실질적으로 정복함으로써 얻는 공제 저축이며 필생의 사업이 되어야 합니다. 알코올 음료를 좋아하는 욕망을 억제하기로 결심한 사람이 특별한 때에만, 예를 들어 하루에 한 번이나 일주일에 한 번만 결심대로 실천하고 나머지 기간에는 방종하게 산다면, 그는 완전히 실패할 것입니다. 항상 자기 십자가를 지지 않는 한 성공할 수 없습니다. 또한 철저히 인내해야 합니다. 그렇지 않으면 우리의 노력은 수포로 돌아갑니다. 우리가 엄격하게 자기 십자가를 지는 데 비례하여 그 십자가는 점차 가벼워지고, 우리는 더욱 튼튼해져서 그것을 질 수 있게 됩니다. 담배를 피우는 사람은 담배를 피울수록 더욱 그것의 종이 됩니다. 그러나 담배를 끊는 데 성공하는 날이 계속되다 보면 더욱 그것을 정복할 수 있게 됩니다. "하나님의 도움으로 말미암아 이제 정욕이나 욕망이 결코 나를 지배하지 못할 것이다"라고 선언하고 그대로 지키는 사람은 승리자가 될 수 있습니다.

이 원리를 굳게 지키며 방종을 향하는 욕망들을 억제할수록 그만큼 신속하고 확실하게 승리할 수 있습니다. 우리가 처음에는 떨면서 이 일을 맡지만, 계속 지켜 나가면 결국 승리할 것입니다. 그리하여 점차 이러한 욕망들이 우리를 지배하지 못하게 됩니다. 자기 십자가를 지는 것은 우리로 하여금 신자의 생활에 있어서의 수고를 감당할 수 있게 해줍니다.

우리가 십자가를 멀리하면 성령이 슬퍼하십니다. 우리가 의무를 등한히 하며 친구들과 함께 있다는 이유로 기도하기를 게을리 하는 것은 하나님을 슬프게 하는 일입니다. 사탄은 우리가 가는 길에 이러한 유혹들을 던져 놓으며, 우리는 자신에게 불리한 일인데도 불구하고 사탄에게 온갖 편의를 제공합니다. 우리가 이런 상태에서도 기도하려고 애쓸지 모르겠으나 하나님은 우리와 함께 하시지 않습니다! 당면한 의무를 행하라는 명령을 피하여 그냥 잠자리에 들었을 때 우리의 영혼은 어떠했습니까? 어두운 구름이 하나님의 얼굴빛을 차단하지 않았습니까? 하나님의 임재의 위로를 소유했습니까? 구주와의 교제를 소유했습니까? 마음으로 이 질문에 대답해 보십시오.

결론

(1) 사람들은 종교적 감각이 계발되지 않는 한 세속적인 애정을 향한 강한 욕구를 느낄 것입니다.

그들은 종교적 사랑에 대해 얼마나 알고 있습니까? 하나님을 향한 참 사랑이나 자기가 하나님의 자녀라는 성령의 증언에 대한 의식에 관해 그들은 과연 무엇을 알고 있습니까? 아무것도 알지 못합니다. 그들은 한 번도 육욕적인 성향들을 극복한 적이 없습니다. 물론 그들은 거룩한 사랑을 계발하는 데 있어서 첫 발자국도 떼지 못했고, 따라서 저급한 상태에 있습니다. 그러나 그들은 자기를 부인하는 데 비례하여 영적 본성에 적응하게 됩니다.

⑵ 기독교인이 자기의 본성이 점차 더욱 하나님에게 일치하게 된 것을 발견하는 것은 크고 복된 일입니다.

즉 하나님의 은혜 아래에서 자기의 본성이 올바르게 되고 사랑의 요구에 적응하는 것을 발견하는 것은 복된 일입니다.

⑶ 인내로 십자가를 지는 일은 원숙한 영적 수양을 나타냅니다.

영혼은 영적 현시를 강력하게 갈망하며 하나님과의 교제를 사랑합니다. 그는 다음과 같이 말합니다. "내 영혼이 하나님 앞에 있을 때의 일에 대한 추억은 얼마나 달콤한가! 내 마음이 그분의 임재를 얼마나 누렸던가! 만일 하나님이 계시지 않는다면 나는 항상 안타까운 공허감을 느낄 것이다."

⑷ 즐거움 자체를 목표로 하여 추구하는 사람들은 그것을 잃게 됩니다.

그것을 추구하는 것은 헛된 일입니다. 그러나 경건한 사랑은 영혼을 인도하여 그것으로부터 빠져나오게 하며 이웃을 행복하게 만들게 합니다. 그리하면 참된 복이 임합니다.

⑸ 기독교인의 유익은 자기 십자가를 지며 확고하게 자기부인의 생활을 하는 데 있습니다.

왜냐하면 우리의 영적 지식, 생명, 하나님과의 교제, 다시 말해서 성령으로부터 오는 도움이 우리가 자기를 성실하게 부인하는 데 의존하기 때문입니다.

(6) 우리가 복된 영적 생명을 알게 되고 우리 마음이 거룩한 형상으로 변한 뒤에는 사창굴로 돌아갈 수 없습니다.

더 이상 세속적인 것들을 우리 영혼의 일부로서 즐길 가능성이 없습니다. 그것으로 모든 것이 해결되었다고 생각하십시오. 그리고 세속적이고 이기적인 방종에서 즐거움을 찾으려는 생각을 버리십시오.

(7) 젊은이들은 감정적이며 세속적인 것에 기대는 경향이 있습니다. 방종한 정신이 극도로 치달아 다스릴 수 없게 되기 전에 방종한 정신을 엄하게 다스리십시오.

당신은 큰 유혹을 받아 방종에 굴복하고 있습니까? 하나님 안에서 평화와 복을 추구하는 것이 본성의 불변의 법임을 기억하십시오. 하나님이 아닌 다른 곳에서는 결코 그것을 발견할 수 없습니다. 우리는 예수 그리스도를 친구로 삼아야 합니다. 그렇지 않으면 영원히 친구를 소유하지 못합니다. 우리의 본성은 하나님을 우리의 하나님-생명의 왕-으로, 영혼의 행복을 위한 몫으로 추구하기를 요구합니다. 자기를 부인하고 날마다 십자가를 지고 예수 그리스도를 따라가지 않는 한 우리는 이러한 하나님을 발견할 수 없습니다.

(8) 당신은 아직 죄 속에 있기 때문에 자신이 얼마나 하나님을 향유할 수 있는지 생각하지 못하며, 마음으로 하나님께 매달려 수천

가지 애칭으로 하나님을 부르고 예수 그리스도께 사랑으로 마음을 쏟아 놓을 수 있다는 것을 상상조차 못하고 있습니다.

우리는 하나님과의 교제-하나님의 임재를 즐길 수 있습니다. 그러나 이것은 자기를 부인하고 마음을 기울여 예수 그리스도께 헌신할 때에만 가능합니다. 그런데 왜 당신은 이것을 택하지 않습니까? 당신은 이미 세속적 쾌락의 잔은 시들해져서 말라 버렸고 무가치하다고 말했습니다. 그렇다면 그것들을 버리십시오. 그리고 그보다 훨씬 순결하고 선하며 영원히 지속될 기쁨을 택하십시오.

제13장

그리스도를 따르라

> "예수께서 이르시되 내가 올 때까지 그를 머물게 하고자 할지라도 네게 무슨 상관이냐 너는 나를 따르라 하시더라"
> - 요 21:22 -

이 말씀은 예수님이 베드로에게 하신 말씀입니다. 이 말씀을 하시기 전에 주님은 장차 베드로가 붙잡혀 순교함으로써 하나님의 영광을 나타내리라고 말씀하셨습니다. 그런데 베드로의 마음에서 지혜롭다기보다는 이상한 의문-그의 동료 제자인 요한은 어떻게 될 것인가?-이 떠올랐습니다. 그래서 그는 "주님 이 사람은 어떻게 되겠사옵나이까?"라고 물었습니다. 예수님은 이 헛된 호기심을 나무라시며 "내가 올 때까지 그를 머물게 하고자 할지라도 네게 무슨 상관이냐 너는 나를 따르라"고 하셨습니다.

이 대답에는 하나의 원리가 포함되어 있으며, 이것은 실질적으로 널리 적용될 수 있습니다. 이것은 실제로 우리에게 하신 말씀입니다. 오늘날 모든 사람에게 이렇게 말씀하셨다면 그것은 무엇을 가르치는 것입니까? 예수님은 우리에게 뭐라고 말씀하십니까?

주님이 지금 이 순간 이 자리에 서 계시고, 우리는 그분이 예수님이시며 우리에게 무슨 말씀을 하려 하신다는 것을 안다고 가정해 보십시오. 우리는 주님의 머리에서 빛나는 후광을 볼 수 있습니다. 또 하나님의 아들이심을 증명해 주는 온유함과 위엄이 뒤섞인 모습을 봅니다. 우리 영혼은 그분이 하시는 말씀을 한 마디도 놓치지 않으려 합니다. 무척 진지하게 기대합니다. 만일 주님이 이 자리에서 말씀하신다면 우리는 시계 바늘이 움직이는 소리까지도 들을 수 있을 것입니다. 혹시 주님이 하시는 모든 말씀을 분명하게 듣지 못한다면 서로에게 물을 것입니다. "주님이 무엇이라고 말씀하셨습니까?"라고….

본문에서 주님은 적극적인 명령의 형태로 말씀하셨습니다. 이 명령은 무엇입니까? 주 예수 그리스도에게는 명령할 권리가 있습니다. 이 세상에서나 하늘나라에서 주님보다 더 절대적으로 이 권리를 지닌 사람은 없습니다. 주님이 명령하신 것이 무엇인지를 아는 것은 가장 중요한 일입니다. 그것이 어떤 명령이든지 그것을 알고 행하는 것은 우리의 행복에 절대적인 영향을 줄 것입니다. 그처럼 자애로우신 분의 말씀이라면 분명 우리의 행복을 위한 말씀일 것입니다. 주님은 언제나 말씀을 듣는 상대방의 행복을 위한 것만을 말씀하셨습니다.

그것은 일반적인 행복을 위한 말씀이기도 합니다. 왜냐하면 만민의 주요 위대한 왕이신 분이 일반적인 행복에 관계된 것을 간과하실 리가 없기 때문입니다. 그러므로 주님의 말씀에 순종하는 것이 안전한 일입니다. 그렇게 되지 않을 수가 없습니다. 사람이 주께 순종하고서 그것이 안전치 못하다는 것을 발견한 일이 있었습니까? 물론 순종은 우리의 의무입니다. 그리스도께서 명령하셨으므로 우리는 순종해야 합니다.

또 우리에게는 순종할 능력이 있습니다. 그리스도께서 우리에게 실천할 수 없는 일들을 부과하신 적이 있었습니까? 그리스도께서 그처럼 비합리적인 일을 하실 수 있습니까?

우리 마음의 태도는 어떠해야 합니까? 주님은 말씀하시며 우리는 그 말씀을 듣고 순종해야 합니다. 주님은 무엇이라고 말씀하셨습니까? 주님의 말씀은 무한히 선하신 말씀입니다. 저로 하여금 그의 뜻을 모두 알게 해주십시오.

"주의 말씀의 맛이 내게 어찌 그리 단지요. 내 입에 꿀보다 더 하니이다"(시 119:103).

우리 중에 어떤 사람은 주님을 외면하며 "나는 그의 말에 상관하지 않는다"고 말할 것입니다. 그러나 우리는 "주님이 하시는 말씀은 모두 선한 것이라. 내가 그 말씀을 듣고 순종하리라"고 말해야 하지 않을까요?

주님을 향하여 이런 태도를 가지게 되어야 주님의 말씀을 연구할 준비가 된 것입니다. 주님은 우리에게 해야 할 일, 특히 홀로 행해야 할 일을 주십니다. 지금 우리에게는 다른 사람이 무엇을 하거나 그들에게 어떤 하나님의 섭리가 할당되었는지는 전혀 상관이 없습니다. "당신에게 주어진 것은 무엇입니까?" 인간의 마음에는 항상 자신의 의무보다는 다른 사람의 의무를 바라보게 만드는 유혹이 임합니다. 우리는 이런 유혹과 싸워 이겨야 합니다. 그리스도는 우리 각자에게 해야 할 일을 명하시며, 우리는 진지하게 그 일에 착수해야 합니다. 지금 당장 해야 합니다. 주님은 휴가를 주시지 않으며, 심지어 가족들과 작별하기 위해 집에 가는 것도 허락하시지 않습니다. 주님은 핑계를 대어 지체하는 것을 허락하시지 않습니다.

주님이 요구하시는 것은 무엇입니까? 주님은 "나를 따르라"고 하십니다. 이것은 무슨 의미입니까? 우리의 가정을 버리고 떠나야 합니까? 사업을 버려야 합니까? 거처를 바꾸어야 합니까? 주님을 따라 온 땅을 헤매야 합니까?

주님이 육신을 입고 이 세상 중에 거하셨을 때에는 후자가 맞는 의미였습니다. 그 당시 주님은 몇몇 사람을 불러 제자 삼으시고 "나를 따르라"고 하셨으며, 그들은 주님이 가시는 곳마다 따라가야 했습니다. 그들은 주님이 가시는 곳으로 가고 주님이 멈추시는 곳에 멈추었습니다.

그러나 지금은 그리스도께서 육신을 입고 이 세상에 계시지 않습니다. 그러므로 주님을 따른다는 것이 그러한 육체적 의미를 지니는 것이 아니라 우리가 계시된 주님의 뜻에 순종하고 그를 기쁘시게 할 일을 행한다는 의미를 지닙니다. 우리는 주님이 보여주신 본을 따르고 주님의 가르침들을 본받아야 합니다. 주님은 여러 방법으로 주님의 뜻을 알려 주시며, 우리는 주님이 인도하시는 곳이라면 어디든지 따라가야 합니다. 우리는 주님을 구원의 지도자로 받아들이며 주님의 법이 우리의 모든 삶을 지배하게 해야 합니다. 주님은 자기 백성들을 죄와 용서받지 못한 죄로 인한 멸망에서 구원하려고 오셨습니다. 그러므로 우리는 주님을 구세주로 받아들여야 합니다. 이것이 주님을 따른다는 말에 포함된 의미입니다.

그러면 이 명령에 순종하는 것에는 무엇이 함축되어 있습니까?

명령하시는 분에 대한 신뢰-우리가 스스로 완전히 주께 순종하며 모든 것을 주님의 처분에 맡기는 신뢰-를 함축합니다. 이처럼 절대적인 신뢰가 없이는 진심으로 순종할 수 없습니다.

또 그것은 주님에 의해 죄에서 구원받기를 원한다는 것도 함축하고 있습니다. 우리는 즐기던 쾌락을 조금도 남겨 두지 않고 모든 죄를 대적하며, 온갖 유혹을 견뎌냅니다.

그것은 또 비록 악한 소문이나 선한 소문이 우리의 명성에 어떤 영향을 끼치더라도 상관치 않고 주님을 따르기로 결심하는 것을 의미하기도 합니다. 우리는 기꺼이 그리스도를 위한 희생이 되며, 주님의 이름을 위하여 수치를 당하는 것도 기뻐합니다.

흔히 사람들은 그리스도의 명령을 인정하면서도 행하지 않는 잘못을 범합니다. 이런 사람들은 말로는 "예, 가겠습니다"라고 하지만 실제로는 가지 않습니다. 이런 사람은 그리스도를 따르지 않습니다.

주님은 즉각적인 행동을 요구하십니다. 주님은 오늘 우리가 해야 할 일을 명하시며, 우리의 순종을 요구하십니다.

왜 우리는 주님을 따라야 합니까?

그리스도께서 지금 이 자리에 친히 임하셔서 "나를 따르라"고 명령하신다고 가정해 보십시오. 당신은 그 이유를 묻겠습니까? 당신은 몇 가지 중요한 이유들을 선정할 수 있을 것이며, 마음으로 그것들을 생각할 것입니다. 당신은 주님을 따라서는 안 될 이유를 알고 있습니까? 지금 지체하지 않고 이 명령에 순종해야 하는 이유는 모든 사람들의 마음에 확립되어 있을 것입니다. 우리 중에 이 명령에 순종해서는 안 되는 이유를 들 수 있는 사람이 있습니까? 이것이 도대체 왜 자신의 의무가 되어야 하는지 의심하는 사람이 있습니까? 이것이 우리의 의무가 아니라는 이유를 생각해 낼 수 있습니까? 없을 것입니다.

그러므로 이것은 우리의 의무이며, 우리는 이것을 행해야만 합니다. '이것이 나의 의무라면 즉시 행해야 한다. 이 의무를 행하는 것은 나의 필생의 사업이다' 라고 생각해야 합니다.

우리는 빚진 자이므로 예수 그리스도를 따라야 합니다. 학생들도 예수 그리스도를 따라 어디든지 가야 합니다. 저 청년에게 대학에 가는 이유를 물어보십시오. 그가 무엇이라고 대답합니까? "예수 그리스도를 사람들에게 가르치기 위한 준비를 갖추기 위해 대학에 갑니다"라고 대답합니까? 그는 교수에게 가서 "저를 가르쳐 주십시오. 당신의 능력이 닿는 한 마음과 정신의 훈련을 시켜 주십시오. 그리하여 내가 사람들에게 예수 그리스도를 보다 잘 가르치고 전파할 수 있게 해주십시오. 그리스도에 대해 알고 있는 모든 것을 말해 주십시오. 하나님이 내 마음에 복음을 가르쳐 주시도록 저를 위해 기도해 주십시오"라고 말합니까? 기독교인 학생은 이런 방법으로 그리스도를 따라야 합니다.

우리에게는 주님을 이렇게 따라야 할 빚이 있습니다. 이것을 부인할 수 있는 사람이 있을까요? 우리에게 이기적인 생활을 할 권리가 있습니까? 혹시 일시적으로 약간의 유익을 얻을 수 있다고 해서 마음대로 행하며 그리스도를 부인하는 것이 옳다고 생각합니까? 온 세상을 얻는다 해도 자기의 영혼을 잃는다면 무슨 소용이 있겠습니까?

우리에게는 자기의 영혼을 보살펴야 할 책임이 있습니다. 하나님은 우리에게 영혼을 구원해야 할 책임을 부과하셨으며, 우리는 그것을 감당해야 합니다. 이 책임은 아무도 대신 질 수 없으며, 홀로 혼자의 힘으로 감당해야 합니다. 우리에게는 친구들을 인도하여 그리스도를 따르게 해야 할 의무가 있습니다. 우리는 친구들에게 감화를 주어야 합니다. 우리는 그들을 위해서라도 그리스도를 알아야 하며, 그들을 인도하여 그리스도를 따르게 해야 합니다. 우리에게는 우리를 사랑하며 우리를 위해 많은 일을 해주는 친구들이 있습니다. 우리에게는 그리스도에게서 본받은 것을 그들에게 나타내 주어야 할 책임이 있습니다.

우리는 부모를 인도하여 주님을 따르게 해야 합니다. 당신의 부모님은 기도하는 영혼들입니까? 그렇다면 그것은 당신을 위해 느끼는 연민과 당신의 구원을 위한 갈망에 기인하는 것입니다. 만일 그분들이 이제까지 기도하지 않았다면 이제 우리가 그들을 그리스도께로 인도해야 합니다.

우리에게는 세상에 대한 책임이 있습니다. 세상에는 예수님을 알지 못하는 사람이 무척 많습니다. 우리는 그들이 주님을 모르고 멸망하지 않도록 하기 위해 그들을 가르쳐야 합니다.

우리 자신에 대해 한 가지 더 생각해 보겠습니다. 이 교훈을 순종하거나 순종하지 않음으로써 형성되는 우리의 모습은 영원까지 존속할 것입니다. 우리가 이 물질 세상에서 행하는 일들의 결과는 해와 달이 없어진 뒤에도 영원히 우리의 운명에 영향을 미칠 것입니다. 당신이 죽은 후에 사람들이 "이 세상에서 한 사람의 골칫거리가 사라졌구나. 지옥은 이제 전보다 더 많은 죄를 소유하게 되겠구나"라고 말하는 일이 있어서는 안 될 것입니다.

다시 말하지만 평화의 길은 이 길밖에 없습니다. 평화를 소유하려면 이 길에서 찾아 발견해야 합니다. 많은 사람들이 이 길에서 평화를 발견했습니다. 다른 곳에서 그것을 발견한 사람은 한 사람도 없습니다.

예수 그리스도는 지금 "나를 따르라"고 말씀하십니다. 당신은 핑계를 찾으려고 애쓰고 있습니까? 어떤 핑계를 대렵니까? "세상 사람들에게는 너무 많은 의견들이 있어 어떻게 해야 할지 모르겠다"고 말하렵니까? 그러나 당신은 자기의 의무를 알고 있습니다. 자기의 의무가 무엇인지 모른다는 것은 핑계에 불과합니다. 의무를 행하여 하나님을 기쁘시게 해야 한다는 것을 모르는 사람이 있습니까? 단순하게 그리스도만 따른다면 인간의 견해가 우리를 곤란하게 하지 못합니다. 우리는 기독교의 여러 종파들 사이에 존재하는 다양한 의견들을 핑계로 댑니다. 그러나 여러 종파들이 사소한 문제들에 있어서는 의견을 달리 하지만 구원이라는 큰 문제에 대해서는 의견을 같이하고 있습니다. 모든 종파들은 확신과 순수한 사랑을 갖고 그리스도를 따르는 것이 온전한 의무이며 그리스도의 인정을 받도록 보증해 준다는 점에 있어서 본질적으로 동의합니다. 이 단순한 방향을 따라가면 모든 것이 잘될 것입니다.

그러나 어떤 사람들은 "나는 모든 사람들이 구원을 받을 것이라고 믿는다"고 말합니다. 그렇다면 그들은 죽기 전에 모두 그리스도처럼 될까요? 그들은 모두 이 세상에서 거룩해질까요? 그리스도는 하늘에 계십니다. 우리의 심령과 삶이 그리스도처럼 되지 않고서도 그리스도께서 계신 곳으로 갈 수 있습니까?

그런 믿음은 도대체 어디에 유익한 것입니까? 나도 이런 의심을 품은 적이 있습니다. "모든 사람이 구원을 얻을 것이라는 이 신앙은 도대체 어디에 유익합니까?" 사람들은 그리스도를 따르지 않는 데 대한 핑계로서 이러한 신앙을 옹호합니다. 그들은 "우리는 어떻게 해서든 결국 의롭게 될 것이므로 그리스도를 따르는 수고를 할 필요가 없다"고 말합니다. 이러한 신앙이 사람들을 거룩하고 행복하게 해줄 수 있을까요? 어떤 사람들은 "그것이 지금 당장은 나를 행복하게 만들어 주며, 내게는 그것이 가장 중요하다"고 대답합니다. 그러나 그것이 우리를 거룩하게 해줍니까? 그것이 참된 기독교적 자기부인과 사랑의 정신을 탄생시킬 수 있습니까? 우리를 행복하게는 하지만 거룩하게 만들지 못하는 믿음과 의식은 가치가 없을 뿐만 아니라 해롭습니다. 왜냐하면 그것은 영혼 구원을 조금도 진척시키지 못하고 오히려 우리를 유혹하여 스스로 만족하게 만들기 때문입니다. 그것은 우리를 더욱더 죄와 사탄의 노예로 만들 뿐입니다.

사람들은 "어떤 사람이 영원히 버림받을 것이라고 믿는다는 것은 나를 슬프게 한다"고 말합니다. 그것이 우리로 하여금 불행을 느끼게 한들 무슨 상관이 있습니까? 친구가 죄를 짓고서 감옥에 갇히거나 교수형에 처해지는 것을 본다면 슬플 것입니다. 그러나 그러한 운명도 역시 확실한 것이며 가치가 있습니다. 왜냐하면 그것이 우리의 감정을 아프게 하기 때문입니다. 참된 성결을 통하지 않고 어찌 궁극적인 행복의 길에 이를 수 있습니까? 모든 행복의 근원은 우리의 영혼 안에 있습니다. 영혼이 새롭게 되어 거룩해지고, 헌신적이며 자애로우며 용서하며 겸손해진다면 우리는 행복할 수 있습니다. 이러한 성품을 갖지 못한다면 결코 행복할 수 없습니다.

어떤 사람들은 "나는 심령의 변화가 필요하다고 믿을 수 없다"고 말합니다. 심령의 변화가 필요하다고 믿지 않는 사람은 잘못 알고 있는 사람입니다. 기독교인이라면 누구나 자기 마음이 본성적으로 하나님께 합당하지 않다는 것, 그리고 하늘나라에서 하나님의 현존을 누리기 전에 먼저 하나님께 합당하게 되어야 한다는 것을 알고 있습니다. 회심하기 전에 자기의 마음이 하나님으로부터 멀어져 있었다고 양심이 증언하지 않습니까? 우리가 영적으로 하나님을 닮지 못했다는 것, 하나님을 향유하려면 먼저 변화되어 하나님처럼 되어야 한다는 것을 알지 못합니까? 죄인은 근본적이고 도덕적인 변화가 없이 하나님 앞에서 행복할 수 없습니다. 그것은 불가능한 일입니다. 죄인이 하나님의 현존과 사랑을 누리려면 먼저 하나님과 일치하여 변화되어야 한다는 것은 누구나 알고 있습니다. 하나님의 은혜로 말미암아 변화되지 못한 사람이라도 자기가 죄인이며 본질적으로 거룩하지 못하다는 것을 압니다.

한 여신자가 캐나다의 어느 마을을 방문했습니다. 그녀는 사회적으로는 유명하지만 기도가 없고 경건치 못한 생활을 하는 신사의 방문을 받았습니다. 강인한 의지를 가졌지만 매우 회의적이었던 그 사람은 자기는 기독교인이 되기 위해서라면 그녀가 하라는 대로 할 각오가 되어 있다고 말했습니다. 그녀는 "그렇다면 무릎을 꿇고 앉아서 '하나님이여, 이 죄인을 불쌍히 여기옵소서'라고 말하세요"라고 말했습니다. 그는 "나는 죄인이라고 생각하지 않습니다"라고 대답했습니다. 그녀는 "그런 핑계를 댈 필요가 없습니다. 당신은 자신이 죄인이라는 것을 알고 있어요"라고 했습니다. 이미 그녀에게 약속을 했기 때문에 그는 어쩔 수 없이 무릎을 꿇고 앉아서 그녀가 말한 대로 받아 말한 후에 일어서면서 "다음에는 무엇을 해야 합니까?"라고 물었습니다. "한 번 더 되풀이하세요." 그가 다시 이의를 제기했지만 그녀도 동일하게 대답하였고, 그는 그 기도를 반복했습니다. 그 일을 세 번 반복했을 때에 그의 완악한 마음이 기도의 힘을 느끼기 시작했고, 그는 진심으로 "하나님, 이 죄인을 불쌍히 여기옵소서"라고 외치기 시작했습니다. 완악한 마음이 깨진 그는 기도하여 마침내 자비를 얻었습니다!

이처럼 사람들은 믿지 않는다고 말하지만 실제로 그것을 믿고 있는 경우가 흔합니다. 그들은 자기의 죄악에 관한 진실을 알고 있습니다. 그러나 그들은 또다시 "나는 먼저 다른 의무-공부, 사업 등-를 해야 합니다"라고 핑계를 댑니다.

그래서는 안 됩니다. 이것보다 우선적이고 중요한 의무는 없습니다. 이것은 가장 중요한 의무이므로 무엇보다 먼저 행해야 합니다. 이에 대해 구주께서는 무엇이라고 말씀하셨습니까? 주님이 어떤 사람에게 "나를 따르라"고 말씀하셨을 때 그는 "주여, 나로 먼저 가서 내 아버지를 장사하게 허락하옵소서"라고 말했습니다. 이것은 우리에게 교훈을 주기 위해 기록된 것입니다. 예수께서 모든 인간의 마음속에 본성적으로 품고 있는 명백한 의무를 버리라고 하신 것은 대단히 부자연스러운 일처럼 보일 수도 있습니다. 그런데 주님은 무엇이라고 말씀하셨습니까? 주님은 그의 이러한 호소에는 아랑곳없이 "죽은 자들로 자기의 죽은 자들을 장사하게 하고 너는 가서 하나님의 나라를 전파하라"고 말씀하셨습니다. 그리스도의 부르심에 순종하기 전에는 죽은 자를 장사하는 마지막 의식도 허락될 수 없었던 것입니다. 주님은 이 사람의 마음속에 핑계를 대어 회피하려는 생각이 있으므로 그것에 신속하게 대처해야 한다는 것을 아셨습니다. 그 사람이 처음에 "예, 주님 말씀대로 따를 준비가 되어 있습니다. 제 부친이 돌아가서 아직 장사 지내지 못한 상태이지만 만일 지금 주님을 따르라고 하신다면 순종할 준비가 되어 있습니다"라고 대답했다고 가정해 보십시오. 그렇다면 주님은 "그리하여라. 나도 너와 함께 장례식에 참여하겠다. 죽은 자를 정중하게 장사 지낸 뒤에 복음을 전파하자"라고 말씀하셨을 것입니다.

또 다른 사람은 주님의 부르심에 대해 "주여, 내가 주를 따르겠나이다마는 나로 먼저 내 가족을 작별하게 허락하소서"라고 대답했는데, 주님은 그에게 "손에 쟁기를 잡고 뒤를 돌아보는 자는 하나님의 나라에 합당치 아니하니라"고 말씀하셨습니다. 이와 같이 주님은 주님을 따르기로 결심하는 것보다 우선하는 의무가 없음을 가르치셨습니다. 우리는 이 필생의 사업을 맡기로 결심하고 착수해야 합니다. 그 외의 모든 다른 일들은 하나님께 대한 범죄일 뿐입니다.

   당신은 "나는 공부해야 한다"고 말합니까? 먼저 그리스도를 위해 모든 일을 하기로 결심하십시오. 그렇지 않는 한 학문은 합당한 의무가 될 수 없습니다. "내 아들아, 네 마음을 달라"고 말씀하시면서 주님이 원하시는 것은 우리의 마음입니다. 주님은 요구하신 의무가 아닌 다른 의무를 행하겠다는 핑계를 원하지 않으십니다. 주님은 "나를 따르라"는 말씀을 그대로 따를 것인지 아닌지 분명한 대답을 요구하십니다. 애매하게 회피하는 대답은 용납하시지 않습니다.